Werner Trutwin

NEUES FORUM RELIGION

LEBEN

Arbeitsbuch Ethik

Religionsunterricht Sekundarstufe II

Patmos

Inhalt

Ein Wort zuvor 4

Basiswissen: Vernunft und Glaube 6
1. Was ist das – die Vernunft? 6
2. Was ist das – der Glaube? 8
3. Fragwürdige Zuordnungen 10
4. Das christliche Konzept 13
5. Ein grundsätzlicher Disput 16

Einstieg in die Thematik 18

Ethik – Was ist das? 20
1. Was sollen wir tun? 20
2. Ethik – Eine Sparte der Philosophie 22
3. Ethik – Eine Disziplin der Theologie 24

Der Sitz im Leben 26
1. Selbstzeugnisse 26
2. Stimmen der Dichtung 30
3. Kleine Erzählungen 32

Ethische Grundbegriffe 34
1. Das Gute 34
2. Das Böse 36
3. Das Gewissen 38
4. Sittliche Urteilsbildung 44
5. Die goldene Regel 45

Ethische Haltungen – Blick in die Geschichte 46
1. Platon – Die vier Kardinaltugenden 46
2. Epikur – Lebensfreude 47
3. Paulus – Glaube Hoffnung Liebe 48
4. Augustinus – Universaler Frieden 49
5. Immanuel Kant – Wahrhaftigkeit 50
6. Arthur Schopenhauer – Mitleid 50
7. Friedrich Nietzsche – Herren- und Sklaven-Moral ... 51
8. Hans Jonas – Das Prinzip Verantwortung 52
9. Otfried Höffe – Globale Ordnung 53

Begründungen der Ethik 54
1. Die naturalistische Sicht 54
2. Normen der Gesellschaft 56
3. Rekurs auf die Vernunft 58
4. Der Glaube an Gott 60

Unterschiedliche Positionen 64
1. Hedonismus 64
2. Egoismus 66
3. Utilitarismus 67
4. Relativismus 68
5. Gesinnungs- und Verantwortungsethik 70

Gefährdungen des Lebens 72
1. Konsumismus 72
2. Vom Wegsehen 75
3. Machbarkeitswahn 76
4. Ideologien und Interessen 78

Bilder des Bösen 80
1. Wie Gott sein wollen 80
2. Kain und kein Ende 82
3. Turmbau zu Babel heute 84
4. Der ständige Tanz um das goldene Kalb 86
5. Opfer der Gewalt 88
6. Die sieben Todsünden 90
7. Gräuel des Krieges 92
8. Beschädigung der Erde 94

Altes Testament – Die Gebote Gottes 96
1. Der Dekalog 96
2. Erkenntnisse der Bibelwissenschaften 98
3. Der ursprüngliche Sinn 100
4. Theologische Deutungen 102
5. Das prophetische Ethos 104

Neues Testament – Die Weisungen Jesu 106
1. Klugheit im Alltag 106
2. Die Thora – bestätigt und überboten 107
3. Das Reich Gottes suchen – Ein neuer Sinnhorizont 108
4. Unauflöslichkeit der Ehe 110
5. Vergebung und Versöhnung 112
6. »Wenn du vollkommen sein willst …« 114
7. Gerecht aus Glauben 116

Das höchste Gebot 118
1. Altes Testament – Gottesliebe und Nächstenliebe 118
2. Jesus – Neue Akzente auf bewährtem Grund 120
3. Perspektiven und Deutungen 122
4. Missverständnisse 125

Aktuelle Problemfelder 128
1. Der Verbrauch embryonaler Stammzellen 128
2. Das Problem der Abtreibung 131
3. Dimensionen der Gerechtigkeit 135

Das Ethos anderer Religionen 140
1. Judentum – Weisungen zum Leben 140
2. Islam – Gehorsam gegenüber Gott 142
3. Hinduismus – Wege zur Erlösung 144
4. Buddhismus – Überwindung des Leidens 146
5. Toleranz – Respekt vor Anderen 148
6. Religionsfrieden durch Religionsdialog 150

Kleines Lexikon ethischer Fachbegriffe 152

Wege des Lernens – Methoden 156

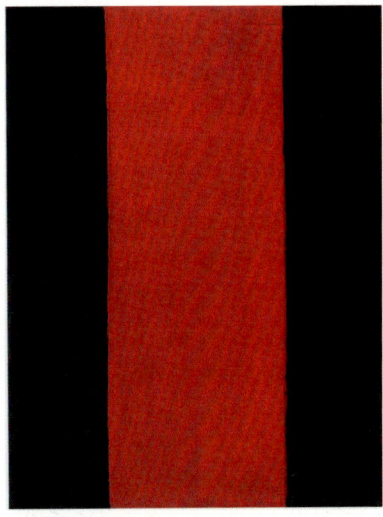

Barnett Newman (1905–1970),
The Way I, 1951
102 x 76, 3 cm

Barnett Newman wurde als Sohn jüdischer Emigranten aus Russland in New York geboren. Als Künstler hatte er zunächst mit seinen großen Farbflächenbildern kaum Erfolge. Sie wurden von der Presse scharf kritisiert und öfter sogar von fanatischen Betrachtern mutwillig beschädigt. Es war wohl schwer, die von den ungewöhnlichen Bildern ausgehende Stille zu ertragen. Sie standen im Kontrast zu der damaligen amerikanischen Malerei, die naturalistische Motive bevorzugte. Doch rückte Newman allmählich in die vorderste Reihe der neuen amerikanischen Kunstrichtung, die manchmal mit den Begriffen »abstrakter Expressionismus« oder »meditativer Expressionismus« bezeichnet wird. Heute zählt er unbestritten zu den großen Künstlern des 20. Jahrhunderts.

Newman wollte auf seinen Bildern nicht aus formalen Gründen »abstrakt« sein, sondern die Welt der Sinne und des Verstandes übersteigen (»transzendieren«), das »Erhabene« zeigen, dem Unendlichen nahe kommen und »das Unsichtbare sichtbar machen« (Paul Klee).

Auf dem Bild »**The Way**« nimmt ein breites, leuchtendes Band in Rot die Mitte zwischen zwei schwarzen Farbbändern am Rand ein. Die Farben erstrecken sich in vertikaler Richtung. Das Bild kann mit seinem Titel unterschiedliche Empfindungen, Gedanken und Meditationen auslösen. Man kann es auch zum Titel des Arbeitsbuches »Leben« in Beziehung setzen.

Worte Barnett Newmans

Ich misstraue dem Episodischen immer mehr, und ich hoffe, dass meine Malerei die Kraft hat, einem Menschen – so wie sie es mir vermittelt – das Gefühl seiner Ganzheit, seines Fürsichseins, seiner eigenen Individualität zu vermitteln, und gleichzeitig das Gefühl seiner Verbindung zu anderen, die auch nur für sich sind.

Ein Wort zuvor

Liebe Schülerinnen und Schüler

❖ Die **Ethik** steht heute vor so ungewöhnlichen Herausforderungen wie kaum einmal früher in ihrer Geschichte. Für jeden drängen sich unübersehbar ethische Fragestellungen im Alltag, in Politik, Medien und Wissenschaften auf. Neuere Begriffe wie Ethikkommission, Ethikrat, Risikoethik, Friedensethik, Wirtschaftsethik, Bioethik, Neuroethik, Medienethik, Weltethos usw. zeigen, dass Ethik zur Zeit hohe Konjunktur hat. An ihnen wird deutlich, dass es in Sachen Ethik eine weit verbreitete Unsicherheit gibt.

❖ Die **christliche Ethik** mischt sich in den heutigen Diskurs kräftig ein, um ihr Angebot und Programm, das auf alten Traditionen und neuen Reflexionen beruht, einzubringen. Vor allem weist sie dabei auf die unbedingte, heute nicht selbstverständliche Achtung vor der Würde des Menschen hin, die Grundlage jeder heutigen Ethik sein sollte. Für Christen ist die Menschenwürde ein Gebot der Vernunft, das in der Bibel begründet wird.

❖ Es war schwer, für dieses Arbeitsbuch einen geeigneten **Titel** zu finden. Eigentlich hätte er »Liebe« heißen sollen, da die Gottes-, Nächsten- und Selbstliebe das Herzstück der christlichen Ethik bilden. Aber da der Begriff »Liebe« in unserer Lebenswelt so inflationär und vieldeutig missbraucht wird, verbot sich diese Wahl. Auch die Titel »**Handeln**«, »**Gebote**« oder »**Gerechtigkeit**« wurden in Erwägung gezogen, da sie alle eine zentrale Perspektive der christlichen Ethik bezeichnen. Das »Handeln« ist zwar der Zielpunkt jeder Ethik, aber der Begriff klingt so abstrakt, dass er kaum Interesse wecken kann. Der Titel »Gebote« kann das Missverständnis fördern, als sei die christliche Ethik nichts anderes als eine moralische Anweisung zum Gehorsam. Und »Gerechtigkeit« könnte einseitig an ein soziales Programm denken lassen.

❖ Deshalb erhielt der Titel »**Leben**« den Zuschlag für dieses Arbeitsbuch. Er meint nicht das Leben, insoweit es durch die Gesetze der Natur bestimmt wird, sondern ein gelungenes, sinnerfülltes und geglücktes Dasein, das zu seiner Voraussetzung die menschliche Freiheit hat. Die Bedeutung des Begriffs »Leben« erstreckt sich vom biologischen, psychischen und geistigen Leben bis zu dem, was das Neue Testament »Leben in Fülle« (Joh 10, 10) und »ewiges Leben« (Joh 6, 47 u. ö.), d. h. Leben mit Gott, nennt.

❖ Es ist zu hoffen, dass in diesem Kurs Ihr ethisches **Urteilsvermögen** gestärkt wird und Sie dabei Angebote für Ihre eigene **Lebenspraxis** finden. Ein intensiver **Dialog** mit Ihnen **über ein zentrales Thema** und seine vielen Facetten ist sehr erwünscht.

Bonn, 27. Juli 2008   Werner Trutwin

Klaus Staeck (geb. 1938), Was tust Du eigentlich …, 1980

Was tust Du eigentlich . . .

bitte wenden

Hinweise zur Arbeit

(1) In diesem Arbeitsbuch finden sich **Texte, Bilder und Materialien**, die helfen sollen, das jeweils angegebene **Thema** zu erschließen. Oft ist es nicht schwer, zusätzliche Informationen zu finden: → M 1.

(2) Für die Einführung in wissenschaftliches Arbeiten, das in der Sekundarstufe II unverzichtbar ist, sind nicht nur die **Inhalte** wichtig, sondern auch die **Methoden**, die Wege zeigen, auf denen Einsichten und Fertigkeiten gewonnen werden. Beispiele dazu: → M 1–M 5

(3) Den Anfang aller Arbeitsbücher des »Neuen Forums Religion« bildet jeweils ein Abschnitt »**Basiswissen**«, das in Themen wie »Religion«, »Neues Testament«, »Altes Testament«, »Glaube und Vernunft« usw. einführt. Er ist von grundsätzlicher Bedeutung und fördert das Sachverständnis in Grund- und Leistungskursen.

Es sei auch auf das kleine **Lexikon** im Anhang hingewiesen, das wichtige **Fachbegriffe** der Anthropologie enthält und im Laufe der Arbeit mit diesem Buch ergänzt werden kann.

(4) Dieses Arbeitsbuch baut auf den Bänden des Unterrichtswerks »**Religion – Sekundarstufe I**« auf, in dem die Themen behandelt werden, die als Voraussetzung gelten können. Wenn es möglich ist, sollten vor allem die folgende Kapitel zur Hand sein:

❖ »**Zeit der Freude**« (5/6): »Das Gute und das Böse«.

❖ »**Wege des Glaubens**« (7/8): »Die Propheten – Gottes Querköpfe«, »Jesus – Brücke zwischen Gott und den Menschen«, »Das Prinzip Verantwortung«, »Was ist Wahrheit?«.

❖ »**Zeichen der Hoffnung**« (9/10): »Welt und Mensch – Anfang, Gegenwart und Ende«, »Wie Freiheit Sinn macht«, »Gott – Das wichtigste Thema«, »Mit Leib, Lust und Liebe«, »Das Gewissen – Der ethische Kompass«, »Das Recht auf Leben«, »Grundlagen der Gesellschaft«. In anderen Werken für die Sekundarstufe I finden sich gewiss ähnliche Abschnitte.

Für die Arbeit zum Thema »**Weltreligionen**« sei auf die gleichnamige Reihe mit den Bänden »Judentum«, »Christentum«, »Islam«, »Hinduismus« und »Buddhismus« hingewiesen. Sie stellen die Weltreligionen ausführlicher dar, als es hier möglich ist.

(5) **Häufig benutzte Elemente des Arbeitsbuches** sind:

❖ **Bibeltexte, Quellen** und **Zitate**

❖ **Lexikonartikel**, in denen kurz Sachauskunft über einen Begriff oder ein Thema gegeben wird.

❖ **Arbeitsanregungen und Aufgaben,** unter denen eine sinnvolle Auswahl erfolgen muss. Sie können ersetzt und auch weggelassen werden.

(6) In einem einzigen Arbeitsbuch können nicht alle Fragen zum Thema behandelt werden. Hier sei darauf hingewiesen, dass die Thematik dieses Arbeitsbuches **in allen anderen Bänden des »Neuen Forum Religion«** (NFR) einen wichtigen Platz einnimmt. Es steht dort in einem jeweils theologischen, christologischen, anthropologischen, ekklesiologischen und eschatologischen Kontext. Dort finden sich z. B. Themen wie »Nachfolge Jesu als Weg christlicher Ethik« (NFR Jesus) oder »Freiheit als unabdingbare Voraussetzung jeder Ethik« (NFR Mensch).

Basiswissen: Vernunft und Glaube

1. Was ist das – die Vernunft?

In bedeutenden Richtungen der Philosophie unterscheidet man bei den Erkenntnismöglichkeiten des Menschen zwischen **Verstand** und **Vernunft**.

❖ Als **Verstand** (lat.: »ratio«) bezeichnet man gewöhnlich die Fähigkeit des Geistes, methodisch vorzugehen, Begriffe zu bilden, logische Zusammenhänge zu verstehen und herzustellen, sich **Wissen** anzueignen und es weiterzuentwickeln. Leistungen des Verstandes lassen sich weithin benoten und messen. Wissenschaften und Technik sind die herausragenden Leistungen des Verstandes.

❖ Als **Vernunft** (lat.: »intellectus«) bezeichnet man die Fähigkeit des Geistes, durch Erfahrungen **Lebensweisheit** zu erlangen sowie große Zusammenhänge des Lebens und ihre Bedeutung zu erkennen. Leistungen der Vernunft sind z. B. der richtige Umgang der Menschen miteinander oder die geglückten Biographien reifer Menschen. In Literatur, Kunst, Musik, Philosophie und Religion finden wir viel vernünftige Lebenserfahrung.

❖ Während der Verstand zum **Wissen** führt, strebt die Vernunft **Lebenskunst** an. Leute mit großem Verstand haben nicht immer auch viel Vernunft, Leute mit einer ausgeprägten Vernunft müssen nicht auch über einen bedeutenden Verstand verfügen.

Vernunft – Ein schwer zu fassender Begriff

Es ist nicht einfach zu **definieren**, was Vernunft ist und was sie leisten kann. Dabei kann nur die Vernunft selbst sagen, was Vernunft ist. Im Laufe der Geschichte wurden manche Definitionen versucht. Keine hat allgemeine Zustimmung gefunden. Alle Definitionen sind jeweils durch die Vernunft etabliert und durch ihre Kritik auch wieder problematisiert worden. 5

Einige unterschiedliche Positionen auf die Frage, was denn Vernunft ist und was sie leisten kann, seien idealtypisch skizziert, ohne dabei auch nur annähernd alle Aspekte berücksichtigen zu können.

❖ **Die praktische Alltagsvernunft** ist die Fähigkeit des Menschen, sich im Leben zurechtzufinden und sinnvolle Ziele zu setzen, sein Handeln an den 10 jeweiligen Möglichkeiten auszurichten und verantwortbare Entscheidungen zu treffen.

❖ **Die spekulative (idealistische) Vernunft** hat in einer weit ausgreifenden Metaphysik der Antike, des Mittelalters und der Neuzeit ihren Platz. Diese Metaphysik schreibt dem vernünftigen Denken auch jenseits unserer All- 15 tagserfahrungen die Möglichkeit zu, sichere Erkenntnisse über das Sein und Wesen aller Dinge, über die Wahrheit, über das Gute und Böse, über die Unsterblichkeit der Seele, über die Ewigkeit und über Gott zu gewinnen.

❖ **Die positivistisch verengte (empiristische) Vernunft, die besser dem Verstand zuzuordnen ist,** ist im Gegenzug dazu in einer empirischen Philo- 20 sophie beheimatet, die von den Naturwissenschaften der letzten beiden Jahrhunderte geprägt ist. Danach ist die Reichweite der Vernunft auf empirisch gewonnene Erkenntnisse und deren logische Verknüpfung begrenzt. Alle metaphysischen Aussagen werden als sinnlose Spekulationen abgelehnt.

❖ **Die kritische (aufgeklärte) Vernunft** wurde durch Immanuel Kant (1724– 25 1804) entwickelt. Er prägte einen Begriff der Vernunft, indem er ihre Möglichkeiten und Grenzen bedachte. Sie sollte die Einseitigkeiten rein metaphysischer Spekulationen oder rein empirisch gewonnener Erkenntnisse vermeiden.

❖ Eine Form der **postmodernen Vernunft** meint, dass wir letztlich nichts 30 Sicheres wissen können, sondern eher gezielt raten. »Anything goes.« Darum haben auch unterschiedliche oder gar widersprüchliche Annahmen gleichzeitig ihr Recht. Es ist beliebig, was wir für wahr und gut halten – eine Position, die von vielen Zeitgenossen vertreten wird.

---

1 Zeigen Sie an Beispielen auf, was Philosophen meinen, wenn sie zwischen **Verstand** und **Vernunft** unterscheiden.

2 Weitere **Informationen** über hier verwendete philosophische Begriffe: → M 1.

3 Was vermag unser Denken und wo stößt es an seine Grenzen?

4 Wie verstehen Sie den **Satz**: »Eine Atombombe zu bauen ist ein Sieg des Verstandes und eine Niederlage der Vernunft«?

5 Ist es rational, immer rational zu handeln?

6 Wie verstehen Sie die **Unterscheidung** des Philosophen Martin Heideggerr zwischen berechnendem Denken (ratio) und besinnlichem Denken (intellectus)?

Raffael (1493–1520), Die Schule von Athen (1510–1511). Fresko in den Stanzen des Vatikan. Das Bild zeigt die bedeutenden griechischen Philosophen der Antike. Es betont die Bedeutung der Vernunft für die Theologie. In der Mitte: Platon und Aristoteles. Unten rechts am Rand die zweite Person von rechts: Raffael, und im Vordergrund, den Kopf aufgestützt, Michelangelo.

Grenzen des Denkens

35 Das menschliche Denken ist unser wichtigstes, aber in vielfacher Weise begrenztes Erkenntnisinstrument.

❖ Wir können zwar alles Mögliche denken, aber wir können nichts denken, was jenseits des Denkens liegt. Die Unendlichkeit unserer Vernunft ist eine **unvoll-**
40 **ständige Unendlichkeit**, weil wir niemals wissen, ob das, was wir denken können, die gesamte Realität umfasst. Könnte unser Denken, das uns unbegrenzt erscheint, nicht in Wirklichkeit rasch an Grenzen stoßen, die es nicht einmal erahnt? Ist es vielleicht eng und
45 unerheblich? Besteht es weitgehend aus Einbildungen?

❖ Viele **alltägliche Bereiche** bleiben vernünftigem Denken ganz oder weitgehend verschlossen. Wir wissen niemals zweifelsfrei, was ein anderer denkt oder fühlt. Stets sind wir dabei auf Vermutungen angewiesen, die falsch
50 sein können. Wir können letztlich auch nicht erklären, was ein **Gefühl** ist, warum wir einen Menschen lieben und was es mit der **Liebe** auf sich hat.

❖ Das Denken kann zum Verständnis von bildender **Kunst, Literatur** oder **Musik** viel beitragen, ohne diese
55 Bereiche exakt und endgültig erschließen zu können.

❖ Im Laufe der Geschichte haben sich in allen Berei-
chen immer wieder **Erkenntnisse, die als »vernünftig« galten, als falsch erwiesen** (»Falsifikation«), z. B. die Annahme, die Erde sei eine Scheibe, die Angehörigen anderer Stämme und Völker seien keine Menschen, die 60 Frau sei dem Mann unterlegen oder manche Götter wohnten in der Unterwelt. Die Irrtümer sind vom Denken aufgestellt und ebenso auch von ihm aufgeklärt worden. Zu den falschen Annahmen haben **Neigungen, Vorurteile und Interessen** beigetragen. 65

❖ Selbst das vernünftige Denken der Logiker, Mathematiker und Philosophen stößt ständig an unübersteigbare Grenzen. Diese Wissenschaften beruhen allesamt auf **Voraussetzungen** (»Axiomen«), die auch anders sein könnten. 70

❖ Das Denken allein hat kaum die Kraft, **Trost** für die unsäglichen Leiden vieler Menschen zu spenden, Engagement gegen die zum Himmel schreiende **Ungerechtigkeit** unserer Welt zu wecken und **Solidarität** mit den Armen zu praktizieren. 75

❖ Das Denken kann uns nicht zweifelsfrei sagen, was im und nach dem **Tod** mit uns geschieht. Mythen, Philosophien und Religionen haben dazu mehr gesagt als alle rationale Vernunft.

2. Was ist das – der Glaube?

Der christliche Glaube

❖ Der christliche Glaube ist in erster Linie weder ein System von Lehrsätzen und Geboten noch ist er eine Annahme, die man für wahr halten muss, auch wenn man sie nicht versteht. Er ist eine auf Erfahrungen gründende Einstellung zur Welt, die den ganzen Menschen mit Gefühl, Herz und Verstand umfasst. Dazu gehört die tiefe Überzeugung, dass das Leben trotz allen Leids und aller Katastrophen nicht umsonst ist. Er ist **Vertrauen** in den Sinn des Lebens. [5]

❖ Dieses Grundvertrauen, das angesichts der Schrecken und Unvernunft dieser Welt nicht selbstverständlich ist, stützt sich auf das Zeugnis der Bibel, in der vom Handeln und Sprechen Gottes und seiner Selbstmitteilung in Jesus Christus die Rede ist. Was er als der Sohn Gottes sagt, schenkt und fordert, [10] ist für den Glauben von letzter Verbindlichkeit. Zu dieser Gottesoffenbarung gehört das, was im Glaubensbekenntnis von Schöpfung, Menschwerdung und dem Wirken des Geistes Gottes gesagt, in den Verheißungen Gottes zugesichert, in den Psalmen und im Vaterunser gebetet, in den Sakramenten [15] geschenkt, im Dekalog, in der Bergpredigt und im Liebesgebot gefordert ist. Letztlich ist dieser Glaube ein **Geschenk Gottes** (»Gnade«).

❖ Der Glaube der Christen setzt sich für das **Reich Gottes**, eine größere **Gerechtigkeit** und **Gewaltlosigkeit** ein und ist unaufhebbar mit **Hoffnung** und **Liebe** verknüpft. Er schenkt eine neue **Freiheit**, überwindet Ichzen- [20] triertheit und Habsucht, kann sich überraschen lassen, lehrt die Zeichen der Zeit in einem neuen Licht zu sehen und ist ohne Gottes- und Nächstenliebe unglaubwürdig. Da, wo der Glaube gelebt wird, tut er gut. Wie nichts sonst im Leben gibt er dem Menschen Halt. Der Glaubende weiß sich in Gottes Liebe und Schutz geborgen. [25]

Grenzen des Glaubens

❖ Keiner lebt den Glauben mit all seinen Möglichkeiten, sondern kann ihn nur nach seinen Möglichkeiten in **einzelnen Facetten** realisieren. Die persönliche Befähigung zum Glauben nennt man »Charisma« (gr.: Gnadengabe).

❖ Der Glaube kann und muss **wachsen**. Dazu braucht er Anregung von außen und Anstrengung von innen. Nur so kann aus kindlichem Glauben [30] reifer, erwachsener Glaube werden. Wo dies nicht geschieht, verliert er seine Lebensbedeutung.

❖ Mit dem Glauben ist man nie am Ende, sondern immer auf dem **Weg**. Es ist ein Weg mit Umwegen, Irrwegen, Abgründen und Höhepunkten. Er verläuft oft nicht geradlinig, sondern gleicht eher einem Labyrinth. So wie auf [35] dem Weg durch das Labyrinth Nähe und Ferne zum Ziel wechseln, wechseln sich auf dem Weg des Glaubens Sicherheit und Unsicherheit ab. Glaube und Zweifel sind oft nahe beieinander. Aber wer glaubt, macht sich immer wieder neu auf den Weg.

❖ In jedem Einzelnen ist der Glaube **unvollständig und defekt**. Immer wie- [40] der verstoßen Christen gegen ihren Glauben (»Sünde«) und tun, was ihm widerspricht. Damit geben sie der Welt ein schlechtes Zeichen.

❖ Selbst die Bibel weiß, dass der Glaube **unvollkommen** ist, weil wir jetzt nur rätselhafte Umrisse dessen sehen, was wir glauben. Nach dem Tod aber »werden wir schauen von Angesicht zu Angesicht«. Darum ist die **Liebe größer** [45] **als der Glaube**. Sie bleibt (1 Kor 13, 12 f).

Was das Neue Testament vom Glauben sagt

❖ Warum habt ihr solche Angst?
 Habt ihr noch keinen Glauben? (Mk 4, 40)

❖ Alles kann, wer glaubt (Mk 9, 23).

❖ Herr, ich glaube. Hilf meinem Unglauben (Mk 9, 24).

❖ Der Glaube kann Berge versetzen (Mk 11, 23).

❖ Wenn ihr nicht Zeichen und Wunder seht, glaubt ihr nicht (Joh 4, 48).

❖ Jesus: Wer mein Wort hört und dem glaubt, der mich gesandt hat, hat das ewige Leben (Joh 5, 24).

❖ Wir sind der Überzeugung, dass der Mensch gerecht wird durch Glauben, unabhängig von Werken des Gesetzes (Röm 3, 28).

❖ Wenn ich alle Glaubenskraft besäße und Berge damit versetzen könnte, hätte aber die Liebe nicht, wäre ich nichts (1 Kor 13, 2).

❖ Für jetzt bleiben Glaube, Hoffnung und Liebe, diese drei; doch am größten ist die Liebe (1 Kor 13, 13).

Das Unzerstörbare

Der Mensch kann nicht leben ohne ein dauerndes Vertrauen zu etwas Unzerstörbarem in sich, wobei sowohl das Unzerstörbare als auch das Vertrauen ihm dauernd verborgen bleiben können. Eine der Ausdrucksmöglichkeiten dieses Verborgenbleibens ist der Glaube an einen persönlichen Gott.

Glauben heißt: das Unzerstörbare in sich befreien, oder richtiger: sich befreien, oder richtiger: unzerstörbar sein, oder richtiger: sein.　　　　*Franz Kafka (1883–1924)*

1　Gehen Sie an Beispielen auf die **Bedeutungsvielfalt** des Wortes »glauben« ein.

2　Welche Bedeutung spielt der Glaube im **Alltagsleben**, z. B. in Familie, Schule, Werbung, Beruf? Woran und wie glauben nichtreligiöse Menschen?

3　Beschreiben Sie einige **Inhalte** des christlichen Glaubens.

4　Stellen Sie die **Schwierigkeiten** zusammen, die Menschen heute mit dem christlichen Glauben haben.

5　Diskutieren Sie die beiden **Sätze**
　❖ Glaube ist ein **Risiko**. Das Leben ist ein Risiko. Das Risiko des Lebens wird durch das Risiko des Glaubens kleiner.
　❖ Es ist **schwierig** zu glauben, es ist **unmöglich**, nicht zu glauben.

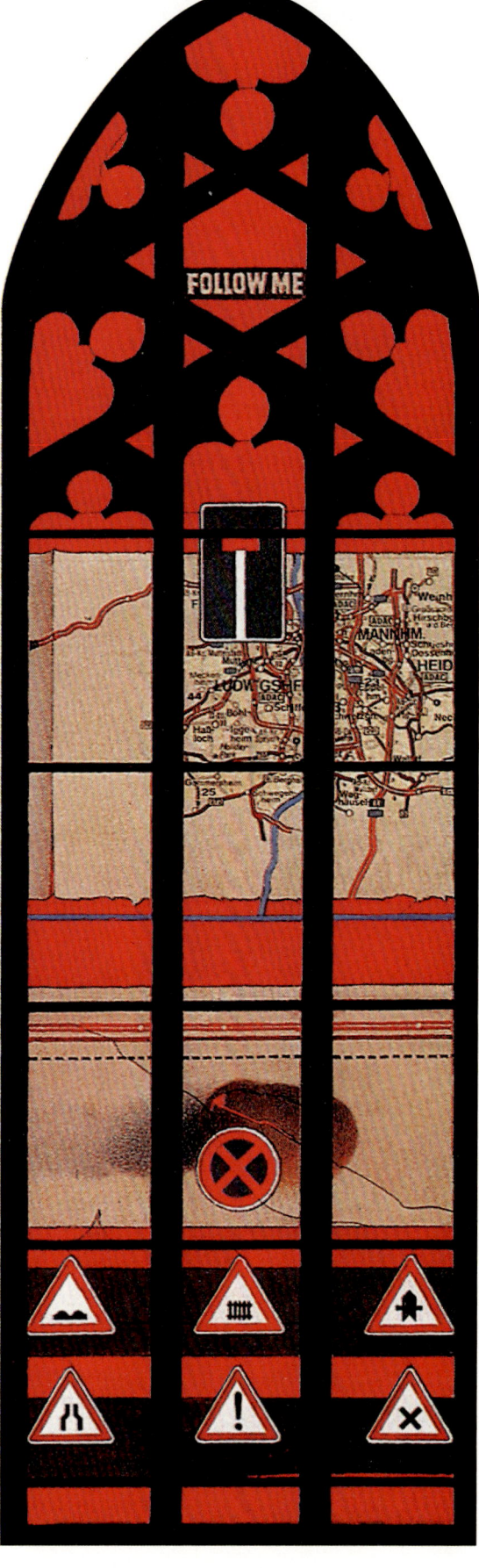

Johannes Schreiter (geb. 1930), Verkehrsfenster. Entwurf für ein Glasfenster in der Heiliggeistkirche in Heidelberg, 1987

Schreiter hat dieses Bild vor allem für Jugendliche geschaffen, weil er meint, dass sie die Verkehrszeichen aus ihrem Alltag kennen und leicht als geheimnisvolle Symbole des Lebens und Glaubens verstehen können. Die Interpretation sollte unten beginnen und nach oben führen: → M 3.

3. Fragwürdige Zuordnungen

❖ Wenn schon nicht eindeutig ist, was Vernunft ist und was Glaube ist, lässt sich erst recht nicht einfach sagen, wie sich beide Größen zueinander verhalten. Tatsächlich gab es in der Geschichte **unterschiedliche Zuordnungen.** Oft lebten beide friedlich nebeneinander oder ergänzten sich. Nicht selten gab es auch heftige Auseinandersetzungen. Sie führten dann zum Abbruch des Gesprächs, wenn sich eine Seite Kompetenzen anmaßte, die die andere Seite nicht anerkennen konnte. Auch heute gibt es solche Konflikte, etwa auf dem Gebiet der Ethik, wenn Wissenschaftler Konsequenzen aus neueren Forschungen ziehen, die die Kirchen nicht akzeptieren, z. B. bei der Verwendung embryonaler Stammzellen (→ S. 128 ff).

❖ Wo ein **unaufgeklärter Glaube** den Wissenschaften Vorschriften macht oder ihre Erkenntnisse verbietet, erleidet er Schiffbruch. Das ist früher z. B. bei Galileo Galilei (1564–1642) oder Charles Darwin (1809–1882) geschehen und geschieht heute, wenn manche Christen aufgrund einer fragwürdigen Bibelinterpretation gegen die Evolutionstheorie kämpfen. Erkenntnisse lassen sich nicht verbieten. Bei einer solchen Grenzüberschreitung setzt der Glaube seine eigene Glaubwürdigkeit aufs Spiel und bereitet dem religiösen Fundamentalismus den Boden.

❖ Umgekehrt geht die **positivistisch verengte Vernunft** (besser: »der Verstand«) in die Irre, wenn sie behauptet, der Glaube sei ein Relikt aus unaufgeklärter Zeit und habe heute keine Bedeutung mehr, weil der Mensch allein der empirischen Vernunft vertrauen könne. Alle religiösen Glaubensinhalte seien sinnlos, weil sie sich nicht mit mathematischen oder experimentellen Methoden beweisen ließen. – Wo diese rationalistische These z. B. von Naturwissenschaftlern oder Philosophen aufgegriffen wird, begrenzt sich die Vernunft selber: → S. 7.

Historische Ursachen der Aufklärung

Seitdem in der Reformationszeit im **16. Jahrhundert** die religiöse Einheit Europas zerbrochen war, boten die christlichen **Kirchen** ein **trostloses Bild.** Sie bekämpften sich wegen ihrer Lehrdifferenzen heftig und vertrieben gegenseitig die Anhänger der jeweils anderen Konfession aus ihren Gebieten. In jahrzehntelangen blutigen Auseinandersetzungen (»Dreißigjähriger Krieg«, 1618–1648) brachten Christen aus machtpolitischen Gründen rücksichtslos hunderttausende unschuldige Christen um und verwüsteten ganze Landstriche. Hexenwahn und Judenfeindschaft wurden von allen Konfessionen gefördert. Neue Erkenntnisse der Wissenschaften wurden von ihnen uneinsichtig abgelehnt. 10

Dieser trostlose Zustand, den die Kirchen damals aus eigener Kraft nicht beenden konnten, rief zahlreiche Bürger, Philosophen und Politiker auf den Plan, die nach einer Instanz jenseits des diskriminierten Glaubens suchten. Sie sollte in der Lage sein, Frieden, Freiheit, Gerechtigkeit und Menschenwürde wiederherzustellen. Man fand eine solche Instanz in der **Vernunft.** 15 Damals begann die Epoche der **Aufklärung.** Nun sollte anstelle des Glaubens die Vernunft als höchste Autorität Licht in eine dunkle Zeit bringen und über Wahrheit und Irrtum entscheiden. Darin lag eine bislang unbekannte Herausforderung für die christlichen Kirchen.

20

Der Deismus – Die Vernunftreligion der Aufklärung

❖ Damals entwickelten Philosophen wie John Locke (1632–1704) und Jean-Jacques Rousseau (1712–1778) einen variantenreichen **Vernunftglauben,** Danach muss der Glaube mit der Vernunft übereinstimmen. Wo der Glaube das nicht tut, ist er Aberglaube. 25

❖ Den vernünftigen Gottesglauben der Aufklärung nennt man »**Deismus**« (lat.: »deus«, d. h. »Gott«). Demnach hat **Gott** zwar die Welt geschaffen, greift aber nicht aktiv in ihre Geschichte ein. Er überlässt sie unbeteiligt ihren eigenen Gesetzen (»Nachtwächtergott«). Die Menschen sind selbst für alles Geschehen in der Welt verantwortlich. 30

❖ Wo der Deismus ein besonderes Handeln Gottes in der Geschichte ablehnt, in der Bibel nicht Gottes Wort wahrnimmt und Jesus nur als einen edlen Menschen ansieht, steht er im **Gegensatz zum Christentum.**

Der Wahlspruch der Aufklärung

*Zu **Immanuel Kant:** → S. 37, 40, 50, 58.*

Aufklärung ist der Ausgang des Menschen aus seiner selbstverschuldeten Unmündigkeit. Unmündigkeit ist das Unvermögen, sich seines Verstandes ohne Leitung eines anderen zu bedienen. Selbstverschuldet ist diese Unmündigkeit, wenn die Ursache derselben nicht am Mangel des Verstandes, sondern der Entschließung und des Mutes liegt, sich seiner ohne Leitung eines anderen zu bedienen. Sapere aude! Habe Mut, dich deines eigenen Verstandes zu bedienen!, ist also der Wahlspruch der Aufklärung.

Immanuel Kant (1724–1804)

Anforderungen an den christlichen Glauben

Auch die Kirchen waren in dieser Zeit gefordert, ihren Glauben vor dem Anspruch der Vernunft zu rechtfertigen.

❖ Der Glaube sollte nun **vernünftig** sein. Was das bedeutet, zeigen die programmatischen Titel dreier Schriften, die eine große Wirkung entfalteten:
5 **John Locke** »Die Vernünftigkeit des Christentums, wie es in der Bibel überliefert ist« (1695), **John Toland** (1670–1722) »Das Christentum ohne Geheimnisse« (1696) und **Immanuel Kant** »Die Religion innerhalb der Grenzen der bloßen Vernunft« (1793). – Der erhoffte Vorteil: Der Glaube tritt nicht mehr in Widerspruch zur Vernunft, zu den Wissenschaften und zur all-
10 täglichen Erfahrung. Der Nachteil: Der Glaube verliert seine eigene Dimension.

❖ Der Glaube sollte **natürlich** sein, d. h. immer und überall erfahrbar sein. Er sollte nicht historisch durch die Geschichte Gottes mit den Menschen begründet werden, weil geschichtliche Tatsachen auf einmaligen Vorgängen
15 beruhen und deshalb keine Allgemeingültigkeit beanspruchen können. – Der erwartete Vorteil: Der Glaube hat in der Erfahrungswelt seine Grundlage. Der kaum gesehene Nachteil: Der Glaube verliert seine göttliche Herkunft.

❖ Der Glaube sollte **universal** sein. Er gehört in seinen vernünftigen Grundaussagen nicht einer einzigen Religionsgemeinschaft, sondern allen Religio-
20 nen. – Der erwünschte Vorteil: Zwischen unterschiedlichen Formen des Glaubens soll und kann Toleranz herrschen. Der kaum zu vermeidende Nachteil: Hinter der bunten Vielfalt der Religionen steht ein Einheitsglauben ohne Profil.

Religion und Vernunft

Eine Religion, die der Vernunft unbedenklich den Krieg ankündigt, wird es auf die Dauer gegen sie nicht aushalten.

Immanuel Kant (1724–1804)

---

1 Prüfen Sie, ob und wo der **Deismus** heute vertreten wird.

2 Wieweit sind die Inhalte der natürlichen Religion **Rousseaus** (→ S. 12) Einsichten der Vernunft oder Erinnerungen an Aussagen des Christentums?

3 Während der Französischen Revolution hat man 1793/94 im Namen der Vernunft das Christentum blutig verfolgt, viele Kirchen geschlossen und in der Kathedrale Notre Dame in Paris die **»Göttin der Vernunft«** als höchstes Wesen verehrt. Informieren Sie sich darüber und nehmen Sie Stellung dazu: → M 1.

4 Bedeutende Denker der Aufklärung haben am christlichen Glauben entschieden festgehalten und ihn klug verteidigt, z. B. der französische Mathematiker und Philosoph **Blaise Pascal** (1623–1662; → S. 15) und der deutsche Universalgelehrte **Gottfried Wilhelm Leibniz** (1646–1716). Suchen Sie Informationen über beide Denker und stellen Sie deren Einstellung zum Glauben dar.

Die natürliche Religion

Jean-Jacques Rousseau war einer der einflussreichsten französischen Aufklärer. Er vertrat die These, die bürgerliche Gesellschaft sei für die soziale Ungerechtigkeit verantwortlich. Darum müsse man »zurück zur Natur«, ein Gedanke, der mit dem damaligen Fortschrittsoptimismus zwar unvereinbar war, aber große Begeisterung auslöste und den Autor berühmt machte. In seinem Erziehungsroman »Emile« plädierte er für eine »natürliche« Religion. Ein Auszug aus dieser Schrift:

Du siehst in meinen Ausführungen nur die natürliche Religion – es ist höchst erstaunlich, dass man nach einer anderen verlangt. Woher sollte ich dieses Ver-
5 langen haben? Wie kann ich schuldig sein, wenn ich Gott gemäß der Erleuchtung, die er meinem Geist gibt, und den Gefühlen, die er meinem Herzen einflößt, diene? Welche Reinheit der Moral, welche
10 Lehre, die dem Menschen zum Nutzen und seinem Schöpfer zur Ehre gereicht, kann ich aus einem positiven Glaubenssatz ziehen, die ich nicht auch ohne ihn aus dem richtigen Gebrauch meiner
15 Fähigkeiten ziehen könnte? Zeige mir, was man den Pflichten des Naturgesetzes zum Ruhme Gottes, zum Wohl der Gesellschaft und zu meinem eigenen Wohlergehen noch hinzufügen kann, und
20 welche Tugend du aus einem anderen Kult entstehen lassen willst, der sich nicht aus dem meinigen ergibt. Die höchsten Vorstellungen von der Gottheit kommen uns allein aus der Vernunft.

Jean-Jacques Rousseau (1712–1778)

Francisco de Goya (1746–1828), Der Schlaf/Traum der Vernunft gebiert Ungeheuer, 1797–1798.

Naturreligion als Forderung der Vernunft

Maximilien de Robespierre war Anführer der Jakobiner in der Französischen Revolution, die ein blutiges Schreckensregiment errichteten. Er starb auf der Guillotine.

Wer die Menschen zu dem reinen Dienst des Höchsten Wesens zurückruft, versetzt dem Fanatismus einen tödlichen Streich. Alle Erdichtungen verschwinden vor der Wahrheit, und alle Torheiten fallen vor der Vernunft. Ohne Zwang, ohne Verfolgung sollen sich alle religiösen Gruppierungen verschmelzen in der Naturreligion, die alle umfasst.

Maximilien de Robespierre (1758–1794)

4. Das christliche Konzept

Eine lange Tradition und ihr Bruch

❖ Die Überzeugung, dass der Glaube vernünftig ist, gehört zur christlichen Identität. Sie kann sich auf Aussagen des **Alten und Neuen Testaments** stützen und steht in der Tradition der **Kirchenväter** wie Tertullian und Augustinus, der großen **scholastischen Theologen** wie Anselm von Canterbury, Albertus Magnus und Thomas von Aquin, aber auch vieler **neuzeitlicher Theologen** wie Karl Rahner, Hans Küng oder Joseph Ratzinger/Papst Benedikt XVI.

❖ In der **Neuzeit** ist seit der Aufklärung die Harmonie zwischen Glaube und Vernunft weitgehend zerbrochen, vor allem, seitdem die Vernunft für sich Autonomie beanspruchte und sich kirchlichen Reglements nicht mehr beugen wollte. Verschärft wurde das Problem dadurch, dass die Vernunft unterschiedliche Begriffe von sich selbst (→ S. 6) hervorbrachte. Damals entstand eine tiefe Kluft zwischen Glaube und Vernunft, die sich bis heute auswirkt.

Aber wir sehen heute auch, dass Vernunft und Glaube nicht feindlich gegeneinanderstehen müssen, sondern sich ergänzen und gegenseitig bereichern können. Das ist allerdings nur dann möglich, wenn man nicht den positivistischen oder postmodernen Vernunftbegriff zugrundelegt. Eine positive Zuordnung ist nur mit der Alltagsvernunft oder dem (alten) metaphysischen und (modernen) aufgeklärten Vernunftbegriff möglich.

❖ In der katholischen Kirche gibt es eine weitgehende Übereinstimmung darüber, dass **Vernunft** (Philosophie) und **Glaube** (Theologie) einerseits eigenständige (»**autonome**«) Erkenntnis- und Erfahrungsweisen sind, die nicht vom anderen bevormundet werden dürfen, andererseits aber auch gemeinsame Fragestellungen haben und sich dabei gegenseitig bereichern, ergänzen und kritisieren. Konflikte, die nie auszuschließen sind, müssen fair ausgetragen werden. Beide Seiten sollten sich wechselseitig anerkennen und gegenseitig respektieren.

❖ Die **evangelische Sicht** des Verhältnisses von Glaube und Vernunft ist teilweise anders. Hier wird der Vernunft oft eine geringere, dem Glauben eine größere Bedeutung zugemessen. Martin Luther konnte von der »Hure Vernunft« und Sören Kierkegaard von dem »Paradox des Glaubens« sprechen. Heute nähern sich die Positionen beider Kirchen in dieser Frage wieder an.

Beziehungen zwischen Vernunft und Glaube

❖ Die Vernunft hat sich oft vom Glauben **inspirieren** lassen und dessen Vorgaben in Wissenschaft, Ethos, Kunst, Musik und Brauchtum entwickelt. So wurde eine einzigartige Kultur geschaffen, die auf dem Glauben beruht.

❖ Die Vernunft kann die Aussagen des Glaubens mit ihren Mitteln **untersuchen** und in ihr System integrieren, z. B. wenn sie danach fragt, was der Glaube bedeutet, dass Gott die Welt und den Menschen geschaffen hat.

❖ Die Vernunft kann die Aussagen des Glaubens bzw. der Bibel in ein geordnetes, gedankliches **System bringen** (»Theologie«), so dass erkennbar wird, wie die Wahrheiten des Glaubens zusammenhängen.

❖ Die Vernunft kann Aussagen, die sich fälschlich als »Glauben« ausgeben, **kritisieren** und dafür sorgen, dass sie nicht weiter gelehrt werden. So ist durch die Vernunft dem alten biblischen Weltbild und dem »Hexenglauben« ein Ende bereitet worden. Dadurch wurde der Glaube gereinigt.

❖ Der Glaube kann umgekehrt die Vernunft kritisieren und reinigen, wenn sie Ansichten vertritt, die die Menschenwürde verletzen oder gegen vernünftige Einsichten verstoßen, z. B. der Mensch sei nichts anderes als ein materielles Wesen.

❖ Die Vernunft muss da mit ihren Überlegungen einsetzen, wo sich für den Glauben **Fragen** ergeben, **die früher nicht gestellt wurden,** weil sie noch keine Rolle spielten. Das ist häufig in der Ethik der Fall. Da kann die Vernunft von sicheren ethischen Grundlagen aus Schlussfolgerungen für die neuen Fragestellungen ziehen, z. B.: Welche Rolle sollen Kapital und Arbeit in der modernen Arbeitswelt spielen? Darf man den Menschen genetisch verändern? Ist die Tötung von Embryonen für medizinische Zwecke erlaubt?

❖ Der Glaube, der darauf hinweisen kann, dass die Vernunft selbst in ihrer Reichweite vielfach begrenzt ist (→ S. 6), stellt der Vernunft religiöse **Wahrheiten** vor Augen, **die der Vernunft mit ihren Erkenntnismöglichkeiten nicht zugänglich sind.** Das ist in der Regel nur da der Fall, wo Gott in den Blick kommt, weil das Geheimnis Gottes von der Vernunft nicht durchschaut werden kann. Hier **ergänzt** der Glaube die Erkenntnismöglichkeiten der Vernunft.

Worte der Bibel

Schluss auf den Schöpfer

[2] Die Menschen hielten das Feuer, den Wind, die flüchtige Luft, den Kreis der Gestirne, die gewaltige Flut oder die Himmelsleuchten für weltbeherrschende Götter. [3] Wenn sie diese, entzückt über ihre Schönheit, als Götter ansahen, dann hätten sie auch erkennen sollen, wie viel besser ihr Gebieter ist; denn der Urheber der Schönheit hat sie geschaffen. [4] Und wenn sie über ihre Macht und ihre Kraft in Staunen gerieten, dann hätten sie auch erkennen sollen, wie viel mächtiger jener ist, der sie geschaffen hat; [5] denn von der Größe und Schönheit der Geschöpfe lässt sich auf ihren Schöpfer schließen. [6] Dennoch verdienen jene nur geringen Tadel. Vielleicht suchen sie Gott und wollen ihn finden, gehen aber dabei in die Irre.   *Weish 13, 2-6*

Schöpferische Vernunft

Zentral für die christliche Auffassung, dass Glaube und Vernunft zusammengehören, ist der Prolog des Johannesevangeliums, in dem gesagt wird, dass am Anfang der **»Logos«** *(gr.: »Wort«, aber auch »Vernunft«) war, der bei Gott war. Durch den Logos ist alles geworden, so dass die Welt »logoshaft«, d. h. vernünftig ist (→ S. 16).*

[1] Im Anfang war das Wort, und das Wort war bei Gott, und das Wort war Gott. [2] Im Anfang war es bei Gott. [3] Alles ist durch das Wort geworden, und ohne das Wort wurde nichts, was geworden ist.   *Joh 1, 1-3*

Paulus auf dem Areopag

[22] Athener, nach allem, was ich sehe, seid ihr besonders fromme Menschen. [23] Denn als ich umherging und mir eure Heiligtümer ansah, fand ich auch einen Altar mit der Aufschrift: Einem unbekannten Gott. Was ihr verehrt, ohne es zu kennen, das verkünde ich euch.   *Apg 17, 22–23*

Weisheit der Welt ist Torheit

[18] Das Wort vom Kreuz ist denen, die verloren gehen, Torheit; uns aber, die gerettet werden, ist es Gottes Kraft. [19] Es heißt nämlich in der Schrift: Ich lasse die Weisheit der Weisen vergehen und die Klugheit der Klugen verschwinden. [20] Wo ist ein Weiser? Wo ein Schriftgelehrter? Wo ein Wortführer in dieser Welt? Hat Gott nicht die Weisheit der Welt als Torheit entlarvt? [21] Denn da die Welt angesichts der Weisheit Gottes auf dem Weg ihrer Weisheit Gott nicht erkannte, beschloss Gott, alle, die glauben, durch die Torheit der Verkündigung zu retten. [22] Die Juden fordern Zeichen, die Griechen suchen Weisheit. [23] Wir dagegen verkündigen Christus als den Gekreuzigten: für Juden ein empörendes Ärgernis, für Heiden eine Torheit, [24] für die Berufenen aber, Juden wie Griechen, Christus, Gottes Kraft und Gottes Weisheit. [25] Denn das Unvernünftige an Gott ist vernünftiger als die Menschen und das Schwache an Gott ist stärker als die Menschen.   *1 Kor 1, 18-25*

Caravaggio (1571–1610), Der ungläubige Thomas (Joh 20, 24-29), 1601/02

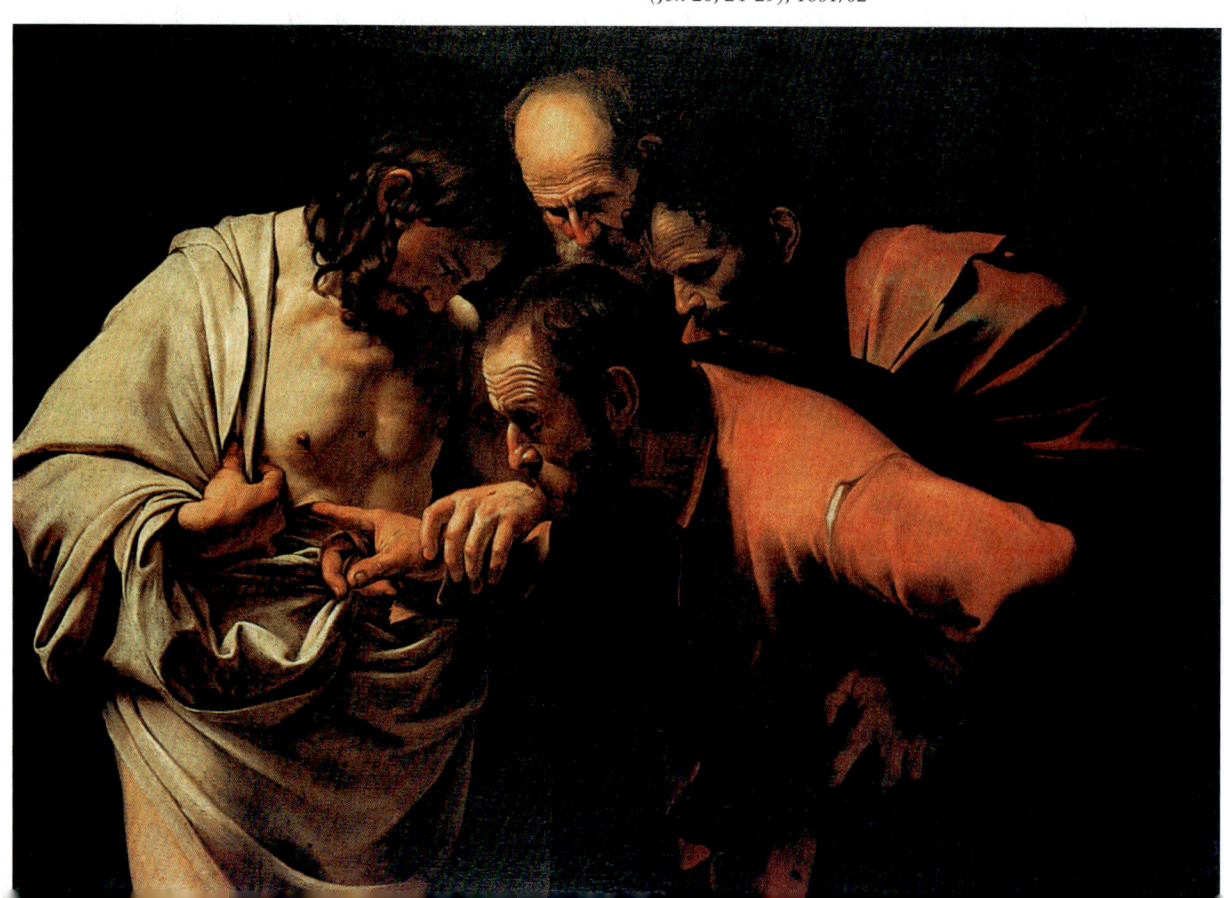

Theologie und Philosophie

Erkennen und glauben

Ich will nicht erkennen, um zu glauben, sondern glauben, um zu erkennen.

Anselm von Canterbury (1033–1109)

Eine Synthese von Glaube und Vernunft

Thomas von Aquin, der bedeutendste Theologe des Mittelalters, hat in seinen Werken eine einmalige Synthese von Glaube und Vernunft geschaffen. Er war davon überzeugt, dass der Glaube weder die Vernunft (Philosophie) ablehnen noch in der Vernunft aufgehen dürfe. Beide Erkenntnisweisen hätten ihre eigenen Aufgaben, seien aber aufeinander bezogen und ergänzten sich.

❖ Das Licht der Vernunft und das Licht des Glaubens kommen beide von Gott. Sie können sich daher nicht widersprechen.

❖ Wiewohl die Dinge des Glaubens nicht bewiesen werden können, so können sie doch nicht durch Beweisgründe widerlegt werden.

❖ In der Erkenntnis des Glaubens kommt die Sehnsucht des Menschen nicht zur Ruhe. Denn der Glaube ist eine unvollkommene Erkenntnis.

❖ Nicht ist es erlaubt, auf solche Weise die göttlichen Geheimnisse zu erforschen, dass einer sich unterfange, sie begreifen zu wollen.

❖ Dass Gott Einer ist und dreifaltig, ist einzig im Glauben zu erfassen und kann auf keine Weise bewiesen werden.

❖ Ein jeder, der lernt, muss glauben, damit er zu vollkommenem Wissen gelangt.

❖ Die Gnade ist es, die den Glauben schafft.

Thomas von Aquin (1225–1274)

Die beiden Flügel

Der folgende Text stammt aus der viel beachteten päpstlichen Enzyklika »Fides et Ratio« (»Glaube und Vernunft«), die ausführlich deren Verhältnis beschreibt.

Glaube und Vernunft sind wie die beiden Flügel, mit denen sich der menschliche Geist zur Betrachtung der Wahrheit erhebt.

Papst Johannes Paul II. (1978–2005)

---

1. Warum ist es schwer, die Aussagen der **Bibel** über Verstand/Vernunft auf einen Nenner zu bringen?
2. Halten Sie ein Referat über Leben und Werk des **Thomas von Aquin**: → M 1.
3. Was können Sie über **Pascal** in Erfahrung bringen? → M 1.

Nachdenkliche Aphorismen

Blaise Pascal (→ S. 74) *war ein genialer Mathematiker, der mit 12 Jahren ohne Anleitung 32 Sätze der Euklidischen Geometrie formulierte. Als 16-Jähriger entdeckte er eine bessere Berechnung der Kegelschnitte und erfand später eine Rechenmaschine. Auch als Physiker hat er Erfindungen gemacht. Ein Jahr vor seinem Tod erhielt er ein Patent auf das erste Pariser Omnibusunternehmen. Mit der Philosophie hat er sich intensiv beschäftigt. Durch ein mystisches Erlebnis wurde er in seinem engagierten Christsein bestätigt. In seinem aphoristisch überlieferten Hauptwerk, den »Pensées« (»Gedanken«), verteidigt er das Christentum gegen seine Bestreiter.*

❖ Nichts ist der Vernunft so angemessen wie das Nichtanerkennen der Vernunft. (272)

❖ Unterwirft man alles der Vernunft, dann bleibt in unserer Religion nichts Geheimnisvolles, nichts Übernatürliches; wenn man gegen die Grundforderungen der Vernunft verstößt, dann wird unsere Religion sinnlos und lächerlich sein. (273)

❖ Das Herz hat seine Gründe, die die Vernunft nicht kennt. (277)

❖ Es ist das Herz, das Gott spürt, und nicht die Vernunft. Das ist der Glaube: Gott spürbar im Herzen und nicht in der Vernunft. (278)

❖ Der Glaube ist von Gott gegeben; glaubt nicht, wir meinten, er sei eine Gabe der Vernunft. (279)

❖ Wir erkennen die Wahrheit nicht nur durch die Vernunft, sondern auch durch das Herz. (282)

Blaise Pascal (1623–1662)

Vorbereitung auf Rettung im Denken

Martin Heidegger, der Existenzphilosoph, hat 1966 in einem Gespräch mit dem Chefredakteur des Spiegels Rudolf Augstein gesagt:

Die Philosophie wird keine unmittelbare Veränderung des jetzigen Weltzustandes bewirken können … Nur noch ein Gott kann uns retten. Uns bleibt die einzige Möglichkeit, im Denken und Dichten eine Bereitschaft vorzubereiten für die Erscheinung Gottes oder für die Abwesenheit des Gottes im Untergang.

Martin Heidegger (1889–1976)

Vernunft und Liebe

Die wahre Vernunft ist die Liebe, und die Liebe ist die wahre Vernunft.

Papst Benedikt XVI. (ab 2005)

5. Ein grundsätzlicher Disput

Griechisches Denken und biblische Botschaft

*Am 12. September 2006 hat **Papst Benedikt XVI.** in **Regensburg** eine Aufsehen erregende Vorlesung gehalten, in der er eher am Rand ein historisches Zitat verwendet, das Mohammed vorwirft, nichts Neues, sondern nur Schlechtes, Inhumanes und das Schwert in die Welt gebracht zu haben. Die Rede löste in der muslimischen Welt unterschiedliche Reaktionen aus. In mehreren Ländern führte sie zu gewaltsamen Massenprotesten, aber der Papst erhielt auch einen offenen Brief von 38 islamischen Führern, die die Vorwürfe argumentativ zurückwiesen. So ist ein christlich-islamischer Dialog auf hohem Niveau eröffnet worden. Der Papst hat später glaubhaft klargestellt, dass er den Propheten nicht beleidigen wollte.*

Das Zitat steht in einem größeren Zusammenhang, in dem der Papst das Verhältnis von Glaube und Vernunft thematisiert und dazu Überlegungen entfaltet, die ihm schon als Hochschulprofessor und theologischer Schriftsteller wichtig waren.

Er hält die Synthese aus griechischer Vernunft und biblischem Glauben für das Christentum für unverzichtbar, weil sich griechische Philosophen (Sokrates, Plato, Aristoteles, Stoa) in der Lage sahen, verbindliche Erkenntnisse über das Dasein Gottes und seine Vernünftigkeit zu gewinnen. Diese hatten Gott als »Das Denken des Denkens«; als »Geist« und als »Logos« (gr.: »Wort«, »Vernunft«; → S. 14) bezeichnet. Diese Synthese sei jeweils in der Spätantike durch Augustinus (354–430) und im Mittelalter durch Thomas von Aquin (1225–1274; → S. 15) zu einem erstaunlichen philosophisch-theologischen System ausgebaut worden. Sie sei aber in der Neuzeit zerbrochen, als die neuzeitliche Vernunft diese Weite aufgab, über die Reichweite der Vernunft kritisch reflektierte und nur noch Erkenntnisse zuließ, die unsere Erfahrungswelt nicht übersteigen können.

Ist es nur griechisch, zu glauben, dass vernunftwidrig zu handeln dem Wesen Gottes zuwider ist, oder gilt das immer und in sich selbst? Ich denke, dass an dieser Stelle der tiefe Einklang zwischen dem, was im besten Sinn griechisch ist, und dem auf der Bibel gründenden Gottesglauben sichtbar wird. Den ersten Vers der Genesis, den ersten Vers der Heiligen Schrift überhaupt abwandelnd, hat Johannes den 5 Prolog seines Evangeliums mit dem Wort eröffnet: Im Anfang war der Logos. Gott handelt mit Logos. Logos ist Vernunft und Wort zugleich – eine Vernunft, die schöpferisch ist und sich mitteilen kann, aber eben als Vernunft. Johannes hat uns damit das abschließende Wort des biblischen Gottesbegriffs geschenkt, in dem alle die oft mühsamen und verschlungenen Wege des biblischen Glaubens an ihr Ziel 10 kommen und ihre Synthese finden. Im Anfang war der Logos, und der Logos ist Gott, so sagt uns der Evangelist. Das Zusammentreffen der biblischen Botschaft und des griechischen Denkens war kein Zufall. ...

Mut zur Weite der Vernunft, nicht Absage an ihre Größe – das ist das Programm, mit dem eine dem biblischen Glauben verpflichtete Theologie in den Disput der 15 Gegenwart eintritt.

Papst Benedikt XVI. (ab 2005)

1 Was können Sie über die **Regensburger Rede** des Papstes aus dem Jahr 2006 herausfinden? → M 1
2 Charakterisieren Sie kurz, wie der **Papst**, **Jürgen Habermas** und die **islamischen Autoritäten** das Verhältnis von Glauben und Vernunft sehen.
3 Wie hat sich seitdem der **christlich-islamische Dialog** entwickelt?

Islamisches Verständnis der Vernunft

Am 12. 10. 2006 legten 38 isla-mische Führer aus der ganzen Welt in ihrer Antwort an den Papst dar, wie der Islam zum Gebrauch der Vernunft steht.

Die islamische Tradition ist reich in ihrer Erforschung der Natur menschlicher Intelligenz und deren Beziehung zur Natur Gottes
5 und Seines Willens, einschließlich der Fragen danach, was in sich selbst einsichtig ist und was nicht. Dennoch besteht die Trennung zwischen »Vernunft« einerseits
10 und dem »Glauben« andererseits nicht gleichermaßen im islami-schen Denken. Vielmehr haben sich Muslime auf eigene Art und Weise mit dem Vermögen und den
15 Grenzen menschlicher Intelligenz

Zwei Unterzeichner des Briefes an den Papst: H. E. Ayatollah Muhammad Ali Taskhiri, Iran (oben) H. E. Shaykh Professor Dr. Mustafa Ceric, Bosnien und Herzegowina (unten)

abgefunden, indem sie eine Hierar-chie von Wissen anerkennen, in der Vernunft ein wesentlicher Be-standteil ist. Die beiden Extreme,
20 die von der islamischen intel-lektuellen Tradition generell ver-mieden wurden, sind einmal der analytische Verstand als höchster Gebieter über die Wahrheit und
25 zum anderen das Vermögen menschlichen Verstehens, wenn es um endgültige Fragen geht, zu negieren. Von grö-ßerer Bedeutung ist es, dass die intellektuellen Erkennt-nisse von Muslimen in ihren ausgereiftesten und vorherr-schenden Formen eine Übereinstimmung zwischen den
30 Wahrheiten der Offenbarung des Koran und den Forderun-gen menschlicher Intelligenz aufrecht erhalten haben, ohne das eine für das andere zu opfern. Gott sagt: »Wir werden sie an den Horizonten und in ihnen selbst unsere Zeichen sehen lassen, bis es ihnen deutlich wird, dass es die Wahr-
35 heit ist« (Sure 41, 53). Die Vernunft selbst ist eines von vie-len Zeichen in uns, die zu betrachten Gott uns einlädt und mit der wir die Dinge betrachten, als ein Weg, die Wahrheit zu erfahren.

Brief islamischer Führer an Papst Benedikt XVI.

Philosophische Kritik der Papst-Rede

Jürgen Habermas (→ S. 124), einer der bekanntesten deutschen Philosophen und Sozialwissen-schaftler, gilt als moderner Ver-fechter einer aufgeklärten Ver-nunft. Er selbst bekennt sich zu keinem religiösen Glauben und nennt sich »religiös unmusika-lisch«. Doch denkt er in seinen letzten Jahren verstärkt über die Bedeutung der Religion für die moderne Gesellschaft nach, weil die Religion über Gehalte und Potenziale ver-fügt, die der Gesellschaft fehlen. Er wünscht sich von der Religion, dass sie ihre Gehalte in eine Sprache übersetzt, die in der heutigen Gesellschaft verstanden wird, wie es z. B. mit dem biblischen Begriff »Bild Gottes« (Gen 1, 28) geschehen sei, der heute als »Menschenwürde« auch außerhalb der Kirchen hohes Ansehen genießt.

Papst Benedikt XVI. hat mit seiner jüngst in Regensburg gehaltenen Rede der alten Auseinandersetzung über Helle-nisierung und Enthellenisierung des Christentums eine unerwartet modernitätskritische Wendung gegeben. Er hat damit auch eine negative Antwort auf die Frage gegeben, ob 5 sich die christliche Theologie an den Herausforderungen der modernen, der nachmetaphysischen Vernunft abarbeiten muss. Der Papst beruft sich auf die von Augustin bis Tho-mas gestiftete Synthese aus griechischer Metaphysik und biblischem Glauben und bestreitet implizit, dass es für die 10 in der europäischen Neuzeit faktisch eingetretene Polari-sierung von Glauben und Wissen gute Gründe gibt. Obwohl er die Auffassung kritisiert, »man müsse nun wieder hinter die Aufklärung zurückgehen und die Einsichten der Moderne verabschieden«, stemmt er sich gegen die Kraft 15 der Argumente, an denen jene weltanschauliche Synthese zerbrochen ist.

Jürgen Habermas (geb. 1929)

Zum Schluss nennt Habermas drei Faktoren, die auf dem Weg zur Moderne entwickelt worden und die für die säku-lare Vernunft unaufgebbar sind: (1) die Unabhängigkeit der modernen Wissenschaften, (2) der Autonomiebegriff Kants, der erst modernes Recht und heutige Demokratie ermöglicht hat, und (3) die Anerkennung kultureller Unterschiede, die nicht als Relativismus oder Selbstauf-gabe der Vernunft abgelehnt werden darf.

Einstieg in die Thematik

Wer sich heute mit Fragen der Ethik/Moral befassen will, sieht sich vor zwei **gegensätzlichen Erfahrungen**.

❖ Einerseits wird vielfach ein **Niedergang ethischen Verhaltens** beklagt. Die Sitten der Zeitgenossen seien nicht mehr so intakt wie früher. Jeder tue nur das, was er für richtig halte. Anstelle einer machtlosen Ethik herrschten Geld, Politik, Medien oder Wirtschaft. Um deren Interessen drehe sich alles.

❖ Andererseits stoßen **Bemühungen um ein verbindliches Ethos** vielfach auf Widerstand, weil man darin einen Rückfall in veraltete religiöse oder philosophische Anschauungen sieht, die heute keine Plausibilität mehr hätten.

❖ In dieser Situation hat die **Begründung einer christlichen Ethik** einen **schweren Stand**, aber letztlich **gute Chancen**, weil sie sich auf einsichtige Gründe stützen kann und sich im Leben vielfach bewährt.

Zum Künstler und seinem Bild

Max Beckmann (→ S. 29, 80), einer der großen Künstler des deutschen Expressionismus, hat mehrere anspruchsvolle Bilder mit biblischer und religiöser Thematik gemalt. Das Bild »Christus und die Ehebrecherin« ist unter dem Eindruck des Ersten Weltkrieges entstanden, der ihn zutiefst verstört hat. Es lässt erkennen, dass er sich dazu berufen fühlt, seinen Zeitgenossen eine wichtige Botschaft zu übermitteln. Darum identifiziert er sich mit der Christusgestalt und gibt ihr seine eigenen Züge.

Zum Thema

Die Szene aus dem Johannes-Evangelium (8, 3-11; → S. 110) kann exemplarisch einen ersten Einblick in das weite Feld der christlichen Ethik geben, da sie wichtige Dimensionen des Themas berührt.

❖ Da findet sich einmal in der Gestalt der Frau ein Hinweis auf das **Gebot des Dekalogs**, das den Ehebruch verbietet (→ S. 96).

❖ Das eigentlich **Böse** tritt auf diesem Bild aber nicht in der Ehebrecherin, sondern in der Einstellung der Männer in Erscheinung, die die Frau heuchlerisch schmähen und sich sogar erbarmungslos zu ihrer Tötung bereit finden (→ Mt 7, 1).

❖ Zwischen beiden Parteien steht die machtvolle **Gestalt Christi**, die auch in der Perspektive Beckmanns zur **Nachfolge** anregt. Christus zeigt zwei gegensätzliche Einstellungen. Einmal bringt er der lieblosen Männerwelt energisch zum Bewusstsein, dass keiner von ihnen ohne **Schuld** ist. So müssen sie von ihrem Treiben Abstand nehmen. Andererseits nimmt er die Frau liebevoll in Schutz und gewährt ihr **Vergebung**, ohne ihre Schuld wegzureden. Er kämpft also gleichzeitig gegen die Mächte des Bösen und schenkt denen, die ihre Schuld bereuen, seine **Liebe**. So ermöglicht er ein neues **Leben**.

1 Zum **Bild**: → M 3. Lesen Sie dazu Joh 8, 3-11.
   ❖ Wie ist **Jesus** selbst dargestellt (Stellung im Bild, Kopf, Hände, Gewand u. a.)? Vergleichen Sie diesen Jesus mit anderen Jesusbildern.
   ❖ Wie viele **Männer** finden sich auf dem Bild? Wie sehen sie aus? Was haben sie vor?
   ❖ Wie sieht die **Ehebrecherin** aus (Stellung, Haar, Farbe, Hände, Gewand, u. a.)? Was sollen die **Steine** am Boden?
   ❖ Welche **Kontraste** geben dem Bild Spannung und Dramatik?
   ❖ Warum kann der Christus Beckmanns **Maßstäbe** für das Leben setzen?

2 Sammeln Sie **aktuelle Beispiele** aus den Medien, die mit (1) persönlicher/privater, (2) politischer Ethik und (3) Wissenschaftsethik zu tun haben. Wo liegt jeweils das ethische Problem? Wie würden Sie entscheiden? Welche Gründe haben Sie für Ihre Entscheidung?

Max Beckmann (1884–1950), Christus und die Ehebrecherin (Joh 8, 3–11), 1917

Ethik – Was ist das?

1. Was sollen wir tun?

❖ Die Grundfrage der **Ethik** lautet: **Was sollen wir tun?** Sie stellt sich in unserem Leben dauernd. Immer müssen wir sie für uns beantworten, ohne dass uns letztlich jemand die Entscheidung abnehmen kann. Sie setzt voraus, dass wir uns **zwischen verschiedenen Möglichkeiten des Handelns** entscheiden können, d. h. dass wir **frei** sind. Wo keine Freiheit ist, wird diese Frage sinnlos.

❖ Diese Frage stellt sich, ob wir sie uns das bewusst machen oder nicht, in alltäglichen und in folgenreichen Situationen, z. B.: Was soll ich heute anziehen? Was soll ich für die Schule/den Beruf tun? Wie kann ich den PC bezahlen?

❖ Wo die Frage »Was sollen wir tun?« den Bereich von **Gut und Böse** berührt, wird sie zur **ethischen Frage**. Auch ethische Fragen umfassen alltägliche und ungewöhnliche Situationen. Solche Fragen sind z. B.: Muss ich immer die Wahrheit sagen? Soll ich auf etwas verzichten, um anderen in ihrer Not zu helfen? Ist der Ehrliche immer der Dumme? Wie verhalten wir uns gegenüber Ausländern? Sollen wir Rücksicht auf das Klima nehmen?

❖ Je mehr man über die ethische Grundfrage »Was sollen wir tun?« nachdenkt, umso mehr merkt man, dass sie **einfach** und **kompliziert** zugleich ist. Sie ist einfach, weil jeder vernünftige Mensch das Gewissen/ein moralisches Gefühl in sich hat, das ihm sagt, was zu tun ist. Sie ist kompliziert, weil die Begründung für eine ethische Grundeinstellung und für einzelne Handlungen wegen der Vielfalt der Gesichtspunkte die Fähigkeit zu vernünftiger Reflexion verlangt.

Sokrates

Der griechische Philosoph hat sich als Erster nicht wie seine Vorgänger für die Naturphilosopie interessiert, sondern für Fragen der Ethik. Damit hat er »die Philosophie vom Himmel auf die Erde« (Cicero) geholt. Mit seinem Leben, das seiner Lehre voll entsprach, hat er für alle Zeiten ein Beispiel philosophischer Lebensführung gegeben. Als er wegen »Gottlosigkeit« von den Athenern zum Tode durch den Schierlingsbecher verurteilt wurde, sagte er zum Abschluss seiner Verteidigungsrede (gr.: »Apologie«):

Auch Ihr, meine Richter, müsst dem Tod zuversichtlich entgegensehen und diese eine Wahrheit bedenken: dass es für einen guten Mann weder im Leben noch im Tode ein Übel gibt und dass die Götter seine Taten nicht unbeachtet lassen. Und so ist auch mir jetzt mein Los nicht aus dem Zufall entstanden, sondern es ist mir klar, dass es für mich besser war, dem Tode verfallen und von der Unrast des Lebens 5 befreit zu sein (als weiterzuleben). Und darum hat mich auch das Zeichen (d. h. eine innere Stimme; → S. 40) nirgendwo von etwas abgemahnt, und ich trage denen, die mich verurteilt haben, und auch meinen Anklägern nichts nach. Freilich haben sie mich nicht in dieser Absicht verurteilt und angeklagt (damit ich des einstigen Heils teilhaftig würde), sondern deshalb, weil sie glaubten, mir damit zu schaden, 10 und darum verdienen sie Tadel.

Ich bitte aber nur um dieses: Wenn meine Söhne heranwachsen, dann übt Vergeltung an ihnen, ihr Männer, indem ihr sie auf die gleiche Weise ärgert, wie ich euch immer geärgert habe. Wenn es euch nämlich scheint, als läge ihnen am Gelde oder an irgendetwas anderem mehr als an der Tugend, und wenn sie meinen, sie wären 15 etwas, und doch nichts sind, dann tadelt sie genauso, wie ich euch getadelt habe, dass sie sich nicht um das kümmern, worum sie sich kümmern sollten, und sich einbilden, sie wären etwas, während sie doch nichts taugen. Und wenn ihr das tut, dann wird mir von euch Gerechtigkeit widerfahren sein – mir und meinen Söhnen. Jetzt aber ist es Zeit, dass wir von hinnen gehen: ich, um zu sterben; ihr, um zu 20 leben. Aber wer von uns dem besseren Lose entgegengeht, das weiß keiner außer dem Gott.

Sokrates (470–399 vC)

---

1 Zum **Text**: → M 2. Welche **Formen der Ethik** unterscheidet Spaemann? Machen Sie daraus einen Lexikonartikel.

2 Was ist für Sie ein **gutes und richtiges Leben**? Unter welchen Bedingungen könnte es gelingen? Welche Umstände machen es schwierig oder unmöglich?

3 Wie unterscheiden sich **ethische** von **anderen Fragen**?

4 Nennen Sie **exemplarisch** die eine oder andere **ethische Frage** und versuchen Sie darauf eine Antwort. Begründen Sie auch Ihre Antwort. Warum gibt es im Kurs dazu unterschiedliche Auffassungen?

Ethik – Eine erste Annäherung

Robert Spaemann war in Heidelberg und München Professor für Philosophie.

Nicht Wegweisung

Was ist philosophische Ethik? Fragen wir zuerst, was sie nicht ist. Sie ist nicht Wegweisung durch die Autorität eines erleuchteten Lehrers. Buddha war ein solcher Wegweiser, Konfuzius war es, Moses, Mohammed und der, der sich selbst »den Weg« nennt, Jesus Christus. Die Menschheit verdankt diesen Lehrern mehr als den Philosophen. Sie haben Möglichkeiten des guten Lebens eröffnet, die von den Menschen bis dahin ungeahnt waren. Sie haben ihnen bis dahin verborgene Dimensionen des eigenen Herzens erschlossen. Sie haben lebendige Traditionen gestiftet, die Jahrtausende überdauerten. Diese Lehrer haben nicht argumentiert, sondern einen Weg gezeigt und Jüngerschaft auf diesem Weg gesammelt. »Er redet wie einer, der Macht hat, nicht wie die Schriftgelehrten«, sagten die Leute von Jesus. Das Kriterium der Wahrheit der Wegweisung war nicht ein theoretisches, sondern ein praktisches: das Gelingen des Lebens desjenigen, der der Weisung folgt. »Wenn ihr tut, was ich euch sage, werdet ihr erkennen, dass ich die Wahrheit rede«, sagt Jesus im Johannesevangelium.

Nicht nur analysierende Metaethik

Philosophische Ethik ist etwas anderes. An ihrem Anfang steht die Gestalt des Sokrates (→ S. 20, 40), der von sich behauptet, er wisse nur, dass er nichts wisse. Er sagt niemandem, was er tun oder lassen soll, sondern er verwickelt die Leute in Diskussionen über ihre hergebrachten moralischen Ansichten. So läge es nahe, philosophische Ethik zu verstehen als eine wissenschaftliche Vergegenständlichung vorgefundener Meinungen über das, was gut und böse ist, eine Analyse moralischer Vorstellungen und moralischen Sprachgebrauchs, eine Klassifizierung verschiedener sittlicher Überzeugungen und Traditionen unter soziologischen, psychologischen oder logischen Gesichtspunkten. Es gibt die Ansicht, Philosophie könne nur dies, also nur »Metaethik« sein; sie dürfe sich selbst in die Fragen nach dem richtigen Leben nicht einmischen, sondern nur »objektiv« analysieren, was Menschen darüber denken und sagen. ...

Normative Ethik – Nachdenken über das gute und richtige Leben

Tatsächlich ist philosophische Ethik seit jeher etwas anderes gewesen. Indem Philosophen über das sprachen, was schon vor ihnen und unabhängig von ihnen über das gute und richtige Leben geglaubt, gewusst, gedacht und gesagt wurde, haben sie sich doch immer zugleich in das Gespräch über die Sache selbst eingemischt. Sie waren nie nur Zuschauer der »menschlichen Komödie«, sondern immer auch Teilnehmer. Sokrates typologisierte nicht die Antworten, die er bei seinen Interviews erhielt, sondern wollte das Wahre herausfinden. Seither haben Philosophen ein kontinuierliches, kritisches, das heißt nachdenkliches Gespräch über vorgefundene Meinungen in Gang gebracht. Und dieses Gespräch ist es, was wir Philosophie und speziell philosophische Ethik nennen. Die Moralphilosophie – ein Ausdruck für die gleiche Sache – setzt sittliche Erfahrung allemal voraus. Sie setzt voraus, dass wir schon einmal dankbar waren, schon einmal empört, dass wir schon einmal die Handlungsweise eines Menschen bewundert und eine andere verabscheut haben, dass wir selbst schon einmal glücklich darüber waren, jemandem Freude gemacht zu haben, und dass wir uns schon einmal vor uns selbst geschämt haben. Philosophische Ethik setzt voraus, dass wir schon einmal mit dem Wort »gut« einen anderen Sinn verbunden haben als »vorteilhaft für diesen oder für jenen«, dass wir dieses Wort schon einmal als »einstelliges Prädikat« und nicht nur als zweistelliges benutzt haben, das heißt nicht im Sinne von »gut für«, sondern im Sinne von »einfachhin gut«. Wenn das so ist, was fügt dann philosophische Ethik solchen Erfahrungen, die bereits ohne sie und vor ihr gewonnen wurden, hinzu? Allgemeiner gefragt: Was fügt das Nachdenken über unsere Erfahrungen und über unsere Kenntnisse diesen Erfahrungen und Kenntnissen hinzu?

Belehrung über uns selbst

Wenn wir nachdenken, fügen wir unsere Erfahrungen und Kenntnisse zusammen bzw. wir entdecken eine ihnen zugrunde liegende tiefere Einheit. ... Philosophisch nachdenkend belehren wir uns selbst über uns selbst. Als Belehrte sind wir dann nicht mehr dieselben wie als Unbelehrte. Philosophische Ethik lässt also das, worüber sie nachdenkt, nicht wie es ist. Sie mischt sich ein.

Das philosophische Nachdenken zielt, so sagte ich, auf Einheit, und dies in einem dreifachen Sinn:

(1) Es versucht unsere eigenen, zunächst oft disparaten sittlichen Gefühle, Erfahrungen und Urteile miteinander in einen widerspruchsfreien Zusammenhang zu bringen und sie wechselseitig für das Verstehen fruchtbar zu machen.

(2) Es versucht die sittlichen Gefühle, Erfahrungen und Urteile verschiedener Menschen, verschiedener Epochen und Kulturen in einen Zusammenhang zu bringen, zu vergleichen, aufeinander zu beziehen und aneinander zu messen.

(3) Es versucht die Phänomene, die wir als sittliche bezeichnen und die alle auf die eine oder andere Weise mit den Worten »gut« und »böse« zu tun haben, als aus einem gemeinsamen Grund hervorgehend zu begreifen und diesen Grund zu benennen.

Robert Spaemann (geb. 1921)

2. Ethik – Eine Sparte der Philosophie

❖ Schon seit Aristoteles hat das Wort »**Ethik**« **zwei Bedeutungen**. Es bezeichnet (1) das **Sittliche** selbst und (2) **die Wissenschaft vom Sittlichen**.

❖ Ursprünglich verweisen Grundbegriffe der philosophischen Ethik wie **Ethos, Moral oder Sittlichkeit** auf einen **sozialen Kontext**, wo sie zunächst Gewohnheit, Brauch, Herkommen und Sitte der Gemeinschaft bedeuten.

❖ In der weiteren Entwicklung bezeichnen diese Begriffe auch die **persönliche, individuelle, subjektive Lebenspraxis**, soweit sie sich auf den Bereich von Gut und Böse bezieht.

❖ Die Darstellung ethischer Probleme ist nicht gleichzusetzen mit einer unangenehmen **Moralisierung des Lebens** (»moralinsaurer Zeigefinger«), die auf billige Weise zu pedantischer Regulierung des Lebens überreden will. Diese respektiert nicht wirklich die Freiheit des Menschen, kennt nicht die prägnante Beschreibung möglicher Wertkonflikte. Sie ist unfähig zur Reflexion ethischer Begründungen und zur überzeugenden Darstellung verantwortbarer Maßstäbe, die letztlich vor allem ein ein gutes, geglücktes Leben in Freiheit und Verantwortung wollen.

Die Herkunft des Begriffs »Ethik« aus dem Alltag

❖ »**Ethos**« ist ein griechisches Wort, das zunächst nur den Weideplatz und Stall, die Lebens- und Verhaltensweise der **Tiere** bezeichnet.

❖ Auf den **Menschen** übertragen meint »Ethos« seinen Wohnort und dann alles, was Brauch und Sitte im Zusammenhang mit dem Wohnen des Menschen ist. In dem Wort schwingt alles mit, was durch die Gemeinschaft und durch die Herkunft (Tradition) bestimmt ist, z. B. die Sitte, Geburtstag zu feiern oder die Toten an einem bestimmten Ort zu begraben. Auch die Bereiche Ehe, Familie, Gesundheit, Ackerbau und Viehzucht, Konfliktregelung usw. gehören dazu. 5

❖ Sodann gewinnt das Wort die Bedeutung von **Handlungsweise, Einstellung und Charakter des Menschen**. Ein Mensch handelt richtig und gut, wenn er einen Gast freundlich aufnimmt oder seine Schulden bezahlt. 10

Die Herkunft des philosophischen Begriffs »Ethik«

❖ Der philosophische Begriff »Ethik« hat immer etwas mit der **Lebenspraxis** des Menschen zu tun. Er geht auf den griechischen Philosophen **Aristoteles** (384–322 vC) zurück, der erstmals Schriften mit dem Titel »Ethik« verfasst hat. Dabei greift er frühere Gedanken des Sokrates, Platons und der Sophisten auf, während später seine ethischen Überlegungen von der **Stoa** (→ S. 47), von den **Kirchenlehrern** und christlichen **Theologen** und von **neuzeitlichen Philosophen** weiterentwickelt wurden. 15

❖ Den Anlass zum systematischen Nachdenken über ein gutes und sinnvolles Leben bot die tiefe Krise der bis dahin selbstverständlich akzeptierten Lebensweisen in Griechenland. Damals verloren herkömmliche Auffassungen über Gut und Böse ihre Geltung. Man war sich nicht mehr darüber einig, ob der Mächtige alles darf, ob und wie man die Götter verehren soll, ob Sklaven Menschen sind u. a. 20 25

❖ Schon bei Aristoteles bezieht sich der **engere Begriff** von »Ethik« auf die **persönliche** Seite des Handelns. Der **weitere Begriff** bezieht auch **politische, soziale und wirtschaftliche** Fragen ein. 30

❖ Heute fasst man Ethik, Staats-, Rechts- und Sozialphilosophie unter dem Begriff der »**praktischen Philosophie**« zusammen. Sie wird von der »theoretischen Philosophie« unterschieden, zu der Logik, Erkenntnis- und Wissenschaftstheorie, Ontologie, Metaphysik u. a. als Disziplinen zählen. 35 40

❖ Die Begriffe »Ethik« und »ethisch« kommen heute in vielen **Kontexten** vor: Ethik-Unterricht, Ethik-Kommission: → S. 4. 45

Auguste Rodin (1840–1917), Der Denker, 1880–1917

Verwandte Begriffe: Moral und Sittlichkeit

❖ Das Wort »**Moral**« ist vom lateinischen Wort »mos« abgeleitet. Es meint zunächst die von den Göttern oder Herrschern auferlegten Vorschriften und Gesetze, an die sich die Menschen halten sollen, dann später auch die Sit-
50 ten und Gebräuche (»mores«). Schließlich hat sich die Bedeutung des Wortes dahin entwickelt, dass sie Charakter und Gesinnung des Einzelnen bezeichnet. Der Bezug des Wortes allein auf die Sexualität ist nicht berechtigt. Verwandte Begriffe: moralisch, unmoralisch, moralin-
55 sauer, Moralgesetz, Sklavenmoral, Herrenmoral u. a.

❖ Das deutsche Wort »**Sittlichkeit**« leitet sich von dem Wort »Sitte« ab. Es hat eine ähnliche Entwicklung wie das griechische Wort »Ethos« gemacht. Davon abgeleitet sind Wörter wie Sittengesetz, Sittenverfall, Sittenlo-
60 sigkeit, sittlich, sittsam, sittenwidrig, u. a.

Ziele und Möglichkeiten der Ethik

❖ **Ziel** der Ethik ist nicht nur eine theoretische Kenntnis ethischer Grundfragen, sondern mehr noch eine verantwortbare **Lebenspraxis**. Darum gehört sie zur »praktischen« Philosophie. Sie will dem Menschen in
65 einer immer unübersichtlicher werdenden Welt Hilfen für seine Entscheidungen bieten. Für ihre Arbeit muss die Ethik die Ergebnisse anderer **Humanwissenschaften** berücksichtigen, z.B die Psychologie, Soziologie, Medizin, Biologie, Geschichte, Kultur- und Religions-
70 wissenschaft, weil diese Wissenschaften wesentliche Bausteine zum Verständnis des Menschen liefern.

❖ Allerdings will die Ethik nicht immer direkte Antworten für alle Lebensfragen geben. Die konkreten Umstände im menschlichen Leben, die oft sehr verwi-
75 ckelt sind, können von allgemeinen ethischen Prinzipien nicht immer genau berücksichtigt werden. Wohl gibt die Ethik **Entscheidungshilfen**, die der Einzelne jeweils auf seine Situation beziehen kann. Dazu sind ihm seine **praktische Vernunft, seine moralische Urteilsfähigkeit, sein**
80 **Gewissen** (→ S. 38 ff) nützlich. Diese Fähigkeiten helfen, das ethische Wissen situationsgemäß anzuwenden.

Ohne Freiheit keine Ethik

Die unabdingbare Voraussetzung der Ethik ist die menschliche **Freiheit,** die zunächst Selbstbestimmung ist, da der Mensch sich (weitgehend) frei zu dem macht, was
85 er ist. Sie besteht weiterhin in der Fähigkeit, zu entscheiden oder nicht zu entscheiden, so zu entscheiden oder anders zu entscheiden. Zwar ist der Mensch durch viele Determinanten wie Gefühle, Angst, Erziehung, Beeinflussung und Druck von außen bestimmt. Aber wenn wir
90 nicht annehmen, dass er frei ist, kann er nicht verantwortlich handeln. Die Freiheit ist die notwendige Voraussetzung seiner sittlichen Würde.

Projekt Weltethos

Hans Küng (→ S. 151), *Schweizer Theologe und Religionswissenschaftler, war Professor in Tübingen und einflussreicher Berater auf dem 2. Vatikanischen Konzil (1962–1965). Er betätigt sich bis heute als engagierter Kirchenkritiker. Durch seine Schriften zum Thema »Projekt Weltethos« löste er weltweite Diskussionen aus.*

Gewiss: alle Staaten der Welt haben eine Wirtschafts- und Rechtsordnung, aber in keinem Staat der Welt wird sie funktionieren ohne einen ethischen Konsens, ohne ein Ethos ihrer Staatsbürger/innen, aus dem der demokratische Rechtsstaat lebt. Gewiss: auch die internationale Staaten- 5 gemeinschaft hat bereits transnationale, transkulturelle, transreligiöse Rechtsstrukturen geschaffen (ohne die internationale Verträge ja purer Selbstbetrug wären); was aber ist eine Weltordnung ohne ein – bei aller Zeitgebundenheit – **verbindendes und verbindliches Ethos** für die gesamte 10 Menschheit, ohne ein **Weltethos?** Nicht zuletzt der Weltmarkt erfordert ein Weltethos! Räume mit schlechthin unterschiedlicher oder gar in zentralen Punkten widersprüchlicher Ethik wird sich die Weltgesellschaft weniger denn je leisten können. Was nützen ethisch fundierte Ver- 15 bote in dem einen Land (man denke an bestimmte Finanz- und Börsenmanipulationen oder an aggressive gentechnologische Forschungen), wenn sie durch Ausweichen in andere Länder unterlaufen werden können? Ethik, wenn sie zum Wohle aller funktionieren soll, muss unteilbar sein. Die 20 ungeteilte Welt braucht zunehmend das ungeteilte Ethos! Die postmoderne Menschheit braucht gemeinsame Werte, Ziele, Ideale, Visionen.

Hans Küng (geb. 1928)

1 Was bedeutet es, dass Grundbegriffe der Ethik ursprünglich **aus sozialen Kontexten** stammen?

2 Wir können von einer »**Freiheit von ...**« und einer »**Freiheit für ...**« sprechen. Diskutieren Sie den Unterschied und seine Bedeutung für die Ethik.

3 Versuchen Sie, folgende **Begriffe** zu beschreiben und an jeweils einem Beispiel zu konkretisieren: Individualethik – Sozialethik – Politische Ethik – Wirtschaftsethik – Gruppenethik – Friedensethik – Bioethik – Weltethos – Moralische Instanz – Räubermoral ...

4 Welche Rolle spielen in einer ethischen Entscheidungssituation (z.B. Sterbehilfe) ethisches **Wissen** und persönliches **Gewissen**? (→ S. 38 ff)

5 **Küngs Projekt Weltethos** wurde einerseits sehr begrüßt, andererseits auch heftig kritisiert. Man wandte ein, dass die Welt nicht eine konfliktfreie, einheitliche Ethik brauche, die sowieso nicht herstellbar sei. Die Unterschiede seien legitim und die Konflikte müssten gewaltfrei ausgetragen werden. Nur so könne sich ethischer Fortschritt entwickeln. Was meinen Sie dazu?

3. Ethik – Eine Disziplin der Theologie

Da die Fragen nach Gut und Böse nicht nur für die Philosophie, sondern auch für die **Religionen** zentral sind, haben die verschiedenen Religionen (→ S. 140 ff) schon immer ihr je eigenes Ethos gehabt. Im Christentum ist eine **theologische Ethik** entstanden, die auch Moral oder **Moraltheologie** genannt wird. Sie befasst sich weitgehend mit denselben Fragen wie die philosophische Ethik und bedenkt sie heute unter den Bedingungen unserer Lebenswelt.

Sie hat zwei charakteristische Fundamente: (1) den **Glauben**, (2) die **Vernunft**.

1. Wieso ist die christliche Ethik eine **Schnittstelle zwischen Glauben und Vernunft**?

2. Sprechen Sie über einige Bausteine der **christlichen Anthropologie** und leiten Sie daraus einige Schlussfolgerungen für die Ethik ab.

3. Heute stehen viele **anthropologische Auffassungen vom Menschen** in der Diskussion und im Konflikt, z. B.:
   ❖ der Mensch ist eine Maschine
   ❖ der Mensch ist wie das Tier nur ein Produkt der Evolution
   ❖ der Mensch wird durch Gene und Gehirn vollständig determiniert
   ❖ der Mensch wird allein durch die Gesellschaft bestimmt
   ❖ der Mensch ist durch und durch ein Egoist.
   Zeigen Sie – ggfs. in Partnerarbeit – Grundzüge dieser Menschenbilder auf.

4. Überlegen Sie,
   ❖ was sich aus ihnen für die Ethik ergibt
   ❖ wie diese Konzepte zur christlichen Anthropologie stehen.

5. Wie begründen **philosophische Ethik und Moraltheologie** die Forderung: »Du sollst nicht morden«?

Zwei Säulen

Die **theologische Ethik bzw. die Moraltheologie** ist eine wichtige Disziplin der Theologie. Sie ist Auslegung des Glaubens im Bereich der Ethik und befasst sich mit dem Programm für eine gute christliche Lebenspraxis. Ihr Konzept beruht auf **zwei Säulen**.

(1) Sie stützt sich weitgehend auf die philosophische Ethik – vorausgesetzt, [5] diese sieht im Menschen eine freie, verantwortungsfähige Person. Sie begründet – genau wie die philosophische Ethik – ihre Einsichten durch **vernünftige Überlegungen** und Rekurs auf menschliche **Erfahrungen**. Eine weitere Aufgabe besteht darin, sich mit verschiedenen Philosophien, Ethiken, Weltanschauungen und Lebensformen zu befassen und auseinanderzusetzen. [10]

(2) Anders als die philosophische Ethik steht sie auch auf dem Boden des **christlichen Glaubens**. Sie zeigt auf, welche ethischen Schwerpunkte in der **Bibel** zu finden sind, wie diese die philosophische Ethik anregen können, was die Ethik mit **Gott** zu tun hat und welche Weisungen zum Leben **Jesus** gegeben hat. Sie befasst sich auch mit den **kirchlichen** Stellungnahmen zu ethischen Themen. [15]

Das anthropologische Fundament

Jede Ethik beruht auf einer **Anthropologie**, weil man nicht vom Handeln des Menschen sprechen kann, ohne dass man ein Konzept vom Menschen selbst hat. So gründet auch die christliche Ethik auf der christlichen Anthropologie, d. h. auf dem christlichen Verständnis des Menschen. Diese ist im [20] Wesentlichen in der Bibel formuliert und hat folgende Bausteine:

❖ Der Mensch ist als Geschöpf und Bild Gottes ein Teil der **Schöpfung**, die er bewohnen, hegen und entwickeln soll.

❖ Er ist als **Mann und Frau** geschaffen, die gleichwertig sind und sich ergänzen sollen. [25]

❖ Alles, was den Menschen ausmacht – **Leib, Seele, Gemüt, Sexualität, Verstand, Geist** –, ist gut von Gott geschaffen.

❖ Jeder Mensch ist **einzigartig** (»Individuum«) und mit **Freiheit** ausgestattet. Er hat die Fähigkeit zur Selbstbestimmung und zugleich zur Wahl verschiedener Lebensmöglichkeiten. In der Anerkennung der Freiheit eines [30] jeden anderen kann er sich einem unbedingten Sinn öffnen. Darum ist er »**Person**«.

❖ Damit sich der Mensch in der Schöpfung frei entfalten und auf einem guten Lebensweg gehen kann, hat ihm Gott **Gebote/Gesetze** gegeben, die sein Handeln sinnvoll machen. [35]

❖ Der Mensch vernimmt in seinem **Gewissen** einen sittlichen Anspruch, den er in Freiheit befolgen kann. Im Laufe der Zeit hat sich der Mensch immer wieder auch für das Böse entschieden. Daher ist er als **Sünder** anzusehen, der sich und anderen Schaden zufügt und so seine **Strafe** verdient.

❖ Wenn er seine böse Tat bereut und auf einen guten Lebensweg zurück- [40] kehrt, darf er auf **Vergebung** (»Rechtfertigung«) hoffen.

❖ Gott schenkt dem Menschen für sein Handeln seine Zuwendung (»**Gnade**«), die ihn innerlich erneuert und ihm auf dem Lebensweg hilft.

❖ Das Leben des Menschen findet mit dem Tod kein endgültiges Ende. Er darf aufgrund von Gottes Verheißungen auf **Auferstehung und ewiges Leben** [45] hoffen.

Michelangelo (1475–1564), Die Versuchung im Paradies (Gen 3), Vatikan, Deckengemälde der Sixtinischen Kapelle, 1502–1512

Der Sitz im Leben

1. Selbstzeugnisse

Fjodor Michailowitsch Dostojewski

Der russische Dichter (→ S. 32) schreibt einmal:

❖ Es ist unzureichend, Sittlichkeit als Überzeugungstreue zu definieren. Man muss sich auch fortwährend fragen: Sind meine Überzeugungen richtig? Ihr Prüfstein aber ist – Christus. Doch hier kommt nicht mehr Philosophie in Frage, sondern Glaube. Glaube ist jedoch wie eine Farbe. 5

❖ Die andere Backe hinhalten, den Nächsten mehr lieben als sich selbst – nicht deshalb, weil es vorteilhaft ist, sondern weil es einem gefällt, bis zum brennenden Gefühl, bis zur Leidenschaft. Christus habe sich geirrt – das sei erwiesen! Doch dieses brennende Gefühl sagt: Lieber bleibe ich bei meinem Irrtum mit 10 Christus als bei euch.

F. M. Dostojewski (1821–1881)

Leo Tolstoi

Der russische Dichter hat in seinen großen Romanen die Frage nach dem Sinn des Lebens aufgeworfen. Zeitweise fand er vor allem in der Rede Jesu auf dem Berg (Mt 5-7) eine Antwort. In seiner Schrift »Meine Beichte« gibt er Rechenschaft über sein Leben.

Meine Frage, die mich im fünfzigsten Lebensjahr zu Selbstmordgedanken brachte, war die allereinfachste Frage, die in der Seele eines Menschen ruht, vom dümmsten Kind bis zum weisesten Greis, die Frage, ohne die das Leben unmöglich ist, wie ich es tatsächlich an mir erfuhr. 5

Die Frage besteht in Folgendem: Was wird das Ergebnis sein von dem, was ich heute tue, was ich morgen tun werde – was wird das Ergebnis meines ganzen Lebens sein? Anders ausgedrückt wird die Frage so lauten: Wozu lebe ich? Wozu begehre ich? Wozu handle ich? Noch anders kann man die Frage so ausdrücken: Ist in meinem Leben ein Sinn, der nicht zunichte würde durch den unvermeidlichen, meiner 10 harrenden Tod?

Leo N. Tolstoi (1828–1910)

Rudolf Höß

Der Kommandant des KZ Auschwitz, der wichtigste Vollstrecker des Befehls zum Genozid an den Juden und auch persönlich für den Tod unzähliger Juden verantwortlich, wurde als Kriegsverbrecher zum Tode verurteilt. Kurz vor seiner Hinrichtung 1947 schrieb er:

Von meinen Eltern war ich so erzogen, dass ich allen Erwachsenen und besonders Älteren mit Achtung und Ehrerbietung zu begegnen hätte, ganz gleich, aus welchen Kreisen sie kämen. Überall, wo es notwendig ist, behilflich zu sein, wurde mir zur obersten Pflicht gemacht. Ganz besonders wurde ich immer darauf hingewiesen, dass ich Wünsche oder Anordnungen der Eltern, der Lehrer, Pfarrer usw., ja aller 5 Erwachsenen bis zum Dienstpersonal unverzüglich durchzuführen bzw. zu befolgen hätte und mich durch nichts davon abhalten lassen dürfte. Was diese sagten, sei immer richtig. Diese Erziehungsgrundsätze sind mir in Fleisch und Blut übergegangen.

Rudolf Höß (1900–1947)

Alfred Delp

Der Jesuit, Mitglied des »Kreisauer Kreises«, eines geistigen Zentrums des Widerstands gegen die Nazis, bereitete seit 1942 eine neue Ordnung für Deutschland vor. Er wurde Ende Juli 1944 verhaftet und am 2. Februar 1945 wegen »Hochverrats« hingerichtet.

Epiphanie 1945 Zwei Tage vor Beginn des Prozesses, in dem ich mich nur auf Gott stellen kann, auf keine andere Zuversicht ...

In dieser Stunde meines Lebens wird mir eines klarer, als es

5 sonst manchmal war: Ein Leben ist verloren, wenn es nicht in *ein* inneres Wort, in *eine* Haltung, *eine* Leidenschaft sich zusammenfasst. Der Mensch muss unter einem geheimen Imperativ stehen, der jede seiner Stunden verpflichtet und jede seiner Handlungen bestimmt. Nur der so geprägte

10 Mensch wird Mensch sein können, jeder andere wird Dutzendware, über den andere verfügen. Der geprägten Menschen sind heute so wenige: das macht ja das Leben so spannungslos und beziehungsarm. Es gibt keinen echten Dialog mehr, weil es keine echten Partner mehr gibt. Die

15 Menschen wagen es nicht, die Grenzen ihrer Wirklichkeit ernsthaft und ehrlich abzuschreiten, weil sie die Entdeckungen fürchten, die ihrer an den Grenzen warten. Der Mensch muss sich immer schon als unheimliches Wesen wissen, das sich ins Grenzenlose erstrecken muss, wenn es

20 seinen eigenen Grenzen und Gesetzen treu sein und zu sich selbst kommen will. Gerade das fürchten wir aber: die Entdeckungen des Ungeheuren und des Unendlichen, deren wir fähig sind. Fähig und bedürftig. Hier wird über des Menschen Wert und Würde entschieden.

Alfred Delp (1907–1945)

Albert Camus

Der französische Schriftsteller, Vertreter des literarischen Existentialismus, erhielt 1959 den Nobelpreis für Literatur.
Wenn ich eine Morallehre schreiben müsste, würde das Buch hundert Seiten umfassen, und davon wären neunundneunzig leer. Auf die Letzte würde ich schreiben: Ich kenne nur eine einzige Pflicht, das ist die Pflicht zu lieben.

Albert Camus (1913–1960)

Dag Hammarskjöld

Der schwedische Politiker und Diplomat war 1953–1961 Generalsekretär der Vereinten Nationen. Bei einer Friedensvermittlung im Kongo kam er durch einen Flugzeugabsturz ums Leben. Er erhielt posthum den Friedensnobelpreis.

Ich weiß nicht, wer – oder was – die Frage stellte. Ich weiß nicht, wann sie gestellt wurde. Ich weiß nicht, ob ich antwortete. Aber einmal antwortete ich ja zu jemandem – oder zu etwas. 5
Von dieser Stunde her rührt die Gewissheit, dass das Leben sinnvoll ist und dass darum mein Leben ... ein Ziel hat.
Seit dieser Stunde habe ich gewusst, was das heißt, »nicht hinter sich zu schauen«, »nicht für den anderen Tag zu sorgen« (Lk 9,62; Mt 6,34). 10

Dag Hammarskjöld (1905–1961)

Dalai Lama

Tenzin Gyatso, der XIV. Dalai Lama, ist die höchste weltliche Autorität Tibets und des tibetanischen Buddhismus. Er wurde 1959 von den Chinesen gezwungen, seine Heimat zu verlassen. Im indischen Dharamsala fand er Asyl.

Unser Leben wird sinnlos, wenn wir den Wert der Gerechtigkeit und die Ethik verlieren. Wir alle haben das gleiche Recht darauf, nach Glück zu streben; niemand will Leiden und Schmerz. Gerechtigkeit und Gleichheit sind spezifisch menschliche 5 Prinzipien. Wir sollten diese Prinzipien nicht unserem Streben nach Macht oder materiellem Reichtum opfern. Stattdessen sollten wir sie dafür einsetzen, die Interessen und Anliegen anderer zu unterstützen. Um dies zu tun, brauchen wir ein festes ethisches Fundament. Wenn uns kein 10 ethisches und moralisches Verständnis leitet, so neigen wir dazu, in unserem Handeln nur unseren eigenen Interessen zu folgen – zum Nachteil anderer. Solches Verhalten ist das größte Hindernis für die Verwirklichung von Gerechtigkeit und Gleichheit. Heutzutage beschweren sich viele Menschen über den allgemeinen Verfall von Ethik und Moral in 15 der Welt und führen die unzähligen Probleme, die wir derzeit haben, darauf zurück. Ich glaube, dass wir ethische Werte fördern müssen, wenn wir eine wirkungsvolle Veränderung in unserer Gesellschaft erreichen wollen. 20

Dalai Lama (geb. 1935)

Ruth Pfau

Die katholische Ordensfrau arbeitet seit 1956 als Lepraärztin in Pakistan. Eine Begegnung mit Leprakranken in einem Elendsviertel von Karatschi gab ihr die Gewissheit, dass sie den Kranken helfen müsse. Sie ist in Pakistan sehr beliebt.

Ja, die logische Konsequenz wäre gewesen, dass ich mir zeitig das Leben genommen hätte. Ich hätte also gesagt: das lohnt sich ja nun wirklich nicht, das lohnt sich nicht, wenn man sich
5 innerweltlich vollenden würde. Diese Ungerechtigkeit, diese Ungerechtigkeit! Also, da hätte ich mir nicht mal das Leben zu nehmen brauchen, die hätte mich echt so umgebracht.
Und die andere Seite: Ich bin ja in kein christliches Milieu geboren, ich bin ja erst mit zwanzig Jahren auf eigenen
10 Wunsch getauft worden. Ich habe vorher viele, viele Ismen durchprobiert, im Sozialistischen Studentenbund mitgearbeitet, theosophische Einflüsse auf mich wirken lassen und eine positivistische Periode durchlaufen; ich glaube, ich bin jeder Partei beigetreten ... Schließlich und endlich, als sich
15 alles tatsächlich als brüchig erwies, habe ich mir gesagt: Ehe du die fällige Konsequenz ziehst, sollst du ja auch logisch sein, versuchst du das Christentum. Vielleicht ist das eine tragfähige Grundlage. Und zu meinem großen Erstaunen hatte dieses existentielle Antworten. Was es für mich bedeu-
20 tet? Das ist nicht erklärbar. Es gibt nur einen Beweis des Christentums, und der ist existentiell. Und deshalb ist er nicht erklärbar. Man muss es halt ausprobieren. Wenn es nicht trägt, o. k. Wenn's trägt, auch o. k.   *Ruth Pfau (geb. 1929)*

Michail Gorbatschow

Michail Gorbatschow, 1990–1991 Präsident der Sowjetunion, leitete durch seine Politik der Glasnost (russ.: »Offenheit«) und der Perestroika (russ.: »Umbau«) das Ende des Kalten Krieges und die Vereinigung von West- und Ostdeutschland ein. Er erhielt 1990 den Friedensnobelpreis.

Es gibt Entscheidungen, die wir selbst treffen, und Entscheidungen, die die Zeit und Umstände für uns bestimmen. In genau dieser Situation befand sich die Menschheit am Ende des letzten Jahrhun-
5 derts: eine Situation, die keine Wahl zuließ. 1999 lebten 1,3 Milliarden Menschen – ein Viertel der Weltbevölkerung – in extremer Armut. 800 Millionen litten an Unterernährung. 6,2 Millionen Waisenkinder unter 15, deren Eltern an AIDS gestorben waren, kämpften um ihr Überleben. Ein Drittel der

Albrecht Dürer (1471–1528), Selbstporträt als Christus, 1500

Cindy Sherman (geb. 1954), Untitled # 412, 2004

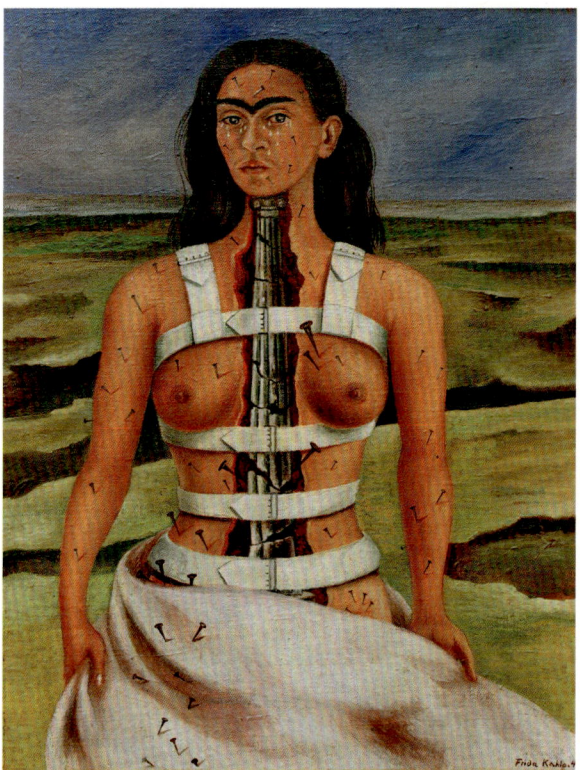

Frida Kahlo (1907–1954), Die gebrochene (Wirbel)Säule, 1944

Max Beckmann (1884–1950), Selbstporträt im Smoking, 1927

Weltbevölkerung hatte ungenügenden Zugang zu Trinkwas- 10
ser. Ich teile voll und ganz die Ansicht von Kofi Annan (UN-
Generalsekretär, 1997–2006), dass der gelähmte politische
Wille die Hauptsache dieser katastrophalen Lage ist. ...
Der Kern ist jedoch der moralische Aspekt des Problems. Zu
oft bekommt man den Eindruck, dass wir – etwa bei den 15
Millenniumszielen – über freiwillige Hilfe der Reichen an die
Armen reden, egal ob es sich dabei um Länder oder Menschen handelt. Solch einer Sichtweise kann ich nicht
zustimmen und ich erbitte Nachsicht, wenn ich dies in
unverstellten Worten wiedergebe: Hier handelt es sich 20
nicht um Wohltätigkeit, egal in welcher Form. Hier geht es
um Gleichberechtigung für alle Menschen bei der Befriedigung ihrer grundlegenden Bedürfnisse.

Michail Gorbatschow (geb. 1931)

Alice Schwarzer

*Die Feministin und Journalistin
(Frauenzeitschrift »EMMA«) hat
entscheidende Anstöße dazu gege-
ben, dass sich das Frauenbild in
Deutschland verändert hat. In
einem Interview antwortet sie auf
die ihr gestellten Fragen so:
Der körperliche oder biologische
Unterschied (zwischen Frauen und
Männern) ist doch aber auch etwas,*
was die Welt unheimlich antreibt.
Nein, ich glaube nicht an die Notwendigkeit des Unterschieds. 5
Ich möchte eine Welt, in der die Menschen die gleichen Chancen haben, egal welche Hautfarbe, egal, welches Geschlecht
sie haben, das ist alles.
*Das ist eine durchaus christliche, religiöse Vorstellung, eine sehr
schöne Vorstellung. Ich glaube, dass sich das sehr viele Men-* 10
schen wünschen.
Wenn man sich meinen Lebensweg anschaut, mit meiner Art
zu agieren, kommt man ziemlich schnell darauf, dass ich aus
einer protestantisch geprägten Kultur komme.
Woran machen Sie es fest, an welchen Punkten? 15
An dem Impuls, die Welt zu verbessern. An dem Fleiß, an dem
Engagement, an der persönlichen Moral, bereit zu sein,
Pflichten zu übernehmen. Aber ich komme aus einer atheis-
tischen Familie, ich selbst habe mich mit zwölf Jahren taufen
lassen und auf eigenen Wunsch bin ich zur Konfirmation 20
gegangen. Mich hat am Christentum schon immer die Seite
interessiert, wo es um Fragen der Ethik, der Moral, Auseinandersetzung, Sinnsuche usw. geht, aber ich bin nicht im
engeren Sinne gläubig. *Alice Schwarzer (geb. 1942)*

> Welche Einstellung spricht aus den **Selbstporträts** von
> Dürer, Sherman, Kahlo und Beckmann?

2. Stimmen der Dichtung

Die Nachtlager

Ich höre, daß in New York
An der Ecke der 26. Straße und des Broadway
Während der Wintermonate jeden Abend ein Mann steht
Und den Obdachlosen, die sich ansammeln
Durch Bitten an Vorübergehende ein Nachtlager verschafft.

Die Welt wird dadurch nicht anders
Die Beziehungen zwischen den Menschen bessern sich
dadurch nicht
Das Zeitalter der Ausbeutung wird dadurch nicht verkürzt.
Aber einige Männer haben ein Nachtlager
Der Wind wird von ihnen eine Nacht lang abgehalten
Der ihnen zugedachte Schnee fällt auf die Straße.

Leg das Buch nicht nieder, der du das liesest, Mensch.

Einige Menschen haben ein Nachtlager
Der Wind wird von ihnen eine Nacht lang abgehalten
Der ihnen zugedachte Schnee fällt auf die Straße.
Aber die Welt wird dadurch nicht anders
Die Beziehungen zwischen den Menschen
bessern sich dadurch nicht
Das Zeitalter der Ausbeutung wird dadurch nicht verkürzt.

Bertolt Brecht (1898–1956)

Abel verteidigt Kain

Ein Rauchzeichen hat ihn verwirrt.
Jagt ihn nicht! Er jagt sich selber.
Er hat nicht verstanden, dass ich nichts
als sein Bruder sein wollte, nicht sein Rivale.

Helft ihm lieber, bis Gott
es ihm selber erklärt,
warum er sein Opfer nur schwelen ließ.

Tut es mir zuliebe! Lasst mich
weiterleben für ihn in euch.
Sagt ihm, er hat in mir
nur sein Böses getötet.

Ich erwarte ihn heil als Geheilten
an einem rauchlosen Ort.

Christine Busta (1915–1987)

Hiroshima (1958)

Der den Tod auf Hiroshima warf
Ging ins Kloster, läutet dort die Glocken.
Der den Tod auf Hiroshima warf
Sprang vom Stuhl in die Schlinge, erwürgte sich.
Der den Tod auf Hiroshima warf
Fiel in Wahnsinn, wehrt Gespenster ab
Hunderttausend, die ihn angehen nächtlich,
Auferstandene aus Staub für ihn.

Nichts von alledem ist wahr.
Erst vor kurzem sah ich ihn
Im Garten seines Hauses vor der Stadt.
Die Hecken waren noch jung und die Rosenbüsche zierlich.
Das wächst nicht so schnell, dass sich einer verbergen
könnte
Im Wald des Vergessens. Gut zu sehen war
Das nackte Vorstadthaus, die junge Frau
Die neben ihm stand im Blumenkleid
Das kleine Mädchen an ihrer Hand
Der Knabe, der auf seinem Rücken saß
Und über seinem Kopf die Peitsche schwang.
Sehr gut erkennbar war er selbst
Vierbeinig auf dem Grasplatz, das Gesicht
Verzerrt von Lachen, weil der Photograph
Hinter der Hecke stand, das Auge der Welt

Marie Luise Kaschnitz (1901–1974)

Schnelle Nachtfahrt

Niemals wird es uns gelingen, die welt
zu enthassen

Nur daß am ende uns nicht die reue heimsucht
über nicht geliebte liebe

Reiner Kunze (geb. 1933)

Die Maßnahmen

Die Faulen werden geschlachtet die Welt wird fleißig
Die Hässlichen werden geschlachtet die Welt wird schön
Die Narren werden geschlachtet die Welt wird weise
Die Kranken werden geschlachtet die Welt wird gesund
Die Traurigen werden geschlachtet die Welt wird lustig
Die Alten werden geschlachtet die Welt wird jung
Die Feinde werden geschlachtet die Welt wird freundlich
Die Bösen werden geschlachtet die Welt wird gut

Erich Fried (1921–1988)

Kain

Er geht nicht mehr
als Ackermann über die Felder,
braucht keine Keule.

Er fragt nicht mehr
in anmaßender Weise,
ob er der Hüter sein sollte
seines Bruders.

Er ist nicht mehr
unstet und flüchtig.

Er trägt Masken,
dem eigenen Gesicht
aus dem Gesicht geschnitten.
Eine heißt Gleichgültigkeit.

Walter Helmut Fritz (geb. 1929)

Als sich eine schülerin das leben genommen hat

Ich habe es nicht gewusst
du hast es nicht gewusst
er sie es wir ihr sie
haben es nicht gewusst

Ich habe es nicht wissen können
ich habe es nicht wissen wollen
ich habe es nicht kommen sehen
ich habe es laufen lassen
ich habe es nicht aufhalten können.

Ich habe auch nur zwei augen
ich habe auch nur zwei hände
ich habe auch nur ein telefon
ich kann nicht überall sein
ich bin nicht immer erreichbar

Ich glaube an christus sagt man
er hätte ihr helfen können sagt man
wenn ich du er sie es wir ihr sie
christus geworden sind

braucht man nicht mehr
sagt man zu sagen

Dorothee Sölle (1929–2003)

Quantitativer Irrtum

so reich
waren wir nie
wie heute
so habgierig aber
waren wir auch nie
wie heute

so satt
waren wir nie
so unersättlich
waren wir auch nie
wie heute

so versichert
waren wir nie
so unsicher aber
waren wir nie
wie heute

so viel zeit
hatten wir nie
wie heute
so gelangweilt aber
waren wir nie
wie heute

so vielwissend
waren wie nie
wie heute
so sehr die übersicht verloren
haben wir nie
wie heute

so hoch entwickelt
waren wir nie
wie heute
so sehr am ende aber
waren wir nie
wie heute

Wilhelm Willms (1930–2002)

Unter sterbenden Bäumen

Wir haben die erde gekränkt, sie nimmt
ihre wunder zurück

Wir, der wunder
eines

Reiner Kunze (geb. 1933)

Das Müllen

das müllen ist des menschen lust
schon steigt der müll uns bis zur brust
meer erde luft ach sind vermüllt

atommüll noch die enkel killt –
müllenium müllenium·
so müllen wir einander um

Kurt Marti (geb. 1921)

Vater

vater komm erzähl vom krieg
vater komm erzähl wiest eingrückt bist
vater komm erzähl wiest gschossen
hast
vater komm erzähl wiest verwundt
wordn bist
vater komm erzähl wiest gfallen bist
vater komm erzähl vom krieg

Ernst Jandl (1925–2000)

Postscriptum

Was ich dir noch sagen wollte
Wenn ich dir
einen Tipp geben darf
Ich meine
Ich bitte dich
um alles in der Welt
und wider besseres Wissen:

Halte dich nicht schadlos
Ziehe den kürzeren
Lass dir etwas
entgehen.   *Eva Zeller (geb. 1923)*

---

1 Informationen zu den **Dichtern/innen**: → M 1; zu den **Texten**: → M 2. Vergleichen Sie die beiden **Kain**-Gedichte. Schreiben Sie ein Gedicht Ihrer Wahl um.
2 Arbeiten Sie – ggfs. in kleinen Gruppen – heraus, welche ethischen **Probleme** in den Gedichten vorkommen.
3 Können Sie **in diesem Buch** Kapitel bzw. Abschnitte finden, zu denen die Gedichte Wichtiges sagen können?
4 Schreiben Sie auch selbst ein **Gedicht**, in dem ein ethisches Problem zur Sprache kommt.

3. Kleine Erzählungen

König Midas

Als der phrygische König Midas dem griechischen Gott Dionysos einmal einen großen Gefallen getan hatte, durfte sich der König etwas von dem Gott wünschen. Midas, der ebenso reich wie geldgierig war, wünschte sich, dass alles, was er berühre, zu Gold werde. Und so geschah es. Die Steine und das Eisen wurden zu Gold, und auch die Blumen und Blätter. Doch auch das Brot, das er essen, und das Wasser, das er trinken wollte, wurden zu Gold, so dass sein Leben in Gefahr geriet. Verzweifelt flehte er den Gott an, ihn von dieser Gefahr zu befreien. Da der Gott Mitleid mit Midas hatte, gebot er ihm, sich in einem Fluss zu reinigen. Seitdem konnte Midas wieder etwas anfassen, ohne dass es zu Gold wurde. Der Fluss ist seitdem goldhaltig.

Eine alte griechische Überlieferung

»Da bist du mit Gott allein«

Ein politischer Flüchtling fleht einen Rabbi an, ihn aufzunehmen und zu verbergen. Im ersten Mitleid nimmt der Rabbi den Mann in sein Haus. Das »gehetzte Angesicht« erbarmt ihn. Gegen Abend umzingeln die Häscher des Königreiches die Stadt. Der Geflüchtete sei auszuliefern, verlangen sie. Andernfalls werde die Stadt dem Erdboden gleichgemacht. In seiner Not studiert der Rabbi die heiligen Schriften. Nach langem Suchen findet er einen Ausweg: »Wo das Leben vieler in Gefahr steht, darf der Angeklagte ausgeliefert werden.«

Als der Rabbi den Flüchtling der Miliz übergeben hat, erscheint ihm der Prophet Elija und stellt ihn zur Rede: »Warum dachtest du nicht an jene heilige Schrift, die allein in den Herzen der Gerechten geschrieben steht? Sieh, in der Not helfen nicht die Meister der Lehre; da bist du mit Gott allein und musst vor ihm erleiden die menschliche Nichtigkeit bis auf den Grund.«

»Und der Prophet«, so schließt die Legende, »wandte sich um und ging hinaus ohne Gruß. Rabbi Josuas Kopf aber sank auf den Tisch nieder in bitterster Not, und er erkannte, dass er falsch gewählt hatte.«

Jüdische Legende

Fernsteuerung

Lebendig sein heißt, man selbst zu sein. In dem Maße, wie du selbst bist, lebst du. Wir könnten fragen »Bin ich denn nicht ich selbst? Wer wäre ich, wenn ich nicht ich selbst wäre?« Es ist gut möglich, dass du nicht selbst bist, sondern eine Marionette.

Einmal angenommen, du hättest einen Hund, dem wir einen elektronischen Empfänger ins Gehirn einsetzen und dann auf die andere Seite der Welt schicken, nach China zum Beispiel. Dorthin senden wir dann die Befehle. Zum Beispiel »Steh!« und der Hund steht auf. »Sitz!« und der Hund setzt sich. »Platz!« und der Hund legt sich hin. Alle würden sich wundern: »Was ist mit dem Hund los?« Du weißt, was los ist: Er funktioniert per Fernsteuerung. Dieses Bild passt gut auf Millionen von Menschen.

Anthony de Mello (1931–1987)

Das Zwiebelchen

Es lebte einmal ein altes Weib, das war sehr, sehr böse und starb. Diese Alte hatte in ihrem Leben keine einzige gute Tat vollbracht. Da kamen denn die Teufel, ergriffen sie und warfen sie in den Feuersee. Ihr Schutzengel aber stand da und dachte: Kann ich mich denn keiner einzigen guten Tat von ihr erinnern, um sie Gott mitzuteilen? Da fiel ihm etwas ein und er sagte zu Gott: »Sie hat einmal«, sagt er, »in ihrem Gemüsegärtchen ein Zwiebelchen herausgerissen und es einer Bettlerin geschenkt.« Und Gott antwortete ihm: »Da nimm«, sagt er, »dieses selbe Zwiebelchen und halte es ihr hin in den See, so dass sie es zu ergreifen vermag, und wenn du sie daran aus dem See herausziehen kannst, so möge sie ins Paradies eingehen, wenn aber das Pflänzchen abreißt, so soll sie bleiben, wo sie ist.« Der Engel lief zum Weibe und hielt ihr das Zwiebelchen hin: »Hier«, sagte er zu ihr, »fass an, wir wollen sehen, ob ich dich herausziehen kann!« Und er begann vorsichtig zu ziehen – und hatte sie beinahe schon ganz herausgezogen, aber da bemerkten es die anderen Sünder im See und wie sie das sahen, klammerten sie sich alle an sie, damit man auch sie mit ihr zusammen herauszöge. Aber das Weib war böse, sehr böse und stieß sie mit den Füßen zurück und schrie: »Nur mich allein soll man herausziehen und nicht euch, es ist mein Zwiebelchen und nicht eures.« Wie sie aber das ausgesprochen hatte, riss das kleine Pflänzchen entzwei. Und das Weib fiel in den Feuersee zurück und brennt dort noch bis auf den heutigen Tag. Der Engel aber weinte und ging davon.

Fjodor Michailowitsch Dostojewski (1821–1881)

Seltsamer Spazierritt

Ein Mann reitet auf seinem Esel nach Haus und lässt seinen Buben zu Fuß nebenher laufen. Kommt ein Wanderer und sagt: »Das ist nicht recht, Vater, dass Ihr reitet und lasst euren Sohn laufen; Ihr habt stärkere Glieder.« Da stieg der Vater vom Esel herab und ließ den Sohn reiten. Kommt wieder ein Wandersmann und sagt: »Das ist nicht recht, Bursche, dass du reitest und lässest deinen Vater zu Fuß gehen. Du hast jüngere Beine.« Da saßen beide auf und ritten eine Strecke. Kommt ein dritter Wandersmann und sagt: »Was ist das für ein Unverstand: Zwei Kerle auf *einem* schwachen Tiere; sollte man nicht einen Stock nehmen und euch beide hinabjagen?« Da stiegen beide ab und gingen selbdritt zu Fuß, rechts und links der Vater und Sohn und in der Mitte der Esel. Kommt ein vierter Wandersmann und sagt: »Ihr seid drei kuriose Gesellen. Ist's nicht genug, wenn zwei zu Fuß gehen? Geht's nicht leichter, wenn *einer* von euch reitet?« Da band der Vater dem Esel die vordern Beine zusammen, und der Sohn band ihm die hintern Beine zusammen, zogen einen starken Baumpfahl durch, der an der Straße stand, und trugen den Esel auf der Achsel heim.

So weit kann es kommen, wenn man es allen Leuten will recht machen.

Johann Peter Hebel (1780–1826)

Stachelschweine

Eine Gesellschaft Stachelschweine drängte sich an einem kalten Wintertage recht nahe zusammen, um durch die gegenseitige Wärme sich vor dem Erfrieren zu schützen. Jedoch bald empfanden sie die gegenseitigen Stacheln, welches sie dann wieder voneinander entfernte. Wenn nun das Bedürfnis der Erwärmung sie wieder zusammenbrachte, wiederholte sich jenes zweite Übel, so dass sie zwischen beiden Leiden hin- und hergeworfen wurden, bis sie eine mäßige Erwärmung herausgefunden hatten, in der sie es am besten aushalten konnten.

Arthur Schopenhauer (1788–1860)

Der Esel und das Pferd

Ein Mann hatte einen Esel und ein Pferd. Als sie einmal unterwegs waren, sagte der Esel zum Pferd:
»Meine Last ist zu schwer, ich kann nicht alles allein tragen, nimm mir etwas ab.«
Das Pferd tat so, als hörte es nicht. Da stürzte der Esel vor Anstrengung hin und war tot. Der Mann lud die ganze Last auf das Pferd und die Eselshaut dazu. Das Pferd stöhnte:
»Oh, ich armes Pferd, wehe mir, ich Unglücklicher! Ich wollte einen Teil der Last nicht übernehmen, nun muss ich alles tragen und die Eselshaut noch dazu.«

Leo N. Tolstoi (1828–1910)

Die Vorüberlaufenden

Wenn man in der Nacht durch eine Gasse spazieren geht, und ein Mann, von weitem schon sichtbar – denn die Gasse vor uns steigt an und es ist Vollmond – uns entgegenläuft, so werden wir ihn nicht anpacken, selbst wenn er schwach und zerlumpt ist, selbst wenn jemand hinter ihm läuft und schreit, sondern wir werden ihn weiter laufen lassen.

Denn es ist Nacht, und wir können nicht dafür, dass die Gasse im Vollmond vor uns aufsteigt, und überdies, vielleicht haben diese zwei die Hetze zu ihrer Unterhaltung veranstaltet, vielleicht verfolgen beide einen dritten, vielleicht wird der Erste unschuldig verfolgt, vielleicht will der Zweite morden, und wir würden Mitschuldige des Mordes, vielleicht wissen die zwei nichts voneinander, und es läuft nur jeder auf eigene Verantwortung in sein Bett, vielleicht sind es Nachtwandler, vielleicht hat der Erste Waffen.

Und endlich, dürfen wir nicht müde sein, haben wir nicht so viel Wein getrunken? Wir sind froh, dass wir auch den zweiten nicht mehr sehn.

Franz Kafka (1883–1924)

Liebe zu wem?

Von der Schauspielerin Z. hieß es, sie habe sich aus unglücklicher Liebe umgebracht. Herr Keuner sagte: »Sie hat sich aus Liebe zu sich selbst umgebracht. Den X. kann sie jedenfalls nicht geliebt haben. Sonst hätte sie ihm das kaum angetan. Liebe ist der Wunsch, etwas zu geben, nicht zu erhalten. Liebe ist die Kunst, etwas zu produzieren mit den Fähigkeiten des andern. Dazu braucht man von dem andern Achtung und Zuneigung. Das kann man sich immer verschaffen. Der übermäßige Wunsch, geliebt zu werden, hat wenig mit echter Liebe zu tun. Selbstliebe hat immer etwas Selbstmörderisches.«

Bertolt Brecht (1898–1956)

1	Informationen zu den **Autoren**: → M 1; zur Arbeit mit den **Texten**: → M 2. Verfremden Sie einen der Texte Ihrer Wahl.
2	Arbeiten Sie – ggfs. in kleinen Gruppen – heraus, welche ethischen **Probleme** in den Erzählungen vorkommen.
3	Suchen Sie **in diesem Buch** Kapitel bzw. Abschnitte, zu denen die Erzählungen passen.
4	Schreiben Sie auch selbst eine **Erzählung**, in der ein ethisches Problem anschaulich wird.

Ethische Grundbegriffe

1. Das Gute

❖ Unser **Leben** gelingt da, wo es – wie wir sagen – »**gut**« verläuft. Ohne Erfahrungen des Guten sind wir nicht zufrieden, glücklich, hat unser Leben keinen Sinn. Manches Gute liegt nicht in unserer Macht, z. B. Heimat, Geschlecht, Veranlagung, Elternhaus u. a. Für anderes sind wir (mit)verantwortlich, z. B. Fleiß, Freundschaft, Liebe, Arbeit, Zeugnis, Gerechtigkeit und Frieden in unserem Umfeld.

❖ Menschen können Gutes bewirken, weil sie in ihrem Handeln – zumindest streckenweise – **frei** sind.

1 Zu den **Texten**: → M 1. Befassen Sie sich – evtl. in Partner- oder Gruppenarbeit – mit einzelnen Aussagen zum Thema »gut«. Inwieweit halten Sie diese Aussagen für richtig, einseitig oder falsch? Begründen Sie Ihr Urteil. Welche Auffassung von »gut« schält sich dabei für Sie heraus?

2 Warum und wie bestimmt das, was wir »**gut**« nennen, weitgehend unser Leben?

3 Welche **anderen Wörter neben »gut«** verwenden wir, wenn wir eine Person oder Sache schätzen oder mögen, z. B. wertvoll, sinnvoll, klasse, super, toll, …

4 **Ergänzen** Sie folgende Sätze:
   ❖ Eine Speise ist gut, wenn …
   ❖ Ein Freund/eine Freundin ist gut, wenn …
   ❖ Ein Monteur ist gut, wenn …
   ❖ Eine Schulstunde ist gut, wenn …
   ❖ Ein Mensch ist gut, wenn …

5 Was ist für Sie das **höchste Gut**? Welche Bedeutung erhält Ihr Leben dadurch? Wie können Sie Ihre Auffassung begründen?

Gut ist …

Sokrates (470–399 vC): Der Mensch handelt nur gut, wenn er das Gute kennt. Wer das Gute nicht weiß, handelt schlecht. (→ S. 20)

Platon (427–347 vC): Es gibt vieles in unserer Welt, was wichtig ist, z. B. die Lust, die Tapferkeit, der Staat. Diese Dinge sind nicht aus sich gut. Lust, Tapferkeit und Staat können auch schlecht sein. Gut werden die Dinge erst durch die höchste Idee, die Idee des Guten, die allen Dingen ihr Gutsein gibt. Die Idee des Guten zu erkennen ist darum höchstes Ziel des Philosophen und Staatsmanns. Sie ist wie die Sonne, durch die alles Dunkle sichtbar und erkennbar wird. Erst wenn der Mensch die Idee des Guten kennt, ist er auch in der Lage, sein Leben entsprechend dem Guten einzurichten. (→ S. 46)

Aristoteles (384–322 vC): Das Gute ist das, was alle erstreben. Das höchste Gut ist das Glück, das der Mensch dadurch erreicht, dass er tatkräftig seine Seele in ihren bestmöglichen Zustand führt und sich situationsangemessen in seinen Handlungen auf seine Vernunft stützt und ein kontemplatives Leben führt.

Epikur (341–270 vC): Das höchste Gut ist ein lustvolles, schmerzfreies Leben (→ S. 48).

Stoiker (4. Jh vC–1. Jh nC): Das höchste Gut ist die Tugend, d. h. ein sittlich gutes Leben.

Jesus (ca. 7 vC – 30 nC): »Als sich Jesus wieder auf den Weg machte, lief ein Mann auf ihn zu, fiel vor ihm auf die Knie und fragte ihn: Guter Meister, was muss ich tun, um das ewige Leben zu gewinnen? Jesus antwortete: Warum nennst du mich gut? Niemand ist gut, außer Gott, dem Einen (Mk 10, 17 f)«. (→ S. 114)

Thomas von Aquin (1225–1274): Gutes ohne Böses kann es geben; Böses aber ohne Gutes kann es nicht geben. (→ S. 37)

Thomas Hobbes (1588–1679): Gut und Böse sind relativ. (→ S. 69)

Immanuel Kant (1724–1804): »Es ist überall nichts in der Welt, ja überhaupt auch außer derselben zu denken möglich, was ohne Einschränkung für gut könnte gehalten werden, als allein ein *guter Wille*. Verstand, Witz, Urteilskraft und wie die *Talente* des Geistes sonst heißen mögen, oder Mut, Entschlossenheit, Beharrlichkeit im Vorsatze, als Eigenschaften des *Temperaments*, sind ohne Zweifel in mancher Absicht gut und wünschenswert; aber sie können auch äußerst böse und schädlich werden, wenn der Wille, der von diesen Naturgaben Gebrauch machen soll und dessen eigentümliche Beschaffenheit darum *Charakter* heißt, nicht gut ist. Mit den *Glücksgaben* ist es ebenso bewandt. Macht, Reichtum, Ehre, selbst Gesundheit und das ganze Wohlbefinden und Zufriedenheit mit seinem Zustande, unter dem Namen der *Glückseligkeit*, machen Mut und hierdurch öfters auch Übermut, wo nicht ein guter Wille da ist, der den Einfluss derselben aufs Gemüt und hiermit auch das ganze Prinzip zu handeln berichtige und allgemein-zweckmäßig mache.« (→ S. 58)

Friedrich Nietzsche (1844–1900): »Was ist gut? – alles, was das Gefühl der Macht, den Willen zur Macht, die Macht selbst im Menschen erhöht. Was ist schlecht? Alles, was aus Schwäche stammt.« (→ S. 51)

DER SPIEGEL

Nr. 31 / 30.7.07
Deutschland: 3,50 €

4 190700 703502 31

Das Böse im Guten

Die Biologie von Moral und Unmoral

www.spiegel.de

Marxismus/Kommunismus: Moralische Normen, die »gut« genannt werden, sind letztlich nichts anderes als ideologisch formulierte Interessen bestimmter Klassen. Klassen wollen mit diesen Normen anderen Klassen gegenüber ihre eigenen Interessen durchsetzen. Es gibt kein Gutes an sich, das eine übergeschichtlich-absolute Bedeutung besäße. (→ S. 56)

Sigmund Freud (1856–1939): Die Guten sind diejenigen, welche sich begnügen, von dem zu träumen, was die anderen, die Bösen, wirklich tun. (→ S. 42, 65, 126)

Egoismus: Gut ist, was mir nützt. (→ S. 66)

Utilitarismus: Gut ist, was möglichst vielen nützt. (→ S. 67)

Nationalsozialismus/Faschismus/Rechtsextremismus: Gut ist, was dem Volke nützt.

Wilhelm Busch (1832–1908): Das Gute – dieser Satz steht fest – ist stets das Böse, was man lässt.

Erich Kästner (1899–1974): Es gibt nichts Gutes, außer man tut es.

❖ Was »**gut**« ist, scheint jeder zu wissen und lässt sich doch nicht eindeutig und allgemeingültig definieren.

❖ »Gut« meint oft die Hinordnung eines Gegenstandes auf einen bestimmten Zweck. In dieser Hinsicht ist das »Gute« **relativ**. Ein Arzt ist gut, wenn er seine Patienten heilen und/oder richtig beraten kann. Sportlich oder musikalisch braucht er nicht gut zu sein. – Ein Fußballspiel ist gut, wenn es den Erwartungen des Spielers bzw. Betrachters entspricht. Andere Spieler bzw. Betrachter haben oft andere Erwartungen und finden das Spiel deshalb nicht gut. – Dasselbe Zeugnis kann für den einen Schüler gut, für den anderen nicht gut sein.

❖ Das Wort »gut« wird in den verschiedenen Lebensbereichen unterschiedlich und somit auch **relativ** gebraucht. Etwas kann persönlich, finanziell, klimatisch, politisch, sozial und ästhetisch »gut« sein, ohne in jeder Hinsicht gut zu sein. Beispiel: Was finanziell gut ist, muss nicht ethisch gut sein, z. B. die unbegründete Entlassung von Arbeitnehmern.

❖ Das Wort »gut« wird da in einem **absoluten** Sinn gebraucht, wo es in jeder Hinsicht gut ist und deshalb das letzte und höchste Ziel menschlichen Handelns ist. Als »**höchstes Gut**« haben Philosophen, religiöse und nichtreligiöse Menschen verschiedene Modelle vorgeschlagen, z. B. Glück, Lust, Gesundheit, langes Leben, Zufriedenheit, Macht, Frieden, Freiheit, Liebe, Gott. Wo eines dieser Modelle akzeptiert wird, richtet der Mensch in der Regel – wenn auch nicht immer bewusst und konsequent – seine Handlungen auf dieses höchste Gut aus.

2. Das Böse

❖ Niemand kann das **Böse** in der Welt übersehen. Es zeigt sich in unserem kleinen Alltag und in der großen Welt. Unser Leben wird vom Bösen nachhaltig **eingeschränkt und beschädigt, oft auch zerstört**.

❖ **Das Böse hat viele Gesichter**. Überall werden Kinder geschlagen, Frauen benachteiligt, Fremde diskriminiert, Arbeiter ausgebeutet, Liebende enttäuscht, Menschen belogen, betrogen, geschlagen, ermordet. In der Welt herrschen Krieg, Ungerechtigkeit, Hunger, Lüge, Verleumdung, sexuelle Ausbeutung, vermeidbare Seuchen, Bildungskatastrophen, Gewalt, Völkermord. Diese Übel werden weitgehend von Menschen in Freiheit verursacht.

❖ Das Böse stellt den **christlichen Glauben** vor eines seiner schwierigsten Probleme. Es wirft die Frage auf, warum es das Böse in Gottes guter Welt gibt und warum die Menschen in allen Zeiten so viel leiden müssen. Kann oder will Gott das Böse nicht verhindern? Ist das Böse die Abwesenheit seiner Liebe? Schon in der Bibel (Paradieserzählung, Ijob, Jesus) sind unterschiedliche Antworten versucht worden. Viele Theologen und Philosophen haben sich dieser **»Theodizeefrage«** gestellt. Alle Antworten sind bestenfalls Hinweise zum Verständnis, keine stellt zufrieden.

1 Zu den **Texten**: → M 2. Befassen Sie sich – evtl. in Partner- oder Gruppenarbeit – mit den **Autoren** (ggf. → M 1) und ihren Aussagen zum Thema »böse«. Inwieweit halten Sie diese Aussagen für richtig, einseitig oder falsch? Begründen Sie Ihr Urteil. Welche Auffassung von »böse« schält sich dabei für Sie heraus?

2 Warum und wie bestimmt das, was wir »**böse**« nennen, weitgehend unser Leben? Wie haben wir selbst daran Anteil? Wie reagieren wir darauf? Was können wir dagegen tun?

Viele Dimensionen

❖ Was »**böse**« ist, lässt sich genauso schwer sagen wie das, was »gut« ist (→ S. 34 f.) Auf jeden Fall ist es das Gegenteil von »gut«. Es ist etwas, das wir ablehnen, fürchten, verurteilen.

❖ In unserer Alltagssprache verwenden wir als Gegensatz zu »gut« auch das Wort »schlecht«, das nicht immer dasselbe besagt wie »böse«. Beispiel: Ein schlechter PC ist nicht böse. »Böse« ist eine **moralische Qualität**, die mit der Freiheit einer Entscheidung zusammenhängt, während »schlecht« eine **sachliche Bezeichnung** für einen Gegenstand sein kann, der nicht die Qualität hat, die er haben könnte und müsste. 5

❖ Böse ist eine Handlung, die nicht mit den Geboten Gottes/dem Sittengesetz/den ethischen Normen übereinstimmt. 10

Drei Bedingungen

❖ Damit eine Handlung, z. B. ein Diebstahl, »böse« genannt werden kann, müssen **drei Bedingungen** erfüllt sein.

(1) **Ethisch**: Der Handelnde muss grundsätzlich wissen, dass Diebstahl böse ist. Seine Lebenserfahrungen, sein Gewissen und/oder seine Religion sollten ihn darüber belehrt haben. 15

(2) **Situativ**: Der Handelnde muss erkennen, dass seine jetzige Handlung Diebstahl ist. Wenn er z. B. glaubwürdig meint, dass die Sache, die er an sich nimmt, niemandem gehört, liegt kein Diebstahl vor.

(3) **Personal**: Der Handelnde darf weder von inneren noch äußeren Faktoren so gezwungen oder unter Druck gesetzt werden, dass er praktisch keine Wahlmöglichkeit hat. Er muss frei sein. 20

❖ Wenn diese drei Bedingungen erfüllt sind, kann man eine böse Tat nicht allein auf **genetische Veranlagung**, **psychische Krankheit** oder **gesellschaftlichen Einfluss** zurückführen. 25

Der christliche Glaube – Freier Verstoß gegen Gottes Gebote

❖ Die Bibel weiß, dass der Mensch böse sein kann, immer wieder den Versuchungen zum Bösen erliegt und die Gebote Gottes übertritt. Schon die Schöpfungserzählungen (Gen 2, 4a–3) stellen in der bildhaften Sprache des Mythos die Frage, was das Böse ist und woher es kommt. Die Antwort: Das **Böse kommt aus dem Inneren des Menschen**. Er hat diesen Hang zum Bösen 30 von Anfang an. Aus ihm kommen die bösen Gedanken und Taten, ohne dass es für ihn einen Zwang zum Bösen gäbe. So trägt der Mensch die Verantwortung für das Böse. Das Böse ist der Preis der Freiheit.

❖ Die Bibel kennt auch den Gestalt gewordenen Bösen. Dafür hat sie mehrere Namen: **Teufel, Satan, Beelzebul**. Sie spricht von **Mächten und Gewal-** 35 ten, die immer wieder versuchen, Böses in der Welt zu verursachen, den Menschen auf den Weg zum Bösen zu führen und Schaden anzurichten.

❖ Darum soll der Christ im Vaterunser beten: »**Und führe uns nicht in Versuchung, sondern befreie uns von dem Bösen**«. Durch die Liebe Gottes und das Wirken Jesu ist den Menschen **Vergebung** ihrer Schuld gegeben und 40 schließlich völlige Befreiung vom Bösen (»**Erlösung**«) verheißen.

❖ Wo ein Mensch frei und trotz besserer Einsicht in seiner **Schuld** verharrt, zerstört er sich in seiner eigenen Menschlichkeit (»**Todsünde**«). Er bewirkt den Zustand der Gottesferne, den die Bibel das **Gericht Gottes** nennt.

Im Hintergrund: Die Gleise, die in das Vernichtungslager Auschwitz führen, sind für immer ein Symbol des Bösen geworden.
Zu Bildern des Bösen: → S. 80 ff.

Erklärungsversuche der Philosophie

Augustinus/Thomas von Aquin
Mangel an Sein

Die beiden großen Kirchenlehrer (→ S. 50) standen vor dem Problem, woher das Böse komme, wo doch Gott gut und der Schöpfer aller Dinge ist. Auf ihn kann es nicht zurückgehen, da dies mit der Universalität der Schöpfung und vor allem mit seiner Liebe unvereinbar wäre. So kamen sie auf den Gedanken, dem Bösen jegliche Realität abzusprechen. Das Böse ist ein Defizit und besteht sozusagen in einem Mangel an Sein. So wäre z. B. die Lüge ein Mangel an Wahrheit und der Krieg der abwesende Friede. Ein Zitat von Thomas von Aquin:

Keine Wesenheit ist in sich böse. Das Böse hat keine Wesenheit. Ein Wesen wird böse genannt, soweit es eines Seins verlustig ist. Ein Böses selbst ist nicht ein Etwas. Wohl aber ist das ein Etwas, dem das Bösesein anhaftet.

Jean-Jacques Rousseau
Nicht natur-, sondern gesellschaftsbedingt

Einige Denker der Aufklärung entwickelten die Idee, die Menschen hätten anfangs in einem Naturzustand gelebt, in dem sie frei ihre Wesenseigentümlichkeit entfalten konnten. Dann gaben sie ihre Freiheit auf und
5 begründeten durch einen Vertrag eine Gesellschaft, in der sie einer Regierung die Macht übertrugen, die die Gesetze für ein gedeihliches Zusammenleben erlassen durfte. Diese Voraussetzung machte auch der französische Philosoph Jean-Jacques Rousseau (1712–1778;
10 → S. 12). Er nahm an, dass die Menschen im Naturzustand zwar noch ohne jede Zivilisation, aber doch gut waren (»der edle Wilde«). Sie fügten niemandem Schaden zu. Das Böse sei erst durch die Zivilisation in der Gesellschaft entstanden, als die Menschen um Eigen-
15 tum und Macht kämpften, sich allmählich an ein aufwändiges Leben gewöhnten, sich zu hassen begannen und sich alle möglichen Schäden zufügten. Allein die Vernunft, die sie von Natur aus besaßen, könne auch für die Zukunft Besserung bringen.

Immanuel Kant
Das radikal Böse ist unerforschlich

Kant (1724–1804; → S. 11, 40, 50, 58) stand nie in der Gefahr, das Böse in der Welt zu übersehen. Er war davon zutiefst bedrückt und räumte diesem Thema einen überaus großen Platz in seiner Philosophie ein. Für ihn gibt es im Menschen ein »radikal Böses«, d. h. 5 einen »natürlichen Hang zum Bösen«, der darin besteht, von den sittlichen Pflichten abzuweichen. Zwar muss dessen Ursprung in der menschlichen Freiheit gesucht werden, so dass die Verantwortung des Menschen dafür nicht aufgehoben ist. Aber dieses Böse ist 10 »radikal« in dem Sinn, dass dieser Hang nicht durch menschliche Kräfte »vertilgt« werden kann.
Kant denkt sich drei unterschiedliche Stufen dieses Hanges. Es ist erstens Schwäche, zweitens Unlauterkeit und drittens »Verkehrtheit des Herzens, welches nun 15 der Folge wegen auch ein böses Herz heißt«. Der Satz »Der Mensch ist böse« sagt also nichts anderes, als dass sich der Einzelne des moralischen Gesetzes bewusst ist und doch die gelegentliche Abweichung von demselben in Kauf nimmt. Kant bekennt, dass ihm dieser Hang 20 zum Bösen »unerforschlich« ist.

Hannah Arendt
Die Banalität des Bösen

Die jüdische Philosophin (1906–1975), die in der NS-Zeit aus Deutschland emigrieren musste, hat in ihren Schriften über die Judenverfolgung des Naziregimes und über den Totalitarismus intensiv nachgedacht. Ursprünglich hat sie darin, an Kant anknüpfend, »radikal Böses« gesehen, das in ihr »sprachloses Entsetzen« auslöste. Als sie jedoch als Journalistin den Eichmannprozess in Jerusalem beobachtete, war sie von der Erbärmlichkeit des Massenmörders und seiner Kumpane erschüttert, weil diese alle Verantwortung auf »höhere Befehle« abschoben (→ S. 26). Seitdem hat sie nur noch von der »Banalität des Bösen« gesprochen.

Ich bin in der Tat der Meinung, dass das Böse immer nur extrem ist, aber niemals radikal, es hat keine Tiefe, auch keine Dämonie ... tief aber und radikal ist immer nur das Gute.

Das Böse ist ...

Rüdiger Safranski (geb. 1945): Man kann das Böse nur dann zum Verschwinden bringen, wenn man die Freiheit zum Verschwinden bringt.

Marie Luise Kaschnitz (1901–1974): Weil das Böse ist, ist Gott.

Baal Schem Tov (ca. 1700–1780): Das Böse ist nicht das Gegenteil des Guten, sondern sein Anfang.

3. Das Gewissen

Das **Gewissen** gehört zur Grundausstattung des Menschen als einer freien, vernunftbegabten Person. Man nennt es »innere Stimme«, »Herz«, »moralischen Kompass«, »Spiegel des eigenen Handelns«, das »Bewusstsein vom Wert unserer Taten« u. a.

❖ Das Wort meint (1), dass der Mensch einen moralischen Horizont besitzt, d. h. fähig ist, gut und böse voneinander zu unterscheiden und zu wissen, dass das Gute zu tun und das Böse zu lassen ist. Es ist auch die Grundlage dafür, moralische Urteile über andere Personen und Institutionen zu fällen.

❖ Das Wort meint (2) die moralische Beurteilung einer Handlung im Menschen **vor, während und nach** einer Handlung. Wir sprechen von einem »guten« und »schlechten« Gewissen, von »Gewissensbiss« und vom »Freispruch des Gewissens«.

Worte der Bibel – Herz und Gewissen

Im Alten Testament kommt das Wort »Gewissen« nur selten vor. Meistens ist stattdessen von »Herz« die Rede.

❖ Das Wort (Gottes) ist ganz nah bei dir, es ist in deinem Mund und in deinem Herzen, du kannst es halten (Dtn 30, 14).

❖ Der Mensch sieht, was vor den Augen ist, Gott aber sieht das Herz (1 Sam 16, 7).

❖ Du prüfst den Menschen auf Herz und Nieren (Ps 7, 10).

❖ Der ihre Herzen gebildet hat, er achtet auf all ihre Taten (Ps 33, 15).

❖ Der Gerechte überlegt sich im Herzen jede Antwort (Spr 15, 28).

❖ Denn die Schlechtigkeit bezeugt selbst ihr feiges Wesen, wenn sie gestraft wird. Unter dem Druck des Gewissens befürchtet sie immer das Schlimmste (Weish 17, 10).

❖ Achte auf den Rat deines Gewissens. Wer ist dir treuer als dieses? (Sir 37, 13)

❖ Ich lege mein Gesetz in sie hinein und schreibe es auf ihr Herz (Jer 31, 33).

*Auch im Neuen Testament kommt das Wort »Gewissen« selten vor. **Jesus** hat es wohl nicht gebraucht. In den Briefen des **Paulus** gibt es den Begriff des Gewissens. Paulus dürfte ihn aus der Philosophie der Stoa übernommen haben.*

❖ Wenn die Heiden, die das Gesetz (die Thora mit den Zehn Geboten) nicht haben, von Natur aus das tun, was im Gesetz gefordert ist, so sind sie, die das Gesetz nicht haben, sich selbst Gesetz. Sie zeigen damit, dass ihnen die Forderung des Gesetzes ins Herz geschrieben ist; ihr Gewissen legt Zeugnis davon ab, ihre Gedanken klagen sich gegenseitig an und verteidigen sich (Röm 2, 8f).

❖ Ich bemühe mich auch, vor Gott und den Menschen immer ein reines Gewissen zu haben (Apg 24, 16).

Worte über das Gewissen:

❖ Ein gutes Gewissen ist ein sanftes Ruhekissen.

❖ Man entgeht wohl der Strafe, nicht aber dem Gewissen.

❖ Was den Menschen vom Tier unterscheidet, ist nicht sein Wissen, sondern sein Gewissen.

❖ Bei vielen Leuten beginnt das Gewissen erst da, wo der Vorteil aufhört.

❖ Gewissen ohne Gott ist etwas Entsetzliches; es kann sich bis zur größten Unsittlichkeit vergessen (*F. M. Dostojewski, 1821–1881*).

❖ Das beste Gewissen ist ein schlechtes Gewissen. Es funktioniert (*Albert Görres, 1918–1996*).

❖ Die Freiheit des Glaubens, des Gewissens ... sind unverletzlich (*Grundgesetz, Art. 4, 1*).

❖ Die Abgeordneten des Deutschen Bundestages ... sind nur ihrem Gewissen unterworfen (*Grundgesetz, Art. 38, 1*).

Herbert Falken (geb. 1932),
Labyrinth im Kopf, 1982–1983

Deformationen des Gewissens

Das unmündige Gewissen

Das unmündige Gewissen hat sich nicht entwickeln können. Es ist infantil (lat.: »kindlich« oder »kindisch«) geblieben. Die Ursachen dafür liegen oft in der Erziehung. Beispiele: Jugendliche, die ihre Moralvorstellungen weitgehend aus brutalen Computerspielen gewinnen; Jugendliche, die dauernd mit
5 drakonischen Strafen zu Gehorsam gezwungen werden oder die nicht lernen, ihr Handeln an Menschenwürde, Gerechtigkeit oder Liebe zu orientieren.

Das irrende Gewissen

Das irrende Gewissen findet sich bei Menschen, die in gutem Glauben Dinge tun, die moralisch unverantwortlich sind. Dafür mögen sie Gründe haben, die die Tat zu rechtfertigen scheinen. Dann kann ihre Handlung zwar als sub-
10 jektiv gut gelten, aber objektiv schlecht sein, wenn man sie an den Maßstäben von Menschenwürde, Recht oder Liebe misst. Beispiele: Ein junger Mann stiehlt für einen mittellosen Freund Geld; ein Ehemann sagt vor Gericht nicht die Wahrheit, um seiner Frau nicht zu schaden.

Das verstummte Gewissen

Das verstummte Gewissen ist das völlig zerstörte Gewissen. Wer andauernd
15 seine schlechten Handlungen für gut erklärt oder sich an sie gewöhnt, vergewaltigt sein Gewissen und setzt es außer Kraft. In diesem Zustand, der das Ergebnis langer Gewissensverletzung ist, kann man sich nicht mehr auf sein Gewissen verlassen. Dann ist man »gewissenlos« geworden. Beispiele: Drogendealer, denen nur noch das verdiente Geld wichtig ist und die dabei die
20 verheerende Wirkung ihres Tuns ignorieren; radikale Jugendliche, die ohne innere Vorbehalte Ausländer angreifen.

❖ Das **Gewissen** ist deformiert, wenn es nicht auf das Gute und das Böse hinweist, d.h. wenn es ist nicht auf die Menschenrechte, Gerechtigkeit und Liebe ausgerichtet ist. Es gibt Faktoren, die das Gewissen **verbilden und zerstören** können, z.B. eine zu lasche oder zu strenge Erziehung – Unwissenheit und Gleichgültigkeit – Einflüsse der Gesellschaft wie gefährliche Vorbilder, Regeln einer Clique, Medien – Gier, Habsucht und Geld – eine politische oder militärische Ideologie – pseudoreligiöse Gesetze und Vorstellungen – Egoismus – ...

❖ Im politischen Bereich haben wir eine **Analogie** zum deformierten **Gewissen**. **Gesetze des Staates** sind dann ethisch nicht akzeptabel, wenn sie nicht an den Menschen- bzw. Grundrechten ausgerichtet sind, wie dies in modernen Demokratien die Regel ist. Gesetze in totalitären Regimen, die solche Bindung an die Menschen- oder Grundrechte nicht anerkennen, sind deshalb unmoralisch, selbst wenn sie dort verfassungsgemäß und legal zustande gekommen sind. Bei Gesetzen, die gegen die Menschlichkeit verstoßen, haben die Staatsbürger das Recht und die Pflicht zum Widerstand. Selbst ein Tyrann, Despot oder Diktator darf im Extremfall getötet werden, wenn er so weit wie möglich vorher auf die Unrechtmäßigkeit seines Handelns hingewiesen wurde, es keine anderen Mittel zur Verbesserung der Lage gibt und der absehbare Schaden nicht größer ist als der gegenwärtige Zustand.

---

1 Beschreiben Sie **alltägliche Situationen**, in denen das Gewissen aktiv wird, z.B.
   ❖ wenn ein junger Mann bei der Polizei als Zeuge eine belastende Aussage über eine Freundin machen soll
   ❖ wenn ein armer Schlucker in der Stadt eine Brieftasche mit Geld findet
   ❖ wenn ein Mädchen ungewollt schwanger wird
   ❖ ...

2 Oft stimmt das, was das Gewissen sagt, mit dem überein, was die **Zehn Gebote** (→ S. 96 ff) fordern, z.B. die Eltern achten, nicht töten, nicht stehlen, nicht lügen. Wie erklären Sie sich diesen Befund?

3 **Paulus** trägt seine Auffassung über das Gewissen an einem interessanten Beispiel vor: 1 Kor 10, 25-31.

4 Suchen Sie andere Beispiele für ein **unmündiges, irrendes und verstummtes** Gewissen. Wer oder was ist für diese Fehlformen des Gewissens verantwortlich? Welche Wirkungen haben diese Deformationen?

5 Einer Frau ist plötzlich und unerwartet ein Kind vor das Auto gelaufen, das dabei tödlich verletzt wurde. Vor Gericht wird sie wegen erwiesener Unschuld freigesprochen. Trotzdem wird sie ihr ganzes Leben von Gewissensbissen gequält. Was würden Sie dieser Frau sagen?

Das Gewissen in der Diskussion

❖ Religiöse Menschen deuten das Gewissen oft als die **Stimme Gottes**, weil es einen einzigartigen Anspruch stellt, der nicht, wie es in der Welt üblich ist, nach Vorteil oder Nutzen fragt, sondern unbedingt gilt, d. h. ohne Wenn und Aber zum Tun des Guten und zum Lassen des Bösen auffordert.

❖ Doch sollte man mit dieser religiösen Deutung des Gewissens vorsichtig sein, weil es oft unmündig ist und irren kann. Ein fehlgeleitetes Gewissen ist nicht Gottes Stimme im Menschen. Daher sprechen manche vorsichtiger von dem Ort, wo man Gottes Stimme hören könne oder »ein Echo einer Stimme sei, herrisch und nötigend wie kein anderer Befehl im ganzen Bereich unserer Erfahrung« (Kardinal Newman).

Grundlegung in der Antike – Das innere Gesetz

❖ Der griechische Tragödiendichter **Sophokles** (496–406 vC) lässt seine »Antigone« im Streit mit dem mächtigen König Kreon sagen, sie müsse ihrem »**inneren Gesetz**« mehr gehorchen als den Gesetzen des Staates.

❖ **Sokrates** (470–399 vC; → S. 20), einer der einflussreichen griechischen Philosophen, hörte sein Leben lang auf sein »Daimonion«, d. h. auf eine innere göttliche Stimme. Er folgte ihr auch, als er unschuldig zum Tode verurteilt wurde. Als seine Freunde ihn aus dem Gefängnis loskaufen wollten, lehnte er diesen Weg ab, weil ihm eine solche Flucht mit seinem Daimonion unvereinbar schien. 5

❖ Der Begriff »Gewissen« geht auf die **stoische Philosophie** zurück, die von »syneidesis« (gr.: »Mit-Wissen«) sprach. Durch den stoischen Philosophen **Seneca** (1–65 nC) ging das Wort in der lateinischen Fassung »conscientia«, (lat.: »Mit-Wissen«) in die abendländisch-christliche Tradition ein, wo es seitdem ständig bedacht wird. 10

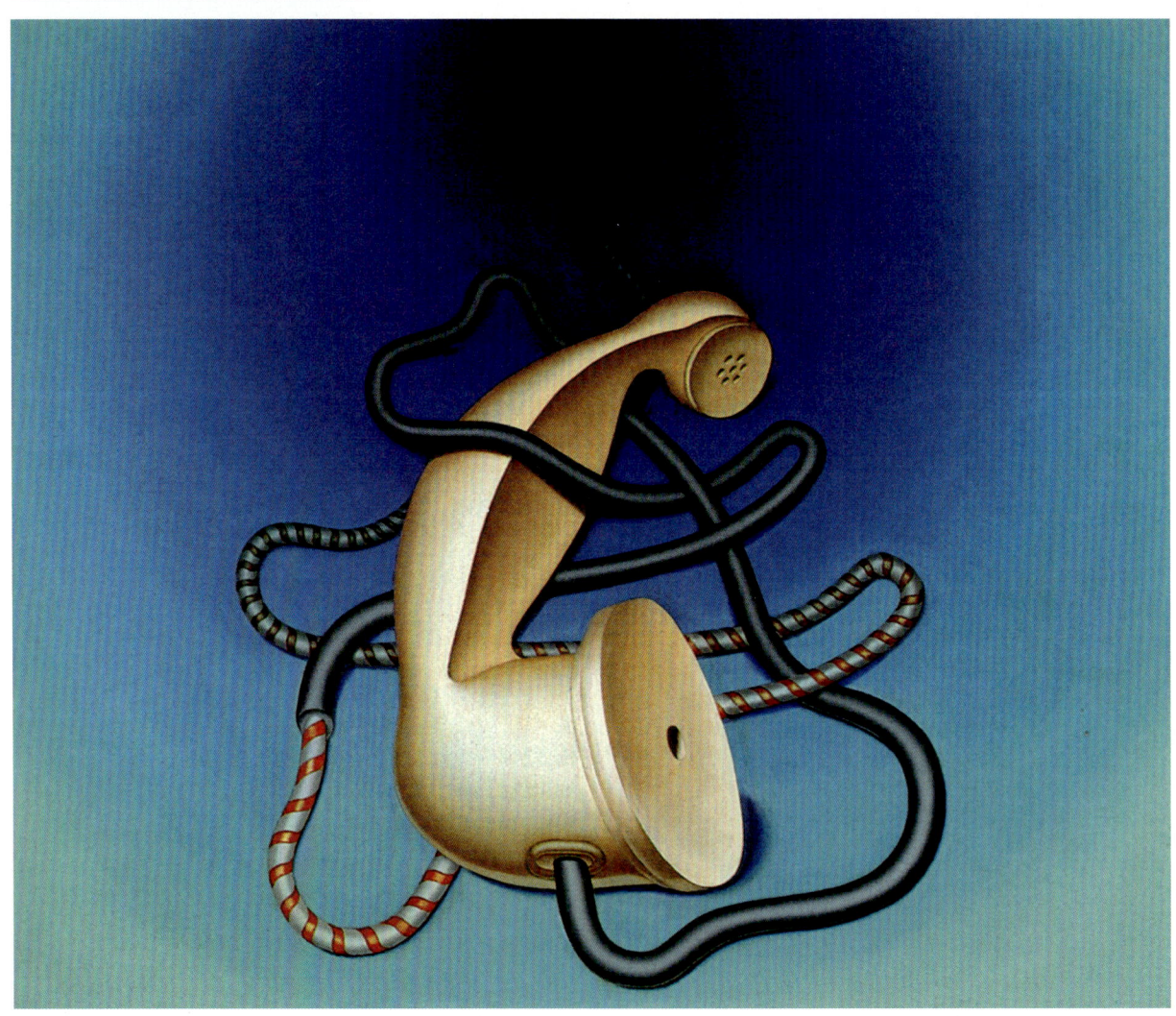

Der Reformator – Nichts gegen das Gewissen

*Unser heutiges Verständnis von »Gewissen«, das in der Spannung von mündigem Einzelnen und autoritativer Instanz steht, geht wesentlich auf **Martin Luther** zurück. Die Stimme des Gewissens hatte für ihn größere Bedeutung als die Forderungen der Kirche. Er hat sich auch selbst auf sein Gewissen berufen, als er seine Lehre auf dem Reichstag zu Worms 1521 widerrufen sollte. Damals sagte er:*

Widerrufen kann ich nicht, weil es weder sicher noch geraten ist, etwas gegen sein Gewissen zu tun. Gott helfe mir. Und: Hier stehe ich, ich kann nichts anders.

Martin Luther (1483–1546)

Ein Theologe – Zuerst das Gewissen

Ich leiste niemandem einen absoluten Gehorsam. Eine solche Instanz kennt die Kirche und folglich auch der Papst nicht. … Wenn ich bei einem Trinkspruch der Religion gedenken müsste, so würde ich mein Glas auf das Wohl des Papstes leeren; mit Verlaub – aber zuerst auf das Gewissen – und dann auf den Papst.

John Henry Newman (1801–1890), englischer Theologe und Kardinal

Ein Philosoph – Der innere Gerichtshof

*Zu **Immanuel Kant**: → S. 11, 37, 50, 58.*

Das Bewusstsein eines inneren Gerichtshofs im Menschen (»vor welchem sich seine Gedanken einander verklagen oder entschuldigen«) ist das Gewissen.

Jeder Mensch hat Gewissen und findet sich durch einen
5 inneren Richter beobachtet, bedroht und überhaupt im Respekt (mit Furcht verbundener Achtung) gehalten, und diese über die Gesetze in ihm wachende Gewalt ist nicht etwas, was er sich selbst (willkürlich) macht, sondern es ist seinem Wesen einverleibt. Es folgt ihm wie sein Schatten, wenn er
10 zu entfliehen gedenkt. Er kann sich zwar durch Lüste und Zerstreuungen betäuben oder in Schlaf bringen, aber nicht vermeiden, dann und wann zu sich selbst zu kommen oder zu erwachen, wo er alsbald die furchtbare Stimme desselben vernimmt. Er kann es in seiner äußersten Verworfenheit
15 allenfalls dahin bringen, sich daran gar nicht mehr zu kehren, aber sie zu hören, kann er doch nicht vermeiden.

Immanuel Kant (1724–1804)

Zwei Dinge

Zwei Dinge erfüllen das Gemüt mit Bewunderung und Ehrfurcht: der gestirnte Himmel über uns und das moralische Gesetz in uns. *Immanuel Kant (1724–1804)*

Konrad Klapheck (geb. 1935), Die Stimme des Gewissens, 1965

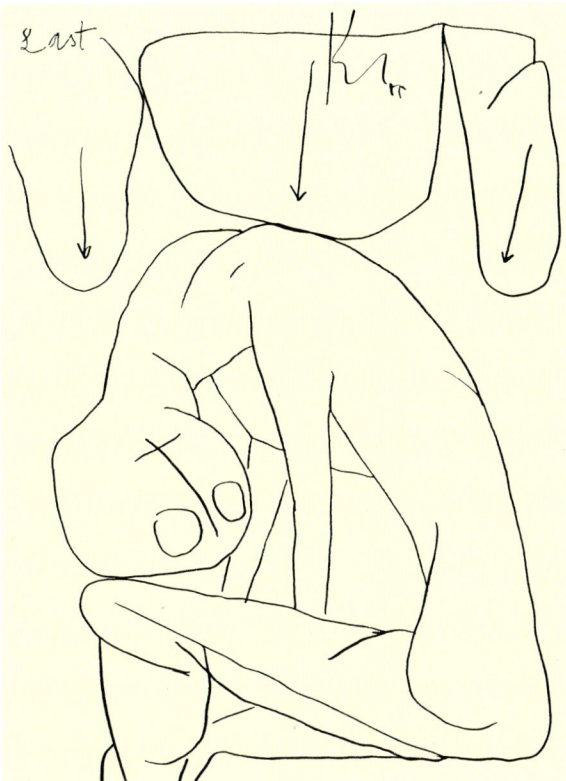

Paul Klee (1879–1940), Last, 1939

Ein Dichter – Ein gefährlich Ding

Ich will nichts damit zu schaffen haben, das Gewissen ist ein gefährlich Ding, es macht einen zur Memme. Man kann nicht stehlen, ohne dass es einen anklagt; man kann nicht schwören, ohne dass es einen zum Stocken bringt; man
5 kann nicht bei seines Nachbars Frau liegen, ohne dass es einen verrät! Es ist ein verschämter, blöder Geist, der einem im Busen Aufruhr stiftet; es macht einen voller Schwierigkeiten: es hat mich einmal dahin gebracht, einen Beutel voll Gold wiederherzugeben, den ich von ungefähr gefunden hatte; es macht jeden zum Bettler, der es hegt: es wird aus 10 Städten und Flecken vertrieben als ein gefährlich Ding, und jedermann, der gut zu leben denkt, verlässt sich auf sich selbst und lebt ohne Gewissen!

William Shakespeare (1564–1616)

Ein Kritiker – Die Stimme anderer

*Zu **Friedrich Nietzsche**: → S. 51.*

Der Glaube an Autoritäten ist die Quelle des Gewissens: es ist also nicht die Stimme Gottes in der Brust des Menschen, sondern die Stimme einiger Menschen im Menschen.

Friedrich Nietzsche (1844–1900)

Ein Psychologe – Das Über-Ich

Sigmund Freud (→ S. 65, 126), der Begründer der Psychoanalyse, unterscheidet beim Menschen drei psychische Instanzen:

1. Das **Es** ist der Ort der Triebe, der Lust und Bedürfnisse. Von hier aus stellt das »**Lustprinzip**« mit seinen Reizen seine Forderungen an den Menschen.

2. Das **Ich**, der Ort des Selbstbewusstseins, ist mit Wahrnehmung und Verstand ausgestattet. Es vermittelt zwischen den Ansprüchen des Es und Über-Ichs und ist dem »**Realitätsprinzip**« verpflichtet, d. h. es kontrolliert die Wünsche des Lust- 5 prinzips und fragt, welche Auswirkungen sie für die Person selbst und auf die Umgebung haben.

3. Das **Über-Ich** ist die moralische Instanz des Menschen, sein **Gewissen**. Es bildet sich schon in früher Kindheit aus und enthält die Normen und Wertvorstellungen der Eltern bzw. der Bezugspersonen. Im Über-Ich sprechen die Eltern nicht mehr 10 von »außen«, sondern von »innen«. Wir haben ihre Normen »internalisiert«. Auch die Strafen und Belohnungen der Eltern für das kindliche Verhalten sind nun als Gewissensbisse und Bestätigungen des Gewissens verinnerlicht.

Kehren wir zum Über-Ich zurück! Wir 15 haben ihm die Selbstbeobachtung, das Gewissen und die Idealfunktion zugeteilt. Aus unseren Ausführungen über seine Entstehung geht hervor, dass es eine unsäglich wichtige biologische 20 wie eine schicksalsvolle psychologische Tatsache zu Voraussetzungen hat, nämlich die lange Abhängigkeit des Menschenkindes von seinen Eltern und den Ödipuskomplex, die beide wieder 25 innig miteinander verknüpft sind. Das Über-Ich ist für uns die Vertretung aller moralischen Beschränkungen, der Anwalt des Strebens nach Vervollkommnung, kurz das, was uns von 30 dem sogenannt Höheren im Menschenleben psychologisch greifbar geworden ist. Da es selbst auf den Einfluss der Eltern, Erzieher und dergleichen zurückgeht, erfahren wir noch 35 mehr von seiner Bedeutung, wenn wir uns zu diesen seinen Quellen wenden.

In der Regel folgen die Eltern und die ihnen analogen Autoritäten in der Erziehung des Kindes den Vorschriften des eigenen Über-Ichs. Wie immer sich ihr Ich mit ihrem Über-Ich auseinandergesetzt haben mag, in der Erziehung des Kindes sind 40 sie streng und anspruchsvoll. Sie haben die Schwierigkeiten ihrer eigenen Kindheit vergessen, sind zufrieden, sich nun voll mit den eigenen Eltern identifizieren zu können, die ihnen seinerzeit die schweren Einschränkungen auferlegt haben. So wird das Über-Ich des Kindes eigentlich nicht nach dem Vorbild der Eltern, sondern des elterlichen Über-Ichs aufgebaut; es erfüllt sich mit dem gleichen Inhalt, es wird 45 zum Träger der Tradition, all der zeitbeständigen Wertungen, die sich auf diesem Wege über Generationen fortgepflanzt haben. *Sigmund Freud (1856–1939)*

Ein Philosoph – Auch Schandtaten mit gutem Gewissen

Damit, dass jeder nach seinem **Gewissen** handelt, hört weder das Chaos noch das Elend auf, welches daraus hervorgeht. Die formale Anweisung, mit sich selbst im Reinen zu bleiben, einen widerspruchslosen Willen zu haben, bildet keine Richtschnur, welche den Grund der moralischen Unruhe beheben könnte. Gibt es auch nur eine Schandtat, die nicht schon einmal mit gutem Gewissen begangen worden wäre?

Max Horkheimer (1895–1973)

Ein Opfer der NS-Zeit – Maßstäbe in uns selbst

Man muss etwas machen, um selbst keine Schuld zu haben. Dazu brauchen wir einen harten Geist und ein weiches Herz. Wir haben alle unsere Maßstäbe in uns selbst, nur suchen wir sie zu wenig.

Sophie Scholl (1921–1943)

Unfrisierte Gedanken über das Gewissen

❖ Wer kein Gewissen hat, muss es mit dem Mangel desselben kompensieren.
❖ Auch die Stimme des Gewissens macht einen Stimmbruch mit.
❖ Er war das Gewissen seiner Zeit, die keins hatte.
❖ Gewissen werden meist von den eigenen Bissen wund.

Stanislaw Jerzy Lec (1909–1966), polnischer Aphoristiker

Das 2. Vatikanische Konzil
Die Würde des Gewissens

Im Inneren seines Gewissens entdeckt der Mensch ein Gesetz, das er sich nicht selbst gibt, sondern dem er gehorchen muss und dessen Stimme ihn immer zur Liebe und zum Tun des Guten und zur Unterlassung des Bösen anruft und, wo nötig, in den Ohren des Herzens tönt: Tu dies, meide jenes. Denn der Mensch hat
5 ein Gesetz, das von Gott seinem Herzen eingeschrieben ist, dem zu gehorchen eben seine Würde ist und gemäß dem er gerichtet werden wird. Das Gewissen ist die verborgenste Mitte und das Heiligtum im Menschen, wo er allein ist mit Gott, dessen Stimme in diesem seinem Innersten zu hören ist. Im Gewissen erkennt man in wunderbarer Weise jenes Gesetz, das in der Liebe zu Gott und dem Nächsten
10 seine Erfüllung hat. Durch die Treue zum Gewissen sind die Christen mit den übrigen Menschen verbunden im Suchen nach der Wahrheit und zur wahrheitsgemäßen Lösung all der vielen moralischen Probleme, die im Leben der Einzelnen wie im gesellschaftlichen Zusammenleben entstehen. Je mehr also das rechte Gewissen sich durchsetzt, desto mehr lassen die Personen und Gruppen von der blinden
15 Willkür ab und suchen sich nach den objektiven Normen der Sittlichkeit zu richten. Nicht selten jedoch geschieht es, dass das Gewissen aus unüberwindlicher Unkenntnis irrt, ohne dass es dadurch seine Würde verliert. Das kann man aber nicht sagen, wenn der Mensch sich zuwenig darum müht, nach dem Wahren und Guten zu suchen, und das Gewissen durch Gewöhnung an die Sünde allmählich
20 blind wird.

2. Vatikanisches Konzil (1962–1965)

Gewissensfreiheit – eine Forderung der Kirche

Das Vatikanische Konzil erklärt, dass die menschliche Person das Recht auf religiöse Freiheit hat. Diese Freiheit besteht darin, dass alle Menschen frei sein müssen von jedem Zwang sowohl von Seiten Einzelner wie gesellschaftlicher Gruppen, wie jeglicher menschlicher Gewalt, so dass in religiösen Dingen niemand gezwungen
5 wird, gegen sein Gewissen zu handeln, noch daran gehindert wird, privat und öffentlich, als Einzelner oder in Verbindung mit anderen – innerhalb der gebührenden Grenzen – nach seinem Gewissen zu handeln.

2. Vatikanisches Konzil (1962–1965), Erklärung über die Religionsfreiheit 2, 3

1 Zu den **Autoren:** → M 1; zu den **Texten:** → M 2.

2 Welche Gewissenstheorien **ergänzen** sich, welche **widersprechen** sich? Welche sind mit der religiösen Deutung des Gewissens vereinbar, welche nicht?

3 In **autoritären und totalitären Gesellschaften** kann es gefährlich sein, seinem Gewissen zu folgen. Wer zeigt dies an Gestalten wie Sokrates, Giordano Bruno, Thomas More, Claus Schenk Graf von Stauffenberg o. a. auf? → M 1

4 In unserer **Demokratie** wird die Gewissensfreiheit als wichtiges Grundrecht geschützt. Daher ist es hier nicht gefährlich, seinem Gewissen zu folgen. Trotzdem kann man auch in unserer Gesellschaft Schaden erleiden, wenn man seinem Gewissen konsequent folgt, z. B.:
❖ eine Schauspielerin wird nicht mehr zum Filmen engagiert, weil sie sich weigert, nur Sexrollen zu spielen
❖ eine muslimische Schülerin wird in einer deutschen Klasse verlacht, weil sie nicht zusammen mit Jungen zum Schwimmen geht
❖ ein Arzt wird von seinen Kollegen geschnitten, weil er die Abtreibungspraxis nicht mitmacht
❖ ein Bundestagsabgeordneter wird von seiner Partei nicht mehr als Wahlkandidat aufgestellt, weil er im Parlament öffentlich gegen einen Fraktionsbeschluss gestimmt hat.
❖ ...

5 Wann war bzw. ist es für **Sie** schwer, dem Gewissen zu folgen?

6 Warum achtet die **Kirche** das Gewissen als die dem Menschen nächste Instanz?

7 Eine **jüdische Erzählung** zum Gewissen: → S. 32.

4. Sittliche Urteilsbildung

❖ Eine ethische Entscheidung wäre oft viel einfacher, wenn man jeweils nur zwischen Gut und Böse wählen könnte bzw. müsste. Aber es gibt viele **Konfliktfälle**, in denen nicht sofort klar ist, was man tun und was man lassen soll. Da spricht einiges für die eine Lösung und einiges für eine andere Lösung. Wenn man sich für die eine gute Sache entscheidet, entscheidet man sich zugleich gegen eine andere gute Sache.

❖ In diesen Situationen ist eine **sittliche Urteilsbildung** durch Vernunft und Gewissen vorzunehmen.

Konfliktfälle

❖ **Politik:** Gesetzt den Fall, dass ausländische Terroristen vier Geiseln genommen haben und deren Tötung androhen, wenn der Staat nicht vier in Gefängnissen sitzende Terroristen freigibt. Was soll der Staat tun? Geht er nicht auf diese Forderung ein, riskiert er das Leben von vier Menschen. Geht er darauf ein, stärkt er den Terrorismus und riskiert weitere Geiselnahmen, da er sich erpressbar gezeigt hat. 5

❖ **Beruf:** Muss der Arzt auf die Frage eines Schwerkranken nach seinem Zustand diesem ehrlich sagen, dass sich die Krankheit bedrohlich entwickelt hat, wenn er weiß, dass der Patient dann die letzte Hoffnung verliert, die auch weiterhin für seine gesundheitliche Entwicklung wichtig ist? 10

❖ **Wirtschaft:** Darf ein Bürgermeister einem Unternehmen die Genehmigung zum Bau einer Fabrikanlage erteilen, um notwendige Arbeitsplätze in der Region zu schaffen, auch wenn dabei erhebliche Umweltschäden zu erwarten sind?

❖ **Medizin:** Darf ein Mediziner menschliche Embryonen (→ S. 128 ff) verbrauchen, um damit Therapien für schwere Krankheiten zu schaffen? 15

❖ **Technik:** Darf sich ein Wissenschaftler aufgrund der Freiheit der Wissenschaften an Forschungsprojekten beteiligen, die für die Herstellung tödlicher Waffensysteme (Atombombe, Giftgas) ausgewertet werden können?

❖ **Militär:** Darf man einen gefangenen Soldaten foltern, der von einem gefährlichen Angriff der Feinde weiß, um das Leben der eigenen Leute zu schützen? 20

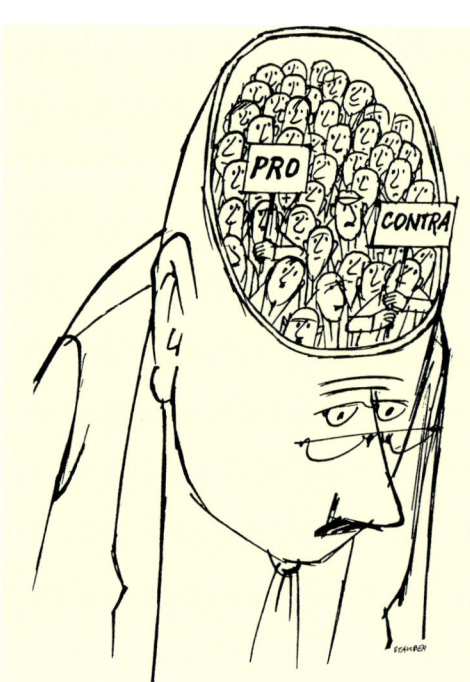

Sittliche Urteilsbildung

In **Konfliktfällen** wie diesen stellt sich die Frage: Was soll ich tun? Manchmal führen Gespräche mit vertrauenswürdigen Personen weiter. 25

Auf jeden Fall sind alle Alternativen zu prüfen, die für und gegen die anstehenden Handlungsmöglichkeiten sprechen. Die positiven und negativen Seiten jeder möglichen Entscheidung sind abzuwägen und zu beurteilen. Wenn dabei Fragen der Menschenwürde, der Gerechtigkeit und der Vorrang des Gemeinwohls vor dem Einzelwohl berücksichtigt werden, darf man sich auf das vernünftige 30 Urteil seines Gewissens (→ S. 38 ff) verlassen. Es ist das Organ, das nach der Prüfung aller Umstände verbindlich sagen kann, was zu tun und was zu lassen ist. Wegen der Verschiedenheit der jeweils konkreten Situationen ist es denkbar, dass andere in vergleichbaren 35 Konfliktfällen zu einer anderen Entscheidung kommen.

1	Zeigen Sie auf, worin – ethisch gesehen – jeweils der **Konflikt** besteht. Diskutieren Sie, wie Sie in solchen Konfliktfällen entscheiden würden.
2	Wen soll ein **Notfallarzt** nach einem lebensgefährlichen Unfall zuerst behandeln, wenn unter den Opfern ein älterer Freund, ein Kind oder eine schwangere Frau ist?
3	Welche Rolle spielt das **Gewissen** in ethischen Konflikten?
4	Weitere **Probleme**: → S. 70 f.

5. Die goldene Regel

Beispiele aus aller Welt

Was immer du deinem Nächsten verübelst, das tue ihm nicht selbst.
Pittakos von Mytilene (7. Jh vC)

Tue anderen nicht, was du nicht möchtest, dass sie dir tun.
Konfuzius (550–470 vC), chinesischer Weiser

Verletze nicht andere auf Wegen, die dir selbst als verletzend erscheinen.
Buddha (450–370 vC), indischer Religionsstifter

Tue anderen nicht an, was dich ärgern würde, wenn andere es dir täten.   *Sokrates (469–399 vC), griechischer Philosoph*

Dies ist die Summe aller Pflichten: Tue keinem anderen das Leid an, was bei dir selbst Leid verursacht hätte. Dies ist der Kern aller Moral. Alles andere entspringt selbstsüchtiger Begierde.   *Mahabharata (4. Jh. vC), Hindu-Epos*

Was für euch nicht gut erschienen wäre, das tut auch keinem anderen an.
aus der Schule Zarathustras (4.–2. Jh. vC), Religionsstifter in Persien

Was du nicht willst, dass man dir tu, das füg auch keinem andern zu.   *Tobit 4,16; Übersetzung von Martin Luther*

Was dir verhasst ist, das tue nicht deinem Nächsten an. Dies ist die Thora, alles andere ist Auslegung.
Rabbi Hillel (55 vC – 10 nC), Talmud, Judentum

Keiner von euch ist ein Gläubiger, solange er nicht seinem Bruder wünscht, was er sich selber wünscht.
Mohammed (570–632), Begründer des Islam

Was du nicht willst, dass man dir tu, das füg auch keinem andern zu.
Allgemeine Erklärung der Menschenpflichten, Artikel 4, 1997

Wir fordern jeden dazu auf, sich anderen gegenüber so zu verhalten, wie er von ihnen behandelt werden möchte.
ebay (um 2008), Internet-Auktionshaus

Kritische Würdigung

Die goldene Regel fordert dazu auf, von naturwüchsigen Gefühlen wie Aggression, Egoismus oder spontaner Vergeltung Abschied zu nehmen und den Standpunkt des Anderen einzunehmen. Dies ist in der Regel eine
5 schwierige Aktion, da der Mensch seine Ichbezogenheit

❖ Die »**goldene Regel**«. ist eine plausible Kurzformel für wünschenswerte gegenseitige Beziehungen der Menschen.
❖ Die goldene Regel ist in leicht abweichender Formulierung seit der Antike bei vielen Völkern und in vielen Religionen nachweisbar. Sie ist ein Beweis dafür, dass nicht nur der Satz: »Fremde Völker – fremde Sitten« (→ S. 57) stimmt, der zum ethischen Relativismus führen kann, sondern dass es trotz allen Pluralismus auch ethische Grundüberzeugungen gibt, die (fast) überall in der Welt anzutreffen sind.

aufgeben und sich in sein Gegenüber hineinversetzen muss (»**Selbsttranszendenz**«). Aber so sehr die goldene Regel das alltägliche Verhalten positiv bestimmen kann, so wenig kann sie als **allgemeingültiges Moralprinzip** angesehen werden. 10

❖ Sie geht zu sehr vom **Einzelnen** aus, der manchmal für sich etwas wünscht, was für den Nächsten nicht wünschenswert ist oder ihm unangenehm sein kann. Wer zu stolz ist, sich helfen zu lassen, dürfte konsequenterweise auch niemandem anderen helfen. Wer 15 sich selber gern quält, müsste auch andere gern quälen. Die eigenen Sexualwünsche stoßen nicht immer auf Gegenliebe. Daraus folgt, dass die goldene Regel in einem tragfähigen inhaltlich bestimmten Ethos fundiert sein muss, wenn sie ethisch allgemeingültig sein 20 soll. Sie muss sich am Maßstab der Menschenwürde oder des Liebesgebots (→ S. 118 ff) orientieren.

❖ Sie bezieht sich nur auf die Mitmenschen, **nicht aber auf die eigene Person**, die auch Trägerin von Rechten und Pflichten ist. Erst recht sagt sie nichts über den 25 Umgang mit **Tieren oder der Umwelt**.

1 Was bedeutet es für das Verständnis einer Ethik, dass die goldene Regel bei so vielen ungleichen **Völkern und Religionen** verbreitet ist? Was ist »**Gold**« an dieser Regel? Wie steht sie zu einem »Weltethos? (→ S. 23)

2 Was heißt es, dass die goldene Regel ein **formales** ethisches Prinzip ist. Wie lässt sie sich inhaltlich füllen?

3 Warum gilt die goldene Regel nicht immer, z. B. wenn ein Clan Blutrache für sich und auch für andere Clans für rechtens hält?

4 Unterscheiden Sie die **positive** (»Du sollst...«) von der **negativen** (»Du sollst nicht ...«) Form der goldenen Regel. Wo liegen die Unterschiede?

5 Welche Form gibt **Jesus** in seiner Rede auf dem Berg der goldenen Regel (Mt 7, 12; Lk 6, 31)?

6 Vergleichen Sie die goldene Regel mit dem biblischen **Liebesgebot**: → S. 118 ff.

7 **Vergleichen** Sie die goldene Regel mit folgenden Sätzen:
❖ Wie du **mir**, so ich **dir**.
❖ Man soll **Gleiches mit Gleichem** vergelten.
❖ Wir brauchen für unser Land und für unsere Welt **Chancengleichheit**.

Ethische Haltungen

1. Platon – Die vier Kardinaltugenden

Klugheit – Gerechtigkeit – Tapferkeit – Selbstbeherrschung

*Der griechische Philosoph **Platon** (427–347 vC) hat die Lehre von den vier Kardinaltugenden entwickelt und eng mit seiner Anthropologie verknüpft.*

Platons Lehre von den Grundtugenden des Menschen beruht auf seiner Lehre von der Seele, wonach der Mensch drei Seelenteile hat,
5 denen ganz bestimmte Einstellungen, Haltungen und Handlungen entsprechen sollen.

❖ Der **vernünftige Seelenteil**, der für das Denken und Erkennen zuständig ist, ist für Platon der wertvollste Teil der Seele. Ihm entspricht die Tugend der Klugheit/der
10 Weisheit (gr.: sophia; lat.: prudentia). Sie dient dem Menschen dazu, den richtigen Weg auf der Suche nach der Idee des Guten (→ S. 34) einzuschlagen, die Wahrheit zu erkennen, sich im Leben auch in schwierigen Situationen zurechtzufinden und die Regeln guten Handelns auf
15 das eigene Leben anzuwenden. Die Klugheit ist für Platon ebenso theoretische Einsicht wie praktisches Wissen. Dass sie an erster Stelle seiner Tugendlehre steht, besagt, dass menschliches Handeln immer vernunftgemäß sein soll.

20 ❖ Die zweite Tugend ist die Tapferkeit/Furchtlosigkeit/ Standfestigkeit (gr.: andreia; lat.: fortitudo), die dem **muthaften Teil der Seele** entspricht, der viel mit Gefühl zu tun hat und auf Macht, Anerkennung und Wahrung des guten Rufes ausgerichtet ist. Tapferkeit ist einmal auf das innere
25 Leben bezogen, die der Mensch braucht, wenn ihn Leid und Not bedrängt. Sie ist auf das äußere Leben bezogen, wenn der Mensch in politischen, militärischen und ideellen Situationen Zivilcourage beweisen soll: → S. 75.

❖ Der dritte **begehrliche/sinnliche Seelenteil** ist der Sitz der
30 Triebe und Begierden, z. B. das Verlangen nach Speise und Trank, die Sexualität, das Streben nach Besitz und Erwerb. Diese Triebe sind erlaubt, weil sie lebensnotwendig sind. Aber in ihnen steckt der Hang zur Übertreibung und zur Auflehnung gegen die Vernunft. Mit seiner Maßlosigkeit
35 kann sich der Mensch selbst ruinieren. Die Mäßigung/ Selbstbeherrschung (gr.: sophrosyne; lat.: temperantia) ist die Tugend, die diesem Seelenteil entspricht. Mit ihr kann der Mensch das richtige Maß für die Entscheidungen seines Lebens finden.

❖ Der Begriff **Tugend** hat in unserer Zeit nicht überall einen guten Klang, weil er oft nur **bürgerliche Wohlanständigkeit** bezeichnet. Da gelten Fleiß, Artigkeit, Pünktlichkeit, Gehorsam, Sparsamkeit und Disziplin auf Kosten von Spontaneität und Neigungen als wichtig(st)e Tugenden. Dabei sind diese ethischen Haltungen im alltäglichen Leben von großer Bedeutung.

❖ Weil diese Tugenden sich leicht von einzelnen Personen, religiösen Sekten, politischen Systemen und terroristischen Gruppen für ihre Zwecke vereinnahmen lassen, sind sie – nicht immer berechtigt – in Verruf geraten. Man nennt sie auch »**Sekundärtugenden**« und unterscheidet sie von den »**Primärtugenden**« wie Gerechtigkeit oder Liebe, gegen die sie nicht verstoßen dürfen, wenn sie ethisch wertvoll bleiben sollen.

❖ In der europäischen Philosophie und in der theologischen Ethik hat der Begriff »Tugend« (eine Handlung, die etwas »taugt«) bis in die Neuzeit eine positive Bedeutung. Da ist sie eine **Lebenshaltung**, die aus Einsicht und freien Stücken ein gutes, gelingendes, sinnvolles Lebens anstrebt. Verwandte Begriffe: Tauglichkeit – Charakter – Verantwortlichkeit.

❖ Die vierte Tugend ist die Gerechtigkeit (gr.: dikaiosyne; 40 lat.: iustitia), die **keinem Seelenteil** zugeordnet ist. Sie liegt dann vor, wenn jeder Teil das Seine tut und kein Teil den anderen Teil beherrscht. Darum bewirkt sie als wichtigste Tugend im Inneren des Menschen eine Harmonie mit sich selbst und macht letztlich den Wert des Menschen aus. Für 45 Platon gibt es überdies nach außen, z. B. in der Familie oder im Staat, zwei Arten von Gerechtigkeit: (1) die (legale) Gerechtigkeit, die allen unterschiedslos das Gleiche zuteilt (»gleicher Lohn für alle«); (2) die (distributive) Gerechtigkeit, die unterschiedlich jedem nach Verdienst und Eignung 50 gibt (»Lohn entsprechend der Leistung«). (→ S. 135 ff)

1 Zu **Platon**: → M 1; zum Vergleich: Weish 8,7.
2 Fertigen Sie eine kleine **Skizze** von Platons Seelenteilen und den dazu gehörigen Tugenden an.
3 Wie würde ihnen ein **Mensch** gefallen, der die vier Kardinaltugenden (nicht) praktiziert?
4 Beschreiben Sie, wie die vier **Gegensätze** zu diesen Tugenden aussehen und was sie im Leben eines Menschen bedeuten und bewirken. Zu den Lasterkatalogen: → S. 90.
5 Unterscheiden Sie an einem Beispiel **Primär- und Sekundärtugenden**. Warum und wie lassen sich **Sekundärtugenden** missbrauchen? Wann und warum sind sie sinnvoll und notwendig?

– Blick in die Geschichte

2. Epikur – Lebensfreude

Brief an Menoikeus

Epikur vertrat in seinem Brief an seinen Schüler Menoikeus die Ansicht, ein gutes Leben bestehe in der Kombination von Schmerzfreiheit und innerer Ruhe (»Ataraxie«). Es sei nur mit Hilfe der Vernunft erreichbar.

Epikur wünscht seinem lieben Menoikeus Freude!

❖ Mit dem **Philosophieren** soll man getrost schon in der Jugend beginnen, aber im Alter auch nicht müde davon ablassen. Denn um für seine seelische Gesundheit etwas
5 zu tun, ist keiner zu jung oder zu alt, und wer etwa meint, für ihn sei es zum Philosophieren noch zu früh oder schon zu spät, der könnte ebensogut behaupten, der richtige Zeitpunkt für seine Glückseligkeit sei noch nicht da oder schon vorbei. ...

❖ Darum behaupte ich, dass die **Freude** das A und O des glückselig gestalteten
10 Lebens ist. Sie kennen wir als unser erstes angeborenes Gut, von ihr lassen wir uns bei unserem Streben und Meiden leiten und nach ihr richten wir uns, alles andere Gut mit ihrem Maßstab messend. ...

❖ Die **Selbstgenügsamkeit** halten wir für ein großes Gut, doch nicht, damit wir uns unter allen Umständen am wenigen genügen lassen, sondern damit wir mit weni-
15 gem zufrieden sind, wenn wir nicht viel haben. Dabei leitet uns die Überzeugung, dass der einen reichen Aufwand am stärksten genießt, der seiner am wenigsten bedarf, dass alles Natürliche leicht zu beschaffen ist, das Sinnlose aber schwer, und dass schließlich die schlichten Genüsse ebensoviel Freude bereiten wie der größte Luxus, wenn nur das Schmerzgefühl des Entbehrens nicht aufkommt. Womit also
20 gemeint ist, dass schon Brot und Wasser, wenn man sie zuvor entbehrte, einen Hochgenuss bereiten können. Außerdem fördert die Gewöhnung an eine einfache, nicht üppige Lebensweise die Gesundheit, befähigt den Menschen, unverdrossen zu leisten, was das Leben von ihm fordert, lässt uns die reicheren Genüsse, die uns dann und wann einmal geboten werden, umso stärker empfinden und unterstützt
25 unsere Furchtlosigkeit gegenüber dem Zufall.

❖ Wenn wir nun also sagen, dass Freude unser Lebensziel ist, so meinen wir **nicht die Freuden der Prasser**, denen es ums Genießen schlechthin zu tun ist. Das meinen die Unwissenden oder Leute, die unsere Lehre nicht verstehen oder sie böswillig missverstehen. Für uns bedeutet Freude: keine Schmerzen haben im körper-
30 lichen Bereich und im seelischen Bereich keine Unruhe verspüren. Denn nicht eine endlose Reihe von Trinkgelagen und Festschmäusen, nicht das Genießen schöner Knaben und Frauen, auch nicht der Genuss von leckeren Fischen und was ein reich besetzter Tisch sonst zu bieten vermag, schafft ein freudevolles Leben, vielmehr allein das klare Denken, das allem Verlangen und allem Meiden auf den Grund geht
35 und den Wahn vertreibt, der wie ein Wirbelsturm die Seelen erschüttert.

❖ An allem Anfang aber steht die **Vernunft**, unser größtes Gut. Aus ihr ergeben sich alle übrigen Tugenden von selbst, ja sie ist sogar wertvoller als das Philosophieren, weil sie uns lehrt, dass in Freude zu leben unmöglich ist, ohne dass man ein vernünftiges, sittlich hochstehendes und gerechtes Leben führt, dass es umgekehrt
40 aber auch unmöglich ist, ein vernünftiges, sittlich hochstehendes und gerechtes Leben zu führen, ohne in Freude zu leben. ...

Epikur (341–271)

❖ **Epikur** (341–271 vC), ein griechischer Philosoph, vertrat aus Protest gegen die klassischen Philosophen Sokrates und Platon die populäre Auffassung, ein gutes Leben sei ein Leben der Freude und der Lust (gr.: eudaimonia). Mit seinem Hedonismus (→ S. 64) schockierte er die **Stoiker**, seine philosophischen Gegner, die in der Ausübung der Tugend (→ S. 46) das Ziel des Menschen sahen. Tatsächlich verstand Epikur zeitweilig unter Freude vor allem Lustempfindungen, die durch die Sinnesorgane vermittelt werden, also Essen, Trinken, Liebe, Genuss. Er kam aber zu der Einsicht, dass ein wildes Leben in Ausschweifung und Schwelgerei immer viel Ärger, Unruhe und Unlust, also das Gegenteil von Freude, mit sich bringt. Es verschaffe nicht wirkliche und dauerhafte Lebensfreude. Lustvoll lebe nur, wer ein Leben in größtmöglicher Freude und in geringstmöglichem Schmerz führen könne. Dazu gehört für Epikur, gegenüber den Göttern Ehrfurcht zu zeigen, keine Todesangst zu haben und die eigene menschliche Natur richtig zu erkennen.

❖ Epikur bewahrte auch dann seine Lebensfreude, als er von ungewöhnlich starken **Schmerzen** gepeinigt wurde. Er hat bis an sein Lebensende nach seiner Einsicht gelebt.

1 Zu **Epikur** und seiner Zeit: → M 1; zum **Text**: → M 2.
2 Was versteht Epikur unter einem **lustvollen Leben**? Wie begründet er seine Auffassung? Wie verhält sich seine Lehre zu heutigen Auffassungen? → S. 64, 72.
3 **Selbstgenügsamkeit** – Welche Rolle spielt sie hier?
4 Diskutieren Sie, ob Epikurs Philosophie eine **Lebenskunst** ist.
5 Zum Thema »Lebensfreude« in der **Bibel**: → Koh 3, 12-13; 5, 17-19; 9, 7-10

3. Paulus – Glaube Hoffnung Liebe

Glaube, Hoffnung und Liebe sind für die Christen nicht innerweltliche, sondern **»göttliche Tugenden«,** weil sie sich auf Gott beziehen und in dem Vertrauen gründen, dass das Dasein nicht Zufall, sondern Geschenk Gottes ist. Zusammen mit dem Dekalog (→ S. 96 ff) und der Bergpredigt (→ S. 120 f) sind sie die zentralen Orientierungspunkte im christlichen Leben und geben Kraft und Mut, das eigene Leben und das Leben in Gemeinschaft sinnvoll zu gestalten sowie an der Entwicklung einer menschenwürdigen Gesellschaft und Umwelt mitzuwirken. Darum können sie das persönliche, soziale, politische, kulturelle und religiöse Leben tiefgreifend beeinflussen.

Drei göttliche Tugenden

Glaube, Hoffnung und Liebe sind die Grundlagen für das Verhalten der Christen. Anders als die Gebote und Verbote, die vorschreiben und verbieten, sind sie positive Beschreibungen christlicher Lebensformen.
*Die älteste Erwähnung »dieser drei« findet sich im Neuen Testament in einem Brief des **Paulus:***
Für jetzt bleiben Glaube, Hoffnung, Liebe, diese drei; am größten jedoch unter ihnen ist die Liebe. (1 Kor 13,13)

Seitdem haben Glaube, Hoffnung und Liebe im alltäglichen Leben und in der reflektierenden Ethik der Christenheit den höchsten Stellenwert. Sie sind die wichtigsten Leitlinien für das alltägliche Verhalten der Christen. Schon in frühen Zeiten haben die Kirchenväter über sie nachgedacht. Thomas von Aquin (→ S. 37) hat sie in seinem großen theologischen Werk ausführlich beschrieben und zusammen mit den vier Kardinaltugenden des Platon (→ S. 46) zur Grundlage der christlichen Tugendlehre gemacht. Während die Kardinaltugenden Klugheit, Tapferkeit, Mäßigung und Gerechtigkeit als **»ethische Tugenden«** bezeichnet werden, sind Glaube, Hoffnung und Liebe die drei **»göttlichen Tugenden«,** weil ihre Bedeutung über eine Individual- und Sozialethik hinausreicht und die Dimension Gottes einbezieht. [10]

❖ Der **Glaube** ist nicht, wie unser Wissen, auf die Erfahrungen der Welt eingegrenzt, sondern übersteigt dieses Wissen. Er ist die Antwort des Christen auf das, was Jesus Christus von Gott gesagt hat. Ein Grundelement des Glaubens ist das Vertrauen auf den väterlichen Gott, der die Welt erschaffen hat, [15] sie lenkt und erhält und zu einem guten Ende führen wird.

❖ Die **Hoffnung** als göttliche Tugend reicht über die innerweltlichen Hoffnungen hinaus. Sie besteht nicht in innerweltlicher Erwartung auf gute Dinge, sondern bezieht sich auf die Verheißungen Gottes, wie sie in der Bibel [20] gegeben sind. Sie stützt den Christen im Alltag, schenkt ihm Lebensfreude, stärkt ihn im Leiden und im Tod. Vor allem besteht sie in der Erwartung auf die Auferweckung von den Toten und das Ewige Leben. [25]

❖ Wiewohl die drei göttlichen Tugenden untrennbar miteinander verbunden sind, nimmt die **Liebe** (→ S. 118 ff) den höchsten Stellenwert ein. Sie ist der eigentliche Kern des christlichen Lebens, integriert und übersteigt auch das, was wir innerweltlich Liebe [30] nennen. Sie steht in einem universalen Bezugssystem, das sich in gleicher Weise auf Gott, den Nächsten, die eigene Person und auch auf die Schöpfung bezieht, wie es [35] sowohl das Alte wie das Neue Testament sagen.

1 Wie könnte eine **Stufenordnung** aller Tugenden aussehen?

2 Wie unterscheidet sich das christlichen Verständnis des **Glaubens** von dem, was wir in unserer Sprache oft »glauben« im Sinne von »vermuten« meinen (→ S. 8 f)?

3 Worauf hoffen Menschen? Wie verhält sich die christliche **Hoffnung** dazu?

4 Wann und wie sprechen wir von **Liebe**? Vergleichen Sie diese Aussagen mit dem, was das christliche Liebesgebot meint (→ S. 118 ff).

5 Wie sehen Sie einen **Menschen**, der Glaube, Hoffnung und Liebe in seinem Leben (nicht) praktiziert?

6 **Meditieren** Sie über eine der drei Tugenden: → M 5.

Und nun

Und nun?
Rache
Und nun?
Krieg
Und nun?
Hölle
aus unserer Mitte
Und nun?
Glaube
Liebe
Hoffnung

Und dann?

Karin Hempel-Soos
(geb. 1939)

4. Augustinus – Universaler Frieden

Die Ordnung der Welt

So besteht denn der Friede eines Körpers in dem geordneten Verhältnis seiner Teile, der Friede einer vernunftlosen Seele in der geordneten Ruhelage der Triebe, der Friede einer vernünftigen Seele in der geordneten Übereinstimmung von Denken und Handeln, der Friede zwischen Leib und Seele in dem geordneten Leben und
5 Wohlbefinden des beseelten Wesens, der Friede zwischen dem sterblichen Menschen und Gott in dem geordneten gläubigen Gehorsam gegen das ewige Gesetz, der Friede unter Menschen in der geordneten Eintracht, der Friede des Hauses in der geordneten Eintracht der Hausbewohner im Befehlen und Gehorchen, der Friede des Staates in der geordneten Eintracht der Bürger im Befehlen und Gehor-
10 chen, der Friede des himmlischen Staates in der bestgeordneten, einträchtigsten Gemeinschaft des Gottesgenusses und gegenseitigen Genusses in Gott, der Friede aller Dinge in der Ruhe der Ordnung. Ordnung aber ist die Verteilung gleicher und ungleicher Dinge, die jedem den gebührenden Platz anweist. ...
Gott ist der weiseste Schöpfer und gerechteste Ordner aller Naturen. Er hat das
15 sterbliche Menschengeschlecht zur schönsten Sache der Erdenwelt gemacht. Er gab den Menschen mancherlei Güter, die diesem Leben förderlich sind, nämlich zeitlichen Frieden, wie er dem sterblichen Leben angemessen ist, also Wohlerge-hen, Unversehrtheit und geselliges Zusammenleben, dazu manches, das erforder-lich ist, diesen Frieden zu bewahren und wiederherzustellen, wie all das, was sich
20 den Sinnen freundlich darbietet, Licht und Ton, Luft zum Atmen und Wasser zum Trinken, ferner was zur Ernährung und Bedeckung, zur Pflege und zum Schmucke des Leibes dienlich ist. Aber er verfügte, und nichts konnte gerechter sein, dass wer von diesen dem irdischen Frieden der Sterblichen angepassten Gütern rechten Gebrauch machen würde, noch reichere und edlere erlangen sollte, nämlich den
25 Frieden der Unsterblichkeit und die ihm entsprechende Herrlichkeit und Ehre im ewigen Leben zum Genusse Gottes und des Nächsten in Gott. Wer aber verkehrten Gebrauch davon machte, der sollte diese nicht erlangen und jene verlieren.

Aurelius Augustinus (354–430)

Aurelius Augustinus (354–430) war der bedeutendste Theologe und Philosoph des christlichen Altertums. In seinen »Bekenntnissen« (lat.: »Confessiones«) schildert er sein bewegtes Leben, bevor er Christ wurde. Sein monumentales Hauptwerk »Der Gottesstaat« (lat.: »De civitate Dei«), das nach der epochalen Eroberung Roms (410) durch die Westgoten entstand, ist eine theologische Deutung der Geschichte, die für ihn als Kampf zwischen Gottesstaat und weltlichem Staat/Gesellschaft verläuft. In dieser Schrift findet sich auch ein Text über die universale **Friedensordnung**, der bis heute nachwirkt.

---

1 Zu **Augustinus** und seiner Zeit: → M 1; zum **Text**: → M2, S. 37.

2 Machen Sie eine Aufstellung über die **verschiedenen Formen des Friedens**, von denen Augustinus spricht, und diskutieren Sie über die zugeordneten Aussagen.

3 In den **letzten Jahrzehnten** hat sich weithin die Auffassung durchgesetzt, dass **Frieden** viel mehr ist als nur Abwesenheit von **Krieg**, dass Frieden ohne univer-sale **Gerechtigkeit** (→ S. 135 ff) nicht entstehen kann, dass wir auch mit der **Natur** Frieden halten müssen und und dass wir eher über einen gerechten Frieden als über einen gerechten Krieg nachdenken sollten. Was können Sie über den neuen universalen Friedensbegriff im Einzelnen herausfinden? Vergleichen Sie die Befunde mit dem Text → S. 53.

4 Ein weiterer **Text** zum Krieg: → S. 78 f; ein **Bild**: → S. 92 f.

5 Was kann **jeder** für den Frieden tun?

6 Wer besorgt sich das Schreiben der Deutschen Bischofskonferenz »**Gerechtigkeit schafft Frieden**« (1983) und die Denkschrift der Evangelischen Kirche in Deutsch-land **(EKD)** zum Thema »**Aus Gottes Frieden leben – für gerechten Frieden sor-gen**« (2007) und informiert den Kurs darüber?

7 Informieren Sie sich über die katholische Friedensorganisation »**Pax Christi**« (»Frieden Christi«) und berichten Sie im Kurs darüber.

5. Immanuel Kant – Wahrhaftigkeit

❖ **Immanuel Kant** hat nicht nur die Erkenntnislehre, Metaphysik und Ästhetik mit seinen kritischen Überlegungen neu positioniert, sondern auch für die Ethik neue Reflexionen vorgelegt. In seiner »Kritik der praktischen Vernunft« begründet er den »kategorischen Imperativ« (→ S. 58), der im Unterschied zum »hypothetischen Imperativ« immer und überall gilt. Im Zusammenhang damit entwickelt er seine Auffassung von den unbedingt geltenden Pflichten, die keine Ausnahme dulden. Darum muss man auch dann die Wahrheit sagen, wenn sie mit schlimmen Nebenwirkungen einhergeht.

❖ Heute nennen wir dieses Denken »**deontologisch**« (→ S. 71).

1 Zu **Kant**: → M 1 und S. 58.

2 Wie begründet Kant seine »**rigorose**« Einstellung zur Wahrhaftigkeit?

3 Vergleichen Sie Kants Auffassung mit der Position: »Es ist Pflicht, die Wahrheit zu sagen, aber nur gegen denjenigen, der ein Recht auf die Wahrheit hat. Kein Mensch hat aber ein Recht auf **Wahrheit, die anderen schadet**.« Beziehen Sie auch die Überlegungen zur deontologischen und teleologischen Ethik mit ein: → S. 71.

4 Welche Position nimmt das **8. Gebot des Dekalogs** ein: »Du sollst nicht lügen«?

Unter keinen Umständen lügen

Nach Kant hat der Mensch aufgrund des Sittengesetzes die Pflicht, immer »wahrhaftig« zu sein, d. h. immer unbedingt die Wahrheit zu sagen, selbst dann, wenn er sich oder anderen dadurch Schaden zufügt. Er stellt sich dem Problem nicht nur theoretisch, sondern exemplarisch mit der Frage: Muss man einem Mörder, der uns fragt, ob das von ihm gesuchte Opfer in unserem Haus versteckt ist, die Wahrheit sagen? Kants Antwort: Ja. Denn der Mensch darf nie lügen, selbst dann nicht, wenn er einem anderen dadurch das Leben retten kann. Er selbst tut also dem, der dadurch leidet, eigentlich nicht schaden, sondern dies verursacht der Zufall. Denn er ist hierin gar nicht frei zu wählen: weil die Wahrhaftigkeit (wenn er einmal sprechen muss) unbedingte Pflicht ist.

Die Lüge widerspricht für Kant dem Gebot der Selbstachtung, das unmittelbar mit dem Gebot der Achtung vor dem moralischen Gesetz zusammenhängt. Sie beschädigt die Würde des Menschen, die Kant so großartig begründet hat.

6. Arthur Schopenhauer – Mitleid

❖ **Arthur Schopenhauer** (1788–1880) zählt zu den bedeutenden Philosophen des 19. Jahrhunderts. Er verstand seine **tragisch-pessimistische Philosophie** als Gegenentwurf zur europäischen Philosophie und Religion. Die **Welt** sei so schlecht, dass sie schlechter nicht sein könne. Alles Glück sei Illusion, alle Lust bleibe unbefriedigt. Überall herrsche das Leiden vor, das niemals ende. Jede Lebensgeschichte sei eine Leidensgeschichte.

❖ Seine **Ethik** ist eine Mitleidsethik. Wenn der Mensch **Mitleid** zeigt (auch den Tieren gegenüber), überwindet er seinen Egoismus und identifiziert sich mit dem anderen in der Einsicht, dass auch dessen Leben Leiden ist. Doch ist der Suizid für ihn keine Lösung, weil sich das Lebensrad unaufhörlich weiter dreht.

❖ Schopenhauer war einer der ersten, der in Deutschland den **Buddhismus** bekannt machte. Er sah »die vierfache Wahrheit vom Leiden« des Buddha als Bestätigung seiner eigenen Lehre (→ S. 146 f). Den Glauben an Gott und viele Lehren des **Christentums** hat er scharf kritisiert.

❖ Schopenhauers **Einfluss** auf Musik (Richard Wagner), Literatur (Thomas Mann), Psychologie (Sigmund Freud) und Philosophie (Max Horkheimer) ist kaum zu überschätzen.

Keinem wehe tun

Grenzenloses Mitleid mit allen lebenden Wesen ist der festeste und sicherste Bürge für das sittliche Wohlverhalten und bedarf keiner Rechtfertigung. Wer davon erfüllt ist, wird zuverlässig keinen verletzen, keinen beeinträchtigen, keinem wehe tun, vielmehr mit jedem Nachsicht haben, jedem verzeihen, jedem helfen, so viel er vermag, und alle seine Handlungen werden das Gepräge der Gerechtigkeit und Menschenliebe tragen. Hingegen versuche man einmal zu sagen: »Dieser Mensch ist tugendhaft, aber er kennt kein Mitleid.« Oder: »Es ist ein ungerechter und boshafter Mensch, jedoch ist er sehr mitleidig«, so wird der Widerspruch fühlbar. – Der Geschmack ist verschieden; aber ich weiß mir kein schöneres Gebet, als das, womit die altindischen Schauspiele schließen. Es lautet: »Mögen alle lebenden Wesen von Schmerzen frei bleiben!«

Arthur Schopenhauer (1788–1880)

1 Zu **Schopenhauer**: → M 1; zum Text : → M 2.

2 Wie passt die **Ethik des Mitleids** in Schopenhauers Konzept? Wie verhält sie sich zu **Christentum** und **Buddhismus** (→ S. 146 f)?

7. Friedrich Nietzsche – Herren- und Sklaven-Moral

Ethik der Macht und Ethik der Schwäche

Es gibt **Herren-Moral und Sklaven-Moral** ... Die moralischen Wertunterscheidungen sind entweder unter einer herrschenden Art entstanden, welche sich ihres Unterschieds gegen die beherrschte mit Wohlgefühl bewusst wurde, – oder unter den Beherrschten, den Sklaven und Abhängigen jeden Grades.

5 ❖ Im ersten Falle, wenn die **Herrschenden** es sind, die den Begriff »gut« bestimmen, sind es die erhobenen stolzen Zustände der Seele, welche als das Auszeichnende und die Rangordnung Bestimmende empfunden werden. Der vornehme Mensch trennt die Wesen von sich ab, an denen das Gegenteil solcher gehobener stolzer Zustände zum Ausdruck kommt: er verachtet sie. Man bemerke sofort, dass
10 in dieser ersten Art Moral der Gegensatz »gut« und »schlecht« so viel bedeutet wie »vornehm« und »verächtlich«: – der Gegensatz »gut« und »böse« ist andrer Herkunft. Verachtet wird der Feige, der Ängstliche, der Kleinliche, der an die enge Nützlichkeit Denkende; ebenso der Misstrauische mit seinem unfreien Blicke, der Sich-Erniedrigende, die Hunde-Art von Mensch, welche sich misshandeln lässt, der
15 bettelnde Schmeichler, vor allem der Lügner: – es ist ein Grundglaube aller Aristokraten, dass das gemeine Volk lügnerisch ist. ...

❖ Es steht anders mit dem zweiten Typus der Moral, der **Sklaven-Moral**. Gesetzt, dass die Vergewaltigten, Gedrückten, Leidenden, Unfreien, ihrer selbst Ungewissen und Müden moralisieren: was wird das Gleichartige ihrer moralischen Wertschät-
20 zungen sein? Wahrscheinlich wird ein pessimistischer Argwohn gegen die ganze Lage des Menschen zum Ausdruck kommen, vielleicht eine Verurteilung des Menschen mitsamt seiner Lage. Der Blick des Sklaven ist abgünstig für die Tugenden des Mächtigen: er hat Skepsis und Misstrauen, er hat Feinheit des Misstrauens gegen alles »Gute«, was dort geehrt wird –, er möchte sich überreden, dass das
25 Glück selbst dort nicht echt sei. Umgekehrt werden die Eigenschaften hervorgezogen und mit Licht übergossen, welche dazu dienen, Leidenden das Dasein zu erleichtern: hier kommt das Mitleiden, die gefällige, hilfsbereite Hand, das warme Herz, die Geduld, der Fleiß, die Demut, die Freundlichkeit zu Ehren –, denn das sind hier die nützlichsten Eigenschaften und beinahe die einzigen Mittel, den Druck des
30 Daseins auszuhalten.
Die Sklaven-Moral ist wesentlich Nützlichkeits-Moral.

Friedrich Nietzsche (1844–1900)

Friedrich Nietzsche (1844–1900) hat als Philosoph nicht nur die Ethik Schopenhauers, sondern vor allem auch das Christentum scharf kritisiert, weil er meinte, es sei mit seiner Moral lebensfeindlich. Die Mitleids- und Nächstenliebe-Ethik komme aus der Perspektive der Schwachen, Niedrigen, Unfreien, die durch die Moral das erreichen wollten, was sie aus eigener Kraft nicht bewirken könnten. Sie sei eine **Sklaven-Moral**, die durch eine **Herren-Moral** abgelöst werden müsse, in der der Starke, Gesunde, Freie das moralische Gesetz der Überlegenheit bestimme.

---

1 Zu **Nietzsche**: → M 1; zum **Text**: → M 2.

2 Vergleichen Sie die Auffassung Nietzsches mit der des **Christentums** und **Schopenhauers**. Begründen Sie Ihre Stellungnahme.

3 Diskutieren Sie **beide Arten von Moralen** bei Nietzsche.

4 Wie müssten **Menschen** reagieren, die von politischen oder religiösen Systemen bedroht werden, wenn man ihnen Sklaven-Moral bescheinigt?

Immanuel Kant

Arthur Schopenhauer

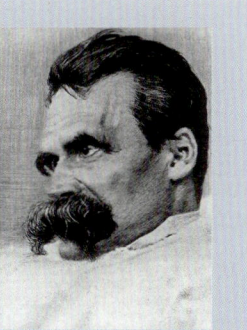

Friedrich Nietzsche

8. Hans Jonas – Das Prinzip Verantwortung

Ein Blick auf die Zukunft

❖ Hans Jonas geht davon aus, dass die neuen technischen Möglichkeiten zur weitgehenden **Zerstörung der Natur** führen
5 können. Noch unabsehbare Katastrophen gefährden unsere Erde und damit die Existenz der Menschheit selbst. Die Menschheit ist für ihn das höchste Gut,
10 dem nichts anderes vorgezogen werden darf. Ein Suizid der Menschheit wäre auch die größte ethische Katastrophe.

❖ Als **Beispiele** nennt er schon 1979 die Massenvernichtungswaffen, den Müll, der noch nach Jahrtausenden
15 giftig sein wird, die beginnende Gentechnik und die unkontrollierte Ausbeutung der begrenzten natürlichen Ressourcen unseres Planeten wie Energie, Wasser, Luft und Bodenschätze.

❖ Diese Situation ist quantitativ und qualitativ ganz neu-
20 artig und hat in der gesamten Menschheitsgeschichte keine Parallelen. Während die Menschheit früher nicht in der Lage war, die Welt und sich selbst in ihrer Existenz ernsthaft zu gefährden, steht uns diese Gefahr heute ständig vor Augen. Darum belehrt uns auch keine **überlieferte**
25 **Ethik** über das, was heute zu tun ist. Denn alle bisherige Ethik hatte nur mit dem Individuum oder der Gesellschaft in ihrer jeweiligen Gegenwart zu tun. Sie war auf das Subjekt bzw. auf den Nahbereich des Menschen bezogen.

30 ❖ Heute ist es Aufgabe der Ethik, die Zukunft der Erde und der ganzen Menschheit zu bedenken, allerdings nicht in der Form älterer unverbindlicher Utopien, sondern im Blick auf die real zu erwartenden Katastrophen. Das Neuland der technischen Möglichkeiten führt uns auf ein
35 **Neuland der Ethik.**

❖ Im Jahr 1979 veröffentlichte der deutsche Philosoph **Hans Jonas** (1903–1993) das Aufsehen erregende Werk »**Das Prinzip Verantwortung«,** das eine neue Ethik für die technologische Zivilisation sein will. Er geht davon aus, dass die erfolgreiche Unterwerfung der Natur, die eigentlich dem Menschenglück dienen sollte, zur größten Herausforderung der Menschheit geworden ist. Nur mit seinem Prinzip Verantwortung, das die Zukunft der Menschheit in den Blick nimmt, ist nach seiner Auffassung der größten Gefahr, die es je in der Geschichte der Menschheit gab, zu begegnen.
❖ Seitdem hat der Begriff der »Verantwortung« in der **ethischen und politischen Diskussion** seinen festen Platz.

❖ Den springenden Punkt der neuen Ethik, die die Auswirkungen unseres Handelns für die Zukunft bedenkt, nennt er das »**Prinzip Verantwortung«.** Es bezieht sich nicht mehr nur auf den Nächsten, sondern ist nun auf die zukünftigen Generationen ausgedehnt. Verantwortung 40 darf nicht mehr nur an den unmittelbar sichtbaren Folgen gemessen werden, sondern muss auch mit den heute noch nicht erfahrbaren Folgen unseres Handelns rechnen. Selbst dann, wenn im Einzelnen die zukünftigen Gefahren nicht genau abzuschätzen sind, muss im Zwei- 45 fel schon die Angst vor einer möglichen apokalyptischen Gefahr unser Handeln bestimmen, da das Risiko solchen Handels unverantwortlich wäre. Darum darf nur eine Technologie in Gebrauch genommen werden, von der sicher ist, dass sie nicht Katastrophen mit sich bringt. 50
❖ In Verwandtschaft mit dem kategorischen Imperativ Kants (→ S. 58) lautet sein berühmt gewordener **Imperativ der Verantwortung,** der auf den neuen Typ menschlichen Handelns passt:
»Handle so, dass die Wirkungen deiner Handlungen mit der 55 Permanenz (Fortdauer) menschenwürdigen Lebens verträglich sind.«
Oder negativ ausgedrückt: »Gefährde nie die Bedingungen für den indefiniten Fortbestand der Menschheit auf Erden.«

---

1 Zu **Hans Jonas:**→ M 1.
2 Wie hat sich die **Situation,** die Hans Jonas 1979 beschreibt, seitdem verändert, verschlechtert und verbessert? Stellen Sie aktuelle Beispiele zusammen, die Licht auf die gegenwärtige Situation werfen.
3 Diskutieren Sie, ob sein **Imperativ** in jeder Hinsicht neu ist.
4 Warum ist es so **schwer,** diesen Imperativ heute zu befolgen? Was steht **gegen** seine Befolgung?
5 Zeigen Sie, dass die viel ältere biblische Variante des »Prinzips Verantwortung« die **Achtung vor der Schöpfung Gottes** (Gen 1, 26 ff) ist.

9. Otfried Höffe – Globale Ordnung

Auf dem Weg zu einer ethischen Weltordnung

Otfried Höffe, einer der renommiertesten deutschen Philosophen der Gegenwart, stellt einige Vorschläge für eine zukünftige Weltordnung zusammen, die Anregungen einer größeren ethischen Diskussion der letzten Jahre aufnimmt. Höffe selbst ist vor allem mit Beiträgen zur politischen Ethik hervorgetreten.

In drei Dimensionen entwickelt sich die Menschheit mehr und mehr zu einer globalen Gesellschaft:

❖ in der »globalen **Kooperationsgemeinschaft**« (von der Philosophie und Wissenschaft über die Kultur bis zur Wirt-
5 schaft)

❖ in der »globalen **Gewaltgemeinschaft**« (wegen der Reichweite der Waffen, der organisierten Kriminalität und der Umweltschäden)

❖ in der »globalen **Gemeinschaft von Leid und Not**«.

Alle drei Dimensionen melden einen globalen Handlungsbedarf an, der den Ein-
10 zelstaat relativiert und auf eine die gesamte Menschheit umfassende politische Ordnung hindrängt. Gemäß dem politischen Projekt der Moderne, dem demokratischen Verfassungsstaat, ist diese Ordnung auf Freiheitsrechte und Gewaltenteilung, soziale und ökologische Mindestkriterien, auf ein Weltkartellamt und ein Weltstrafgericht zu verpflichten. Statt die Einzelstaaten und großregionalen
15 Zwischeneinheiten wie Europa aufzulösen, baut sich die in Zukunft zu stiftende Weltordnung aber aus ihnen auf (Prinzip Föderalismus) und belässt ihnen möglichst viele Zuständigkeiten (Prinzip Subsidiarität). Auf Seiten der Bürger drängt sich daher eine neuartige dreifache Staatsbürgerschaft auf: Man ist Deutscher, Franzose oder Senegalese, zusätzlich Europäer oder Afrikaner und schließlich Welt-
20 bürger: Bürger einer föderalen und subsidiären Weltrepublik.

Im Zeitalter einer umfassenden Globalisierung drängen sich »interkulturelle Diskurse« auf: Gespräche der verschiedenen Kulturen sowohl über ihre Eigenarten als auch über Gemeinsamkeiten des Zusammenlebens. ...

Weitere Aufgaben lassen sich im Stichwort »humane Existenz« bündeln: Wie kann
25 der Einzelne, wie können Gruppen, wie können die Gemeinwesen sowohl für sich als auch mit- und gegeneinander ein gutes und gerechtes Leben führen? Oder wie lassen sich globale Kräfte wie Wirtschaft und Technik in dieses Leben einbinden, und wie lassen sich deren negative Nebenfolgen bewältigen? Auch stellt sich die Frage nach einer gerechten Weltordnung. Bei all diesen Themen ist die Philosophie
30 als ein »Anwalt der Menschheit« gefordert, der die Besonderheiten zugunsten von Allgemein-Menschlichem übersteigt und sich, wo erforderlich, nicht scheut, das Goethe-Wort zu bestätigen: »Wer philosophiert, ist mit den Vorstellungen seiner Zeit nicht einig.«

Otfried Höffe (geb. 1942)

❖ Schon ein oberflächlicher Blick auf das **Ethos der Menschen**, der Völker und Religionen weist auf eine große **Fülle von Verschiedenheiten** und Gegensätzen hin. Was den einen gut und gerecht erscheint, ist für die anderen ungerecht und böse. Hinter diesen unterschiedlichen ethischen Vorstellungen stehen psychologische, soziale, kulturelle und religiöse Differenzen, die kaum zu koordinieren sind. Dieses Problem wird im Zeitalter der Globalisierung brisant, da sich die Menschen, Völker und Religionen immer näher kommen. Insofern stehen wir heute in einer Zeit des Umbruchs.

❖ Für die Zukunft der Menschheit wird es darauf ankommen, ethische Modelle zu finden, die der Menschheit ein geordnetes Neben- und Miteinander ermöglichen. Dazu wäre eine **globale Ordnung** mit ethischen Standards (Hans Küng: »**Weltethos**«; → S. 23, 151) nötig, die global akzeptabel sind. Sie zu finden und durchzusetzen, wird schwierig sein.

1 Zum **Autor**: → M 1; zum **Text**: → M 2.

2 **Globalisierung** – Was ist das? Konkretisieren Sie die drei Dimensionen der Globalisierung, die Höffe nennt. Welche Konsequenzen ergeben sich für die Ethik?

3 Suchen Sie Beispiele für den Satz: »**Andere Völker – andere Sitten**«. Wie ist er heute zu bewerten? Welche Kriterien liegen Ihrem Urteil zugrunde? → S. 56, 68 f.

4 Das **Christentum** war schon immer global (»katholisch«). Was können und müssen Christen heute im Globalisierungsprozess tun?

Zusammenfassende Aufgaben

1 Wenn Sie die hier vorgestellten ethischen Grundhaltungen, die im Laufe der Geschichte konzipiert wurden, vergleichen – was fällt Ihnen auf? Lässt sich eine historische **Entwicklungslinie** feststellen? Welche sind für das Leben heute **überflüssig**, welche **notwendig**? Welche Ergänzungen halten Sie für sinnvoll?

2 Zur Tugend der **Toleranz**: → S. 148; zur **Tapferkeit**: → S. 75.

Begründungen der Ethik

1. Die naturalistische Sicht

❖ **Woher weiß der Mensch, was gut und böse ist?** Woher kommt sein Sinn für ethische Probleme? Was sind die Ursprünge und Quellen der Moral? Auf diese Fragen hat es im Lauf der Geschichte **viele Antworten** gegeben. Sie werden auch gegenwärtig von Philosophen und Theologen, Biologen (Gehirnforschern) und Soziologen heftig und kontrovers diskutiert.
❖ Eine **moderne naturalistische Betrachtungsweise** sieht die Ursprünge der Moral in der **Evolution**. Vorformen ethischen Verhaltens ließen sich schon bei Tieren beobachten. Darum sei ethisches Verhalten auch dem Menschen angeboren und vom Ursprung her natürlich. Es zeige sich wirkungsvoll in den Regungen des **Gefühls** wie Liebe und Hass, Zuwendung und Abwehr. Evolutionsbiologen, Genetiker und Hirnforscher suchen für diese Auffassung in letzter Zeit neue Argumente.

Ansätze in der Evolution

❖ Aus biologischer Sicht ist der Sinn für Gut und Böse dem Menschen **angeboren**. Er ist **naturbedingt** und liegt in seinen **Genen**, die im Lauf der Evolution diese Veranlagung entwickelt haben. Schon Tiere zeigen »moralanaloges« Verhalten, wenn sie für ihre Jungen sorgen und Feinde abwehren. Im »Kampf ums Dasein« (Darwin) ermöglicht und erleichtert es den Lebewesen das Überleben. Jedes Baby bringt eine ethische Struktur mit auf die Welt, die sich allerdings erst unter günstigen Bedingungen richtig entwickelt, ähnlich wie das Baby eine Veranlagung zum Sprechen hat, die der richtigen Förderung bedarf. Wird das Kind älter, entfaltet sich diese ethische Anlage ähnlich, wie sich aus dem Lallen des Babys verständliches Sprechen entwickelt. 10
❖ Der Sitz dieser Anlage ist das moralische **Gefühl** (»Bauch«). Leben fördern, verletzen und töten ist oft ebenso wie Lieben, Sorgen und Hassen mit starken Gefühlen verbunden. Jeder weiß instinktiv, dass es gut ist, einem Freund zu helfen, und dass es schlecht ist, ihm zu schaden. Jeder kennt Dankbarkeit und Fairness. 15
❖ Bestimmte **Gehirnareale** lassen sich heute schon als Sitz moralischer Urteile festmachen. Bei schweren Hirnschädigungen ändern sich auch die Gefühle, die für moralisches Verhalten des Geschädigten zuständig sind. Dann kann ein moralisch empfindsamer Mensch plötzlich sozial völlig unsensibel werden. Dann wird das Gehirn sogar als **Tatort für Verbrechen** 20 zuständig.

Grenzen der evolutionistischen Sicht

Kritiker weisen auf beachtliche Grenzen der evolutionistischen Sicht hin.
❖ In der Natur gilt weitgehend das Prinzip »**Fressen oder gefressen werden**«. Dieses Prinzip kann nicht Maxime einer humanen Ethik sein.
❖ Manche natürliche Veranlagungen wie **Habsucht, Sexualität oder Ego**- 25 **ismus** führen zu Ausbeutung, Mord, sexuellem Missbrauch von Kindern, Anhäufung von Besitz zu Lasten anderer u. Ä.
❖ Unser natürliches Verhalten ist auf den **Nahbereich** ausgerichtet. Wir helfen eher dem Kind aus unserer Nachbarschaft, das sich verletzt hat, als Not leidenden Kindern in anderen Erdteilen. 30
❖ Unser natürliches Verhalten ist auf viel **ältere, unkomplizierte Verhältnisse** bezogen und versagt darum bei der Beurteilung komplexer Probleme, die sich durch die moderne Wissenschaft, Zivilisation und Technik stellen. Über die umstrittenen Gegenwartsprobleme wie Klimaschutz, Sterbehilfe oder künstliche Befruchtung sagt es nichts. 35

Eine grundsätzliche Kritik

❖ Christen bejahen die natürliche **Evolution** der Menschheit, halten aber den Menschen nicht nur für ein Produkt der Natur. Sie wissen um seine **genetische Struktur** und sehen im Menschen doch mehr als die Summe seiner Gene. Darum lehnen sie auch ethische Spuren bzw. Vorformen in der Evolution oder in der genetische Veranlagung nicht ab, sondern sehen darin ein 40 Werk der Schöpfung,

1 Wer informiert den Kurs über unseren gegenwärtigen Kenntnisstand der **Gehirnareale**? Warum ist diese Kenntnis für die Ethik relevant?
2 Diskutieren Sie an Beispielen, wieweit die genetische Struktur des Gehirns für **moralisches Verhalten** zuständig ist und wieweit nicht.
3 Was ist ein **naturalistischer Fehlschluss**?

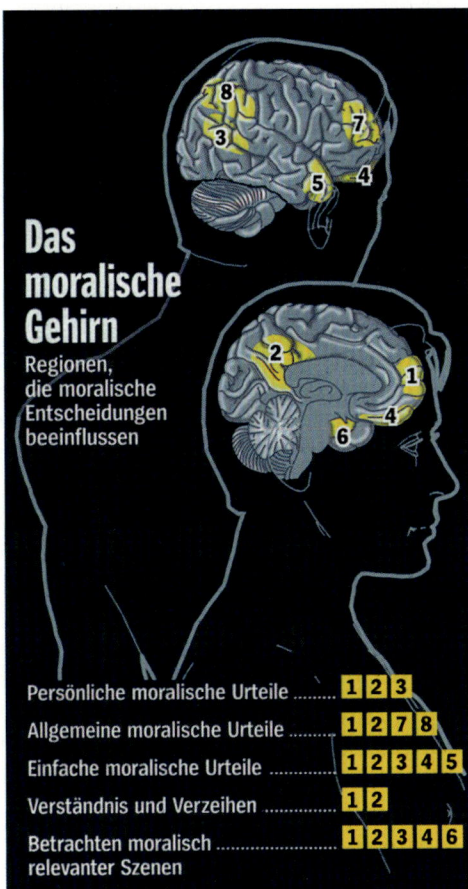

Das moralische Gehirn

Regionen, die moralische Entscheidungen beeinflussen

Persönliche moralische Urteile	1 2 3
Allgemeine moralische Urteile	1 2 7 8
Einfache moralische Urteile	1 2 3 4 5
Verständnis und Verzeihen	1 2
Betrachten moralisch relevanter Szenen	1 2 3 4 6

❖ Ein grundsätzlicher Fehler der naturalistischen Theorie ist der »**naturalistische Fehlschluss**«, der aus biologischen Tatsachen Kriterien für Gut und Böse ablei45 tet. Gut ist demnach vor allem das, was zum Überleben nützlich ist (→ S. 67), böse ist das, was ihm schadet. Nun ist aber dieser Schluss problematisch. Sonst müssten die sittlich hochstehenden Wesen am leichtesten überleben. Ethisches Verhalten wäre ein guter Überle50 bensfaktor. Das mag manchmal so sein, führt aber – prinzipiell gesehen – zu dem fragwürdigen Gedanken, dass der Stärkere immer Recht hat, dass Macht ein ethischer Wert ist (→ S. 51), dass man seine Interessen im Konkurrenzkampf entschieden durchsetzt. Dass jeder 55 sich selbst der Nächste ist, mag in biologischer Perspektive stimmen – ein moralisches Prinzip ist dieser Satz nicht. Kein Opfer verliert im menschlichen Kampf ums Dasein sein Leben zu einem moralischen Zweck.

❖ Der Mensch, der moralisch handelt, folgt in Freiheit 60 auch anderen moralischen Gesetzen, als sie in der Natur herrschen, z. B. Beachtung der Menschenwürde, Toleranz, Zuwendung nicht nur zu der eigenen Gruppe, sondern auch zu anderen (→ Lk 10, 25-37).

Ethische Veränderung durch Gehirnschaden

❖ Am 13. September 1848 verwandelte ein haarsträubender **Unfall** einen verlässlichen Vorarbeiter in einen launischen und von seinen Trieben gesteuerten Menschen. Der 25 Jahre alte **Phineas Gage** verlegte Sprengladungen für den Bau einer Eisenbahntrasse durch den US-Bundesstaat Vermont. 5 Als er abgelenkt wurde, ging eine Ladung unkontrolliert hoch und jagte ihm eine 1,09 Meter lange Eisenstange durch den Kopf. Das Projektil zerstörte den Oberkiefer, das linke Auge, schob sich durch das Stirnhirn und landete in 20 bis 25 Meter Entfernung auf dem Boden. 10

❖ Wie durch ein Wunder überlebte Gage, doch Freunde und Kollegen berichteten von **drastischen Veränderungen seines Verhaltens**. Statt verantwortungsvoll und willensstark, sozial integriert und planend, sei er nun unstet und disziplinlos. Gage sei nicht mehr Gage, stellten sie fest. Der 15 Patient, so schrieb ein Arzt, sei launisch, verantwortungslos und fluche auf abscheuliche Weise. Der Mediziner kam zu dem Schluss, dass das Gleichgewicht zwischen dessen tierischen Trieben und seinem Intellekt aus dem Ruder gelaufen sei. Phineas habe »die intellektuellen Fähigkeiten 20 eines Kindes« und die »animalischen Leidenschaften eines starken Mannes«. Im Stirnhirn, folgerten die Gelehrten damals, sei die Menschlichkeit verankert, die Region stelle den Unterschied zum Tier her.

❖ Dass es für Verhalten, das mit Moral, Emotionen und Pla 25 nung zu tun hat, entsprechende Schaltkreise aus Nervenzellen gibt, war zu Gages Zeiten unvorstellbar. Noch heute tun sich viele Menschen mit dieser Erkenntnis schwer, doch kein Neurowissenschaftler wird sie mehr abstreiten. Dabei ist die Frage durchaus berechtigt: Wie kann es **Neuronen für** 30 **Moral** geben, da Moral nichts Naturwissenschaftliches ist, sondern eine Handlungsvorschrift, auf die sich eine Gesellschaft verständigt hat, eine **Konvention** (→ S. 56) also?

❖ Die Antwort liegt in der Lernfähigkeit und der **Dynamik des Denkorgans**. Das Gehirn ist biologisch darauf vorbereit 35 tet, die Verhaltensregeln einer Gruppe zu erlernen, um sie anschließend zur Grundlage des eigenen Handelns zu erheben. Deswegen können Nervenzellen Fairness und den Respekt vor fremdem Eigentum genauso auslösen wie das Heben eines Armes. Gehen die Netzwerke durch einen 40 Unfall, eine Erkrankung oder eine Stoffwechselstörung kaputt, kann sich ein Mensch in einen Kriminellen verwandeln.

Werner Siefer (geb. 1964)

2. Normen der Gesellschaft

❖ Es zählt zu den faszinierenden Fähigkeiten des Menschen, dass er die Natur, in der er ursprünglich lebt, durch sein Handeln umwandeln und so die **Kultur** schaffen kann, um einen neuen Lebensraum zu haben. Hier existiert er – ähnlich wie manche Lebewesen in der Natur – nie nur als Einzelner, sondern immer auch als »**gesellschaftliches Lebewesen**« (Aristoteles: »Zoon politikon«), also in Familie, Gruppe, Sippe, Stamm, Freundschaft, Clique, Zunft, Volk, Religion, Menschheit. Die Gesellschaften werden durch Kultur, Sprache, Erfahrungen, Geschichte, Religion u. a. zusammengehalten.

❖ Da es in jeder Gesellschaft gemeinsame **Aufgaben**, aber auch **Konkurrenz** und **Konflikte** gibt, besteht die Notwendigkeit, das zwischenmenschliche Handeln durch »**Normen**«, also durch Bräuche, Konventionen und Gesetze zu **ordnen und zu regeln**. Sie sollen gewährleisten, dass die Individuen sich so verhalten, dass die Gesellschaft bestehen kann.

❖ Vor allem **Sozialwissenschaftler** vertreten die Auffassung, der **Ursprung der Ethik liege in den Konventionen der Gesellschaft**. Da die Gesellschaften, die im Laufe der Zeit entstanden sind, höchst verschieden waren und sind, habe sich auch **Vielfalt der Moralen** entwickelt.

Das Ethos der Gesellschaft

❖ Zur Sicherung ihrer Eigenart und ihres Bestandes braucht die Gesellschaft Normen, d. h. elementare ethische Einstellungen. Ohne »**sozialen Kitt**« wie Hilfsbereitschaft, Fleiß, Gehorsam, Bescheidenheit, Tapferkeit, Regeln für die Ehe oder für die Kinder und Alten hat sie keinen Bestand. Die Schaffung des Rechts ist eine wichtige Bedingung für das Leben einer Gesellschaft. [5]

❖ In einer agrarischen Gesellschaft gibt es **andere Normen** als in einer bürgerlichen oder hochtechnisierten Gesellschaft. Das zeigt sich z. B. an der unterschiedlichen Einstellung zu Religion, Ehe, Geld, Eigentum oder Sexualität. Während dort die Ältesten, Priester oder Mediziner die größte Autorität haben, üben in unserer Mediengesellschaft auch Fernsehen, Internet, [10] Computerspiele, Printmedien Einfluss auf das ethische Verhalten aus.

❖ Die Erziehung (→ S. 42) spielt bei der Ausformung des moralischen Sinns in jeder Gesellschaft eine wichtige Rolle. Sie soll dafür Sorge tragen, dass die Werte einer Gesellschaft für die nachfolgende Generation verbindlich bleiben. Zur Erreichung dieser Zielsetzung dienen z. B. Nachahmung, Strafe und [15] Lohn, Autorität und Vorbildfunktion. Weil die Erziehung in den verschiedenen Gesellschaften unterschiedlich ist, entwickeln sich auch unterschiedliche ethische Standards. So haben in manchen Familien und Völkern Jungen und Männer mehr Rechte, seltener sind Mädchen und Frauen gleichberechtigt oder bevorzugt. [20]

Unterschiedliche Gesellschaften – unterschiedliche Normen

- bürgerliche Gesellschaft
- agrarische Gesellschaft
- industrielle Gesellschaft
- archaische Gesellschaft
- feudale Gesellschaft
- globalisierte Gesellschaft
- sozialistische Gesellschaft
- kapitalistische Gesellschaft

Fremde Völker – Fremde Sitten

Die Unterschiede der moralischen Auffassungen sind in Geschichte und Gegenwart in den verschiedenen Gesellschaften außerordentlich verschieden. Was bei einem Volk erlaubt ist, ist bei dem anderen verboten. Was an dem einen Ort als Pflicht erscheint, ruft woanders Verwunderung, ja sogar
25 Abscheu und Entsetzen hervor. Dafür einige Beispiele:

❖ Der König von Babylon Hamurapi (18. Jh. vC) befahl, dass, wenn die schwangere Tochter eines angesehenen Mannes an den Folgen von Schlägen starb, die Tochter des Schlagenden zu töten sei.

❖ Die Kopfjäger von Borneo durften nur heiraten, wenn sie eine bestimmte
30 Anzahl von Köpfen als Morgengabe vorzuweisen hatten.

❖ Während der Verzehr von Menschenfleisch für die meisten Völker ein Tabu ist, ist er bei den Kannibalen erlaubt.

❖ Die Azteken glaubten, das Licht der Sonne werde erlöschen, wenn sie der Sonne nicht regelmäßig Menschen opferten.

35 ❖ In einigen Kulturen ist Polygamie erlaubt, in anderen verboten.

❖ In manchen Gesellschaften werden die altgewordenen Eltern getötet, in anderen werden sie mit großer Hochachtung gepflegt.

❖ In manchen Ländern wird die Ehre der Familie verletzt, wenn sich eine unverheiratete Tochter mit einem Mann einlässt. Die Schande kann nur
40 durch das Blut der Tochter oder des beteiligten Mannes gesühnt werden. Anderswo ist sexuelle Freizügigkeit vor und in der Ehe erlaubt.

❖ In einigen Teilen der Welt ist die Blutrache Pflicht. In heutigen Demokratien gilt sie als Kapitalverbrechen.

❖ Noch heute glauben verblendete Muslime, sie würden Allah einen Dienst
45 erweisen, wenn sie durch Selbsttötung andere Menschen in den Tod reißen.

Oft wird aus diesen Fakten ein **ethischer Relativismus** (→ S. 68) abgeleitet, der leugnet, dass es allgemein verbindliche ethische Normen gibt. Sie seien stets »relativ« und hätten keine unbedingte Verbindlichkeit.

Kritische Überlegungen

❖ Zweifellos haben viele moralische Normen ihren Ursprung darin, dass der
50 Mensch **gesellschaftlich** verfasst ist. Viele Bräuche, Gebote und Gesetze einer Gesellschaft sind für den Einzelnen gut und für das Bestehen der Gesellschaft notwendig.

❖ Die angeführten Beispiele zeigen jedoch, dass sich ethische Normen nicht unmittelbar und immer aus tatsächlichem Verhalten ableiten lassen. Gesell-
55 schaftliche Bräuche, Gebote und Gesetze können ethisch unverantwortlich sein, wie auch die jüngere Geschichte zeigt. Sie müssen sich, um ethisch zu gelten, an vernünftigen ethischen Standards messen lassen, z.B. an der goldenen Regel (→ S. 45). Wo sie gegen die Würde des Menschen, d.h. gegen sein Leben, seine Rechte und seine Lebensqualität verstoßen, können sie
60 nicht ethisch akzeptabel sein.

1 Zeigen Sie an Beispielen aus der Kulturgeschichte auf, wie **Gesellschaften** jeweils **eigene Normen** entwickeln. Wie werden diese Normen dort begründet? Bewerten Sie diese Normen mit ethischen Argumentationen. Welche Maßstäbe legen Sie dabei an? Woher haben Sie diese? Zur Theorie von **Rousseau**: → S. 36.

2 Welche gesellschaftlichen Normen haben auf Ihre **eigene Entwicklung** eingewirkt? Wie verhalten Sie sich heute dazu?

3 Zeigen Sie auf, welchen Einfluss auf ethische Vorstellungen das **Fernsehen** und andere Medien ausüben. Welche Wirkungen gehen davon besonders auf junge Leute aus?

4 Diskutieren Sie im Kurs, wie weit ethischer **Relativismus** berechtigt ist, wie weit nicht. Zum Relativismus: → S. 68.

3. Rekurs auf die Vernunft

❖ **Immanuel Kant** hat die Ethik kritisch von der Vernunft her zu begründen versucht. Für ihn bezieht sich die **Vernunft** des Menschen nicht nur auf den Bereich der Erkenntnis (»theoretische Vernunft«), sondern auch auf den Bereich des Handelns (»praktische Vernunft«, gr.: »auf das Handeln bezogen«). Durch die Vernunft gibt sich der Mensch selbst die sittlichen Gesetze, so dass er **Autonomie** (gr.: »Selbstgesetzgebung«) hat. In der Erfüllung seiner Pflichten darf er nie einer **Heteronomie** (gr.: »Fremdgesetzgebung«) unterworfen sein.

❖ Das Grundgesetz der praktischen Vernunft ist der »**kategorische Imperativ**«. Er ist ein formales, kein inhaltlich gefülltes Gesetz, das den Rahmen für alle gesetzmäßigen Handlungen darstellt. Er fußt inhaltlich auf der Achtung vor der **Würde des Menschen**.

Kant rührt Senf an, Zeichnung von F. Hagemann, 1801

Der Philosoph ging den Dingen immer auf den Grund, auch wenn er die Gewürze für seine Tischgesellschaften herrichtete, die er gern um sich scharte.

Der kategorische Imperativ

Kant nennt das höchste Gebot, das unbedingt, d. h. ohne jede Einschränkung/Bedingung zu befolgen ist, »**kategorischen Imperativ**«. Er ist das Grundgesetz der praktischen Vernunft, das Handlungen gebietet, die nicht Mittel zu irgendeinem Zweck, sondern an sich gut sind.

❖ Der eine kategorische Imperativ muss von den vielen »**hypothetischen** Imperativen« unterschieden werden, die nicht bedingungslos, sondern unter bestimmten Bedingungen (»hypothetisch«) gelten. Sie erfordern eine gewisse Geschicklichkeit, ohne die bestimmte Absichten nicht zu verwirklichen sind, z. B.: »Wenn du reich werden willst, musst du dafür sorgen, dass deine Ausgaben nicht größer sind als deine Einnahmen.« – Manche hypothetischen Imperative erfordern auch eine gewisse Klugheit, um bestimmte Handlungen auf einen beabsichtigten Zweck auszurichten, z. B.: »Wenn du das Abitur machen willst, musst du bestimmte Kurse erfolgreich abschließen und die geforderten Leistungsnachweise erbracht haben.« Es ist nicht ethisch geboten, reich zu werden oder das Abitur zu machen. Wenn man es aber will, muss man auch die Mittel für das Ziel einsetzen.

❖ Der **kategorische Imperativ** gilt demgegenüber ohne Wenn und Aber. Er fordert zu Handlungen auf, die nicht die notwendigen Mittel zu einem beliebigen Zweck sind, sondern die als solche und für sich gut sind. Er ist objektiv, notwendig und allgemein gültig. Darum schließt Kant für ihn alle subjektiven Motive aus, d. h.: er darf weder dem eigenen Glück noch dem eigenen Nutzen dienlich sein. Wo dies in einer Handlung (mit)intendiert wird, wird eine Handlung nicht unbedingt schlecht, aber sie entspricht nicht mehr dem kategorischen Imperativ. Wenn ich z. B. einem anderen helfe, um für mich Dankbarkeit oder Anerkennung zu suchen, kommt der Handlung nach Kant kein moralischer Wert zu – eine Auffassung, die man als »Kantischen Rigorismus« (lat.: Strenge, Unerbittlichkeit) bezeichnet. Die ethische Pflicht darf also nicht durch irgendwelche Neigungen motiviert werden, sondern ist um ihrer selbst willen zu erfüllen.

❖ Der kategorische Imperativ ist für Kant nicht eine von ihm selbst aufgestellte ethische Bestimmung. Er ist das Grundgesetz, das sich die praktische Vernunft selbst für das Handeln gibt. Sie erhält es nicht von einem anderen Gesetzgeber, weder von Gott noch von der Gesellschaft. Das wäre »Heteronomie«. Vielmehr ist der praktischen Vernunft »Autonomie« eigen, ein unverfügbarer und unmanipulierbarer Anspruch. Für Kant kann daher nur der autonome Mensch frei und verantwortungsvoll handeln. Der menschliche Wille ist der Träger, Adressat und der Ausführende des kategorischen Imperativs. Er ist gleichsam das »gute Gewissen« des Menschen (→ S. 40).

Immanuel Kant

Kritik der reinen Vernunft

17 81

Immanuel Kant

Grundlegung zur Metaphysik der Sitten

17 85

Immanuel Kant

Kritik der praktischen Vernunft

17 88

Formen des kategorischen Imperativs

Kant hat in seiner »Grundlegung zur Metaphysik der Sitten« (1785), seiner ersten ethischen Schrift, mehrere Formen des kategorischen Imperativs beschrieben. Eine Formulierung zielt darauf, dass die Maxime des Menschen, d. h. seine oberste subjektive Handlungsregel, das ethische Gesetz für alle Menschen sein kann, d. h. allgemein gültig sein muss. Das wäre nach Kant bei Suizid, Lüge oder Betrug nicht der Fall. Eine andere Formulierung geht von der Würde jeder Person aus, die niemals zum Mittel für irgendeinen Zweck gemacht werden darf.
❖ Handle nur nach derjenigen Maxime, durch die du zugleich wollen kannst, dass sie ein allgemeines Gesetz werde.
❖ Handle so, dass du die Menschheit sowohl in deiner Person als in der Person eines jeden anderen, jederzeit zugleich als Zweck, niemals bloß als Mittel brauchst.

Immanuel Kant (1724–1804)

1 Zu **Kant**: → M 1 und S. 11, 37, 40, 50.
2 Warum hält es Kant für so wichtig, die Ethik auf der **Basis der Vernunft** zu begründen? Was spricht – auch unabhängig vom Kontext seiner Philosophie – dafür? Was dagegen?
3 Erklären Sie an Beispielen, was **Heteronomie** und was **Autonomie** ist. Wie beurteilen Sie heteronomes und autonomes Wollen und Handeln? Lesen Sie zum Problem: → S. 62, 103.
4 Was können **Christen** zur Ethik Kants sagen? Gibt es Übereinstimmungen und Widersprüche zum christlichen Ethos?

Kritik an Kant

❖ **Kants** Begründung der Ethik durch Rekurs auf die **Vernunft** ist ein gewaltiges ethisches Konzept. Durch die Vernunft erlangt der Mensch erst seine moralische Reife. Sie hilft ihm, die ethischen Grundmuster, die seine Gefühle prägen und die ihm durch die Erziehung in seiner Gesellschaft vermittelt wurden, zu verstehen, bewusst zu übernehmen und gegebenenfalls auch zu korrigieren. Erst die Vernunft zeigt ihm an, was sein Handeln bestimmen soll. Vor allem: Sie kann sich selbst korrigieren. [10]
❖ Allerdings ist es heute nicht mehr möglich, von einem allgemein gültigen **Vernunft- und Willensbegriff** auszugehen, da sich die Philosophen darauf nicht einigen können. Zu unterschiedlichen Begriffen von Vernunft: → S. 6 ff. [15]
❖ Der Ausschluss aller **Gefühle und Neigungen** aus einer sittlich guten Handlung ist (oft) nicht möglich und erscheint auch nicht nötig. Warum sollte Hilfsbereitschaft keinen ethischen Wert haben, wenn ich Freude daran habe? Warum sollte eine Handlung nicht [20] gut sein, wenn sie meinem Glück oder dem Nutzen anderer dient?
❖ Darüber hinaus denken **Christen** heute, dass die **Gebote Gottes** der **Autonomie** des Menschen nicht im Wege stehen und ihn nicht heteronom (fremd- [25] bestimmt) machen, weil auch die autonome Vernunft ein Schöpfungsgeschenk Gottes ist. Vielmehr begründen diese göttlichen Weisungen, da sie anders sind als jede weltliche Determinante, geradezu die Autonomie des Menschen und fördern sie. [30]

4. Der Glaube an Gott

Wenn Gott nicht existierte, so wäre **alles erlaubt.**

Fjodor Michailowitsch Dostojewski
(1821–1881)

Die Schöpfungsordnung Gottes

Christen finden den letzten Grund für ihr moralisches Verhalten in der **Ordnung der Schöpfung**. Sie glauben, dass Gott der Schöpfer der Welt ist und den Menschen als Schöpfungsgabe Freiheit, moralisches Gefühl und das Gewissen gegeben hat, so dass sie im Allgemeinen wissen können, was sie in Freiheit tun sollen und was sie nicht tun dürfen. Wer in der Welt nicht nur das Produkt der Evolution sieht, sondern zugleich die Schöpfung Gottes, kann sich an ihr orientieren. In diesem Glauben lässt sich klar erkennen, dass man die Schöpfung bewahren soll, dass insbesondere der Mensch als das einzigartige Bild Gottes Achtung und Sympathie verdient, dass alle Menschen gleichwertig sind und das Recht auf ein menschenwürdiges Leben haben. 10

Gottes Gebote

Erst recht wissen Juden und Christen, wie sie leben sollen, weil Gott den Menschen seine **Gesetze und Gebote** gegeben hat, die – anders als viele menschliche Gesetze und Gebote – die **Freiheit** nicht einschränken, sondern die Freiheit schützen. Sie zielen auf ein Leben in Freiheit, Verantwortung und Glück und geben dem Leben Sinn. Weil sie von Gott kommen, verdienen sie 15 Gehorsam. Nach dem Zeugnis der Bibel hat Gott am **Sinai** (→ S. 96ff) das Grundgesetz für ein gottbezogenes und menschenwürdiges Leben gegeben. In den Worten der **Propheten** (→ S. 104f) wurden diese Gebote immer wieder als Wege zur Gerechtigkeit (→ S. 135ff) in der Welt aktualisiert.

Die Worte und das Beispiel Jesu

Zuletzt hat **Jesus** vor allem in der **Bergpredigt** (→ S. 106ff) Gottes Weisun- 20 gen in eigener Vollmacht präzisiert und weiter entfaltet. Das **Liebesgebot** (→ S. 120ff) mit seiner dreifachen Ausrichtung auf Gott, den Nächsten und die eigene Person ist die konzentrierteste und zugleich wichtigste Formulierung dieses biblischen Ethos. Ebenso wie in der Lehre wird in der **Person Jesu Christi** für Christen das gottgewollte Ethos erfahrbar. Er ist mit seiner Lehre 25 und seinem Leben der **Maßstab**, an dem sich Christen orientieren können.

Leben im Geist Gottes

❖ Schon im **Alten Testament** ist von den Gaben des Geistes Gottes die Rede, die dem Menschen unerhörte Fähigkeiten schenken. Es ist »der Geist der Weisheit und der Einsicht, der Geist des Rates und der Stärke, der Geist der Erkenntnis und der Gottesfurcht« (Jes 11,1f). 30

❖ **Jesus** hat seinen Jüngern nicht nur selbst Weisungen zum Leben gegeben. Er hat ihnen auch Gottes Geist versprochen und gesandt (Apg 2; »Pfingsten«). Der Geist Gottes, der in der Bibel mit Sturm und Feuer verglichen wird, bringt Dynamik in das Leben der Christen. Durch diesen Geist werden sie in die Lage versetzt, die Gebote nicht nur »buchstabengetreu«, sondern »geisterfüllt« 35 zu befolgen. In Gottes Geist sind die Gebote nicht starre Rechtssätze, die ohne Wenn und Aber in allen Situationen in gleicher Weise gelten, sondern Aufgaben, die jeweils originell und phantasievoll gelöst werden müssen. Seine vielfältigen Gaben (»Charismen«) verhindern jede Uniformität. Mit ihren jeweiligen Charismen können Christ/innen die Welt umgestalten und bereichern 40 (Röm 12, 6-8; 1 Kor 12, 1-11). Wo Gottes Geist wirkt, da ist schöpferische Freiheit in Liebe (2 Kor 3,17).

Gottesbild und Menschenbild

❖ Grundlegend für das christliche Ethos ist der Glaube, dass **Gott selbst gut ist.**
45 Christliche Philosophen sagen manchmal, Gott sei das Gute schlechthin (lat.: »summum bonum«). Er handelt nicht willkürlich. Zugleich gehört zum biblischen Glauben, dass Gott dem Men-
50 schen beim Tun des Guten hilft. Die Theologen nennen diese Zuwendung Gottes »**Gnade**«.

❖ Juden und Christen erleben auch ständig, dass **Gläubige den Weisungen Got-**
55 **tes nicht entsprechen** und zu »**Sündern**« werden. Wer im Vertrauen auf Gottes Güte seine Verfehlungen bereut und sich Gott erneut zuwendet, darf auf Gottes **Vergebung** hoffen.

60 ❖ Christen dürfen nicht meinen, dass die Menschen, die ihren Glauben nicht teilen und ihr Ethos nicht in jeder Hinsicht akzeptieren, nur in Schuld und Irrtum leben. Das wäre (un)christlicher
65 Hochmut. **Gott spricht zu allen Menschen** – also auch zu denen, die nicht oder anders religiös sind – in der Stimme des **Gewissens** (→ S. 38 ff). Darum können alle moralisch integre
70 Persönlichkeiten sein. Schon die Kirchenväter haben z. B. in dem Philosophen Sokrates (→ S. 20, 40) einen gerechten Menschen gesehen.

❖ Umgekehrt kann man in unschöner
75 Regelmäßigkeit erleben, dass **Christen** ethisch in ihrem alltäglichen Leben und bei den großen Aufgaben für die Welt versagen, so dass **sie** keineswegs immer beispielhaft sind. Gerade ihr **mora-**
80 **lisches Versagen** ist verhängnisvoll, da sie sich nicht an den eigenen Maßstäben orientieren und anderen ein schlechtes Beispiel geben.

El Greco (1541–1614), Pfingsten, um 1600

Biblische Bausteine für eine ethische Grundlegung

Gottes Gebote sind besser als alles andere

[6] Ihr sollt auf Gottes Gebote achten und sollt sie halten. Denn darin besteht eure Weisheit und eure Bildung in den Augen der Völker. Wenn sie dieses Gesetzeswerk kennenlernen, müssen sie sagen: In der Tat, diese große Nation ist ein weises und gebildetes Volk.
[7] Denn welche große Nation hätte Götter, die ihr so nah sind, wie der Herr, unser Gott, uns nah ist, wo immer wir ihn anrufen?
[8] Oder welche große Nation besäße Gesetze und Rechtsvorschriften, die so gerecht sind wie alles in dieser Weisung, die ich euch heute vorlege?

Dtn 4, 6-8

Die Werke der Schöpfung und die Vernunft

[18] Der Zorn Gottes wird vom Himmel herab offenbart wider alle Gottlosigkeit und Ungerechtigkeit der Menschen, die die Wahrheit durch Ungerechtigkeit niederhalten. [19] Denn was man von Gott erkennen kann, ist ihnen offenbar; Gott hat es ihnen offenbart. [20] Seit Erschaffung der Welt wird seine unsichtbare Wirklichkeit an den Werken der Schöpfung mit der Vernunft wahrgenommen, seine ewige Macht und Gottheit. Daher sind sie unentschuldbar. [21] Denn sie haben Gott erkannt, ihn aber nicht als Gott geehrt und ihm nicht gedankt. Sie verfielen in ihrem Denken der Nichtigkeit und ihr unverständiges Herz wurde verfinstert.

Röm 1, 18-21

Die Gebote halten

Jesus zu einem reichen jungen Mann:
Wenn du aber das Leben erlangen willst, halte die Gebote!

Mt 19, 17

Jesus nach der Verkündigung des Liebesgebots:
Handle danach, und du wirst leben.

Lk 10, 28

Auf das Tun kommt es an

Jesus in der Rede auf dem Berg:
Nicht jeder, der zu mir sagt: Herr! Herr!, wird in das Himmelreich kommen, sondern nur, wer den Willen meines Vaters im Himmel erfüllt.

Mt 7, 21

---

1. Zu den **Texten**: → M 2.
2. Wann ist der Begriff der **Autonomie** mit der christlichen Ethik unvereinbar, wann kann er für sie ein Grundbegriff sein? → S. 103
3. Weitere Texte zu **Vergebung** und **Versöhnung**: → S. 112 f.
4. Stellen Sie **weitere Bausteine** für ein christliches Ethos zusammen. Zu Küngs »Weltethos«: → S. 23, zur biblischen Grundlegung: → S. 96–127.
5. **Meditieren** Sie über einen der Bausteine für ein christliches Lebensprogramm: → M 5.

Vergebung ist möglich

Jesus im Gleichnis vom verlorenen Sohn und vom guten Vater:
Denn mein Sohn war tot und lebt wieder; er war verloren und ist wiedergefunden worden.

Lk 15, 24

Unterschiedliche Gaben

[6] Wir haben unterschiedliche Gaben, je nach der uns verliehenen Gnade. Hat einer die Gabe prophetischer Rede, dann rede er in Übereinstimmung mit dem Glauben;
[7] hat einer die Gabe des Dienens, dann diene er. Wer zum Lehren berufen ist, der lehre;
[8] wer zum Trösten und Ermahnen berufen ist, der tröste und ermahne. Wer gibt, gebe ohne Hintergedanken; wer Vorsteher ist, setze sich eifrig ein; wer Barmherzigkeit übt, der tue es freudig.
[9] Eure Liebe sei ohne Heuchelei. Verabscheut das Böse, haltet fest am Guten!
[10] Seid einander in brüderlicher Liebe zugetan, übertrefft euch in gegenseitiger Achtung!
[11] Lasst nicht nach in eurem Eifer, lasst euch vom Geist entflammen und dient dem Herrn!
[12] Seid fröhlich in der Hoffnung, geduldig in der Bedrängnis, beharrlich im Gebet!
[13] Helft den Heiligen, wenn sie in Not sind; gewährt jederzeit Gastfreundschaft!
[14] Segnet eure Verfolger; segnet sie, verflucht sie nicht!
[15] Freut euch mit den Fröhlichen und weint mit den Weinenden!
[16] Seid untereinander eines Sinnes; strebt nicht hoch hinaus, sondern bleibt demütig! Haltet euch nicht selbst für weise!
[17] Vergeltet niemand Böses mit Bösem! Seid allen Menschen gegenüber auf Gutes bedacht!
[18] Soweit es euch möglich ist, haltet mit allen Menschen Frieden!
[19] Rächt euch nicht selber, liebe Brüder, sondern lasst Raum für den Zorn (Gottes); denn in der Schrift steht: Mein ist die Rache, ich werde vergelten, spricht der Herr.
[20] Vielmehr: Wenn dein Feind Hunger hat, gib ihm zu essen, wenn er Durst hat, gib ihm zu trinken; tust du das, dann sammelst du glühende Kohlen auf sein Haupt.
[21] Lass dich nicht vom Bösen besiegen, sondern besiege das Böse durch das Gute!

Röm 12, 6-21

Historische und theologische Aspekte

Anregungen der Philosophie

Immer wieder haben Christen wichtige Anregungen der jeweiligen Philosophie kritisiert, diskutiert und integriert.

❖ So haben die Kirchenväter in der **Antike** schon Spuren und »Samen« des Christlichen in der Philosophie des Sokrates, Platons und der Stoa gefunden.

5 ❖ Im **Mittelalter** haben Albert der Große und Thomas von Aquin weitgehend das Hauptwerk des griechischen Philosophen Aristoteles (»Nikomachische Ethik«) in ihr theologisches Werk integriert. Sie sind bis heute zu einem festen Bestandteil der christlichen Ethik geworden.

❖ Auch in der **Neuzeit und in der Gegenwart** befinden sich die Theologen
10 in ständigem Diskurs mit den neueren philosophischen Entwürfen. Waren es im 20. Jahrhundert noch die Konzepte von Kant, Marx, Nietzsche, Freud, der Wert- und der Existenzphilosophie, so sind es zur Zeit vor allem die Überlegungen der Postmoderne, der politischen Ethik, der Umweltethik und der Wissenschaftsethik.

15 ❖ Seit einiger Zeit ist die christliche Ethik erstmals auch mit ethischen Konzepten **anderer Religionen** aus Asien, Afrika und Amerika im Gespräch.

Die richtige Autonomie der irdischen Wirklichkeiten

*Der Begriff der **Autonomie** hatte in der katholischen Kirche lange keinen guten Klang, weil er seit Kant (→ S. 58) mit dem Vorwurf belastet war, das christliche Ethos sei heteronom, d. h. durch göttliche Gebote fremdbestimmt. In der Neuzeit ist der Begriff zu einem zentralen Begriff der philosophischen Ethik geworden, in dem sich Freiheit, Vernunft und Verantwortung treffen. Autonomie ist der Gegensatz zu Gruppenzwang, emotionalen Blockaden, ungehemmter Willkür und auch zu einseitiger egoistischer Selbstverwirklichung. Das 2. Vatikanische Konzil hat diesen Begriff aufgenommen und zu einem zentralen Thema einer christlichen Anthropologie und Ethik gemacht.*

Nun scheinen viele unserer Zeitgenossen zu befürchten, dass durch eine engere Verbindung des menschlichen Schaffens mit der Religion die Autonomie des Menschen, der Gesellschaften und der Wissenschaften bedroht werde.

Wenn wir unter Autonomie der irdischen Wirklichkeiten verstehen, dass die
5 geschaffenen Dinge und auch die Gesellschaften ihre eigenen Gesetze und Werte haben, die der Mensch schrittweise erkennen, gebrauchen und gestalten muss, dann ist es durchaus berechtigt, diese Autonomie zu fordern. Das ist nicht nur eine Forderung der Menschen unserer Zeit, sondern entspricht auch dem Willen des Schöpfers. Durch ihr Geschaffensein selber nämlich haben alle Einzelwirklichkei-
10 ten ihren festen Eigenstand, ihre eigene Wahrheit, ihre eigene Gutheit sowie ihre Eigengesetzlichkeit und ihre eigenen Ordnungen, die der Mensch unter Anerkennung der den einzelnen Wissenschaften und Techniken eigenen Methode achten muss … Wird aber mit den Worten »Autonomie der zeitlichen Dinge« gemeint, dass die geschaffenen Dinge nicht von Gott abhängen und der Mensch sie ohne Bezug
15 auf den Schöpfer gebrauchen könne, so spürt jeder, der Gott anerkennt, wie falsch eine solche Auffassung ist. Denn das Geschöpf sinkt ohne den Schöpfer ins Nichts.

2 Vatikanisches Konzil (1962–1965), Pastorale Konstitution über die Kirche in der Welt von heute »Gaudium et Spes« (lat.: »Freude und Hoffnung«)

❖ Ein Kennzeichen der biblischen Ethik, die auf dem Fundament der Schöpfungsordnung, der Offenbarung und der Vernunft beruht, ist, soweit es nicht um bestimmte Regeln nur für Israel (z. B. für den Opferkult) oder die Jünger/innen Jesu (z. B. der Rat zur Ehelosigkeit) geht, ihre **Verbindlichkeit, Allgemeingültigkeit und Universalität**. Sie ist zugleich humanes Ethos und Weltethos.

❖ Die christliche **Theologie** muss sich immer mit der jeweils vorherrschenden **philosophischen Ethik** befassen. Sie hat die Aufgabe, die Maßstäbe Gottes vernünftig auf solche neuartigen Fragestellungen zu beziehen, die es zu biblischen Zeiten noch nicht gab, z. B. bei Fragen zu Genetik, Klima, Technik oder Sterbehilfe.

Zusammenfassende Aufgaben

1 Fassen Sie thesenförmig die verschiedenen **Begründungen für die Ethik** und Ihre Stellungnahme dazu zusammen. Beziehen Sie dabei auch andere Begründungen der Ethik, z. B. den **Utilitarismus** (→ S. 67) ein, der die Entstehung der sittlichen Normen aus dem Nutzen herleitet.

2 Diskutieren Sie folgende **Begriffe**: moralanaloges Verhalten, moralisches Gefühl, gesellschaftliche Normen, ethische Erziehung, Vernunft, kategorischer Imperativ, Autonomie, Heteronomie, Gottes Gebote, Sünde, Vergebung, Gnade, Leben aus dem Geist Gottes u. a.

Unterschiedliche Positionen

1. Hedonismus

❖ Mit »**Hedonismus**« (gr.: »hedone«, d. h. »Freude«, auch »Vergnügen«, »Lust«) bezeichnet man eine Position der Ethik, welche das höchste Ziel des menschlichen Lebens in der Erlangung von »Freude«, »Lust« oder »Vergnügen« sieht.

❖ Weil das, was man unter »Freude« verstehen kann, **mehrdeutig** ist, gibt es auch **verschiedene Formen** des Hedonismus.

Zwei Formen des Hedonismus

❖ Der **naive Hedonismus** versteht unter Freude nichts als Sinneslust. Nur ein Genussleben des Augenblicks ist sinnvoll. Primär physiologische Bedürfnisse wie Hunger, Durst und sexuelles Verlangen sollen immer rasch erfüllt werden. Ihnen ist nichts anderes vorzuziehen. Philosophen haben diesen Hedonismus kaum einmal vertreten. Manchmal wird – wohl zu Unrecht – der griechische Philosoph **Aristipp von Kyrene** (etwa 435–355 vC) als ein Vertreter genannt. In der modernen **Konsumwelt** (→ S. 72 ff) sind viele Menschen naive Hedonisten. Sie suchen nur nach dem Lustprinzip zu leben.

❖ Der **aufgeklärte Hedonismus** weiß, dass der uneingeschränkte Sinnesgenuss des Augenblicks zwar freudvoll sein kann, aber zu Unlust, Übersättigung, Krankheit, Sucht, Enttäuschung, innerer Leere und Bestrafung führen kann. Er sucht die langfristige Freude, das beständige Glück (»Eudämonismus«). Dies schließt zwar die Erfüllung sinnlicher Freuden ein, aber sie sollen nur soweit genossen werden, dass sie keine negativen Folgen mit sich bringen. Wichtiger sind die geistigen Freuden wie Freundschaft, Gastlichkeit, Kunst, Literatur, Wissen, Religion u. a. Genauso wichtig wie die Freude, die nicht immer zu haben ist, ist die Vermeidung von Unlust und Schmerz. Darum muss man Wege suchen, mit der Todesangst, mit den körperlichen und seelischen Schmerzen und mit den Enttäuschungen des Lebens fertig zu werden. Ein wichtiger Vertreter war **Epikur**: → S. 47.

Die christliche Einstellung zur Lust

Christen lehnen mit den meisten Philosophen den naiven Hedonismus als vernunftwidrig ab, können aber den aufgeklärten Hedonismus bejahen, weil sie in Lust und Sinnesfreude wichtige Schöpfungsgaben sehen, an denen sich die Menschen erfreuen sollen. Freude und Glück sind für sie sogar Bildsymbole für die Verheißung des Ewigen Lebens. Aber Christen dürfen nicht vergessen, dass das Leben nicht nur Lust sein kann, sondern unweigerlich auch Schmerz und Leid mit sich bringt. Darum sind sie beauftragt, gegen Schmerz, Unglück, Not und Armut vorzugehen, um auch das Leben anderer Menschen mit mehr Freude und Glück zu erfüllen. Sie müssen auch fähig sein, das eigene Leid und Unglück anzunehmen und wie Jesus ihr Kreuz zu tragen.

Ein Wort zum Hedonismus in der Bibel

Versag dir nicht das Glück des heutigen Tages;
an der Lust, die dir zusteht, geh nicht vorbei.

Sir 14, 14

Worte großer Theologen

Gönne dir etwas, gönne dich dir, zwar nicht immer, aber gelegentlich.

Bernhard von Clairvaux (1090–1153)

Gott wird durch nichts so beleidigt als durch das, was wir gegen unser eigenes Wohl (lat.: bonum) tun.

Thomas von Aquin (1225–1274)

Das Lustprinzip und das Realitätsprinzip

Sigmund Freud (→ S. 42, 126), hat auf die **psychologi-sche** *Bedeutung des »Lustprinzips« aufmerksam gemacht und es dem »Realitätsprinzip« gegenüberge-stellt.*

Wir wenden uns der Frage zu, was die Menschen selbst durch ihr Verhalten als Zweck und Absicht ihres Lebens erkennen lassen, was sie vom Leben fordern, in ihm errei-chen wollen. Die Antwort darauf ist kaum zu verfehlen; sie

5 streben nach dem Glück, sie wollen glücklich werden und so bleiben. Dies Streben hat zwei Seiten, ein positives und ein negatives Ziel, es will einerseits die Abwesenheit von Schmerz und Unlust, andererseits das Erleben starker Lustgefühle. Im engeren Wortsinne wird »Glück« nur auf das Letztere bezogen. Entsprechend dieser Zweiteilung der Ziele entfaltet

10 sich die Tätigkeit der Menschen nach zwei Richtungen, je nachdem sie das eine oder das andere dieser Ziele – vorwiegend oder selbst ausschließlich – zu verwirk-lichen sucht.

Es ist, wie man merkt, einfach das Programm des **Lustprinzips**, das den Lebens-zweck setzt. Dieses Prinzip beherrscht die Leistung des seelischen Apparates vom

15 Anfang an; an seiner Zweckdienlichkeit kann kein Zweifel sein, und doch ist sein Programm im Hader mit der ganzen Welt, mit dem Makrokosmos ebensowohl wie mit dem Mikrokosmos. Es ist überhaupt nicht durchführbar, alle Einrichtungen des Alls widerstreben ihm; man möchte sagen: die Absicht, dass der Mensch »glück-lich« sei, ist im Plan der »Schöpfung« nicht enthalten. Was man im strengsten

20 Sinne Glück heißt, entspringt der eher plötzlichen Befriedigung hoch aufgestauter Bedürfnisse und ist seiner Natur nach nur als episodisches Phänomen möglich. Jede Fortdauer einer vom Lustprinzip ersehnten Situation ergibt nur ein Gefühl von lauem Behagen; wir sind so eingerichtet, dass wir nur den Kontrast intensiv genie-ßen können, den Zustand nur sehr wenig. Somit sind unsere Glücksmöglichkeiten

25 schon durch unsere Konstitution beschränkt. Weit weniger Schwierigkeiten hat es, Unglück zu erfahren. Von drei Seiten droht das Leiden, vom eignen Körper her, der, zu Verfall und Auflösung bestimmt, sogar Schmerz und Angst als Warnungssignale nicht entbehren kann, von der Außenwelt, die mit übermächtigen, unerbittlichen, zerstörenden Kräften gegen uns wüten kann, und endlich aus den Beziehungen zu

30 anderen Menschen. Das Leiden, das aus dieser Quelle stammt, empfinden wir viel-leicht schmerzlicher als jedes andere; wir sind geneigt, es als eine gewissermaßen überflüssige Zutat anzusehen, obwohl es nicht weniger schicksalsmäßig unab-wendbar sein dürfte als das Leiden anderer Herkunft.

Kein Wunder, wenn unter dem Druck dieser Leidensmöglichkeiten die Menschen

35 ihren Glücksanspruch zu ermäßigen pflegen, wie ja auch das Lustprinzip selbst sich unter dem Einfluss der Außenwelt zum bescheideneren **Realitätsprinzip** umbil-dete, wenn man sich bereits glücklich preist, dem Unglück entgangen zu sein, das Leiden überstanden zu haben, wenn ganz allgemein die Aufgabe der Leidvermei-dung die der Lustgewinnung in den Hintergrund drängt. Die Überlegung lehrt, dass

40 man die Lösung dieser Aufgabe auf sehr verschiedenen Wegen versuchen kann; alle diese Wege sind von den einzelnen Schulen der Lebensweisheit empfohlen und von den Menschen begangen worden. Uneingeschränkte Befriedigung aller Bedürfnisse drängt sich als die verlockendste Art der Lebensführung vor, aber das heißt den Genuss vor die Vorsicht setzen und straft sich nach kurzem Betrieb.

Sigmund Freud (1856–1939)

1 Zu **Freud**: → M 1; zum **Text**: → M 2.
2 Zeigen Sie an einem **Beispiel**, was Freud unter dem **Lustprinzip und dem Realitätsprinzip** versteht. Ist das Lustprinzip eher mit dem naiven oder dem aufgeklärten Hedonismus ver-wandt? Zu welchen **Konflikten** führen Handlungen nach dem Lustprinzip? Diskutieren Sie, ob der Mensch, wie Freud meint, nur ein **verhinderter Hedonist** ist und ob das menschliche Leben auch da sinnvoll sein kann, wo es nicht lustvoll ist.
3 Was hielten Sie von einem Leben, das künstlich durch chemische Mittel/ Drogen dauerhaft **im Zustand der Lust** gehalten würde? Wieweit wäre es erstrebenswert und sinnvoll? Begrün-den Sie Ihre Antwort.
4 Warum führt das Lustprinzip zum **ethischen Relativismus** (→ S. 68 f)?
5 Wie müssen das Lustprinzip und das Realitätsprinzip in einer **christlichen Ethik** bewertet werden?
6 Warum hat selbst der **biblische** Satz »Geben ist seliger als nehmen« (Apg 20, 35) eine hedonistische Kompo-nente?
7 Eine aktuelle Form des Hedonismus ist der heute verbreitete **Konsu-mismus**: → S. 72 ff.

2. Egoismus

Mir geht nichts über mich

Max Stirner hat als Philosoph seiner Zeit den Atheismus, wie er von Ludwig Feuerbach (1804–1872) entwickelt wurde, begrüßt, weil er das »Jenseits außer uns« weggefegt habe. Aber er war der Meinung, dass die Aufklärung damit nur die halbe Aufgabe bewältigt habe. Er müsse nun noch die großen Ideale der Menschheit, das »große Jenseits in uns« beseitigen. Auf diesem Weg kommt er in seinem Buch »Der Einzige und sein Eigentum« (1844) zu einem ethischen Egoismus, wie er in dieser Radikalität sonst nie vertreten wurde.

❖ Was soll nicht alles meine Sache sein! Vor allem die gute Sache, dann die Sache Gottes, die Sache der Menschheit, der Wahrheit, der Freiheit, der Humanität, der Gerechtigkeit; ferner die Sache meines Volkes, meines Fürsten, mei-
5 nes Vaterlandes; endlich gar die Sache des Geistes und tausend andere Sachen. Nur **meine** Sache soll niemals meine Sache sein. »Pfui über den Egoisten, der nur an sich denkt!« Sehen wir denn zu, wie diejenigen es mit **ihrer** Sache machen, für deren Sache wir arbeiten, uns hingeben und
10 begeistern sollen.

❖ Wie steht es mit der Menschheit, deren Sache wir zur unsrigen machen sollen? Ist ihre Sache etwa die eines anderen und dient die Menschheit einer höheren Sache? Nein, die Menschheit sieht nur auf sich, die Menschheit will nur
15 die Menschheit fördern, die Menschheit ist sich selber ihre Sache. Damit sie sich entwickle, lässt sie Völker und Individuen in ihrem Dienste sich abquälen, und wenn diese geleistet haben, was die Menschheit braucht, dann werden sie von ihr aus Dankbarkeit auf den Mist der Geschichte
20 geworfen. Ist die Sache der Menschheit nicht eine rein egoistische Sache?

Ich brauche gar nicht an jedem, der seine Sache uns zuschieben möchte, zu zeigen, dass es ihm nur um sich, nicht um uns, nur um sein Wohl, nicht um das unsere zu
25 tun ist. Seht euch die Übrigen nur an. Begehrt die Wahrheit, die Freiheit, die Humanität, die Gerechtigkeit etwas anderes, als dass Ihr euch enthusiasmiert und ihnen dient?

❖ Fort denn mit jener Sache, die nicht ganz und gar meine Sache ist! Ihr meint, meine Sache müsse wenigstens die
30 »gute Sache« sein? Was ist gut, was böse? Ich bin ja selber meine Sache, und Ich bin weder gut noch böse. Beides hat für mich keinen Sinn.

Das Göttliche ist Gottes Sache, das Menschliche Sache »des Menschen«. Meine Sache ist weder das Göttliche noch das
35 Menschliche, ist nicht das Wahre, Gute, Freie etc., sondern allein das **Meinige**, und sie ist keine allgemeine, sondern ist – **einzig**, wie Ich einzig bin.

Mir geht nichts über Mich!   *Max Stirner (1806–1856)*

Ich

Ich habe viele Vornamen
Alle enden auf »l«
Männl
Menschl
Unerträgl
Unmögl
Ängstl
Lästerl
Eigentl
Wesentl
Sterbl
Hoffentl
Vergebl
                              Erich Fried (1921–1988)

Redensarten

❖ Jeder ist sich selbst der Nächste.
❖ Das ist nicht mein Problem.
❖ Was gehen mich die anderen an?
❖ Jeder denkt nur an sich. Nur ich denke an mich.
❖ Bin ich denn der Hüter meines Bruders? (→ Gen 4, 9)
❖ …

❖ Der praktische, alltägliche **Egoismus** ist eine Einstellung, die – bewusst oder unbewusst – ausschließlich die eigenen Interessen zu bedienen sucht. Wir nennen Leute, die so handeln, »**Egoisten**«.
❖ Der **ethische Egoismus** macht aus der egoistischen Lebenspraxis eine philosophische Theorie, in der der praktische Egoismus zu einem moralischen Gebot wird.
❖ Nach neueren Erkenntnissen ist der Mensch von Natur aus eher ein »geselliges Wesen« (Aristoteles) als ein Egoist. Ergebnisse der Hirnforschung (Joachim Bauer) legen nahe, dass das »Prinzip Menschlichkeit« darin besteht, dass der Mensch zu allererst auf Zuwendung und Kooperation ausgerichtet ist. Er sucht vor allem **zwischenmenschliche Bindungen** und **soziale Kontakte**.

1 Zu Max Stirner: → M 1; zum Text: → M 2.
2 Wie begründet **Stirner** den ethischen Egoismus?
3 Warum sind **Selbstinteresse** und **Eigennutz** zwar im Leben wichtig, aber niemals ein moralisches Prinzip, das verallgemeinerungsfähig ist?
4 Warum sind Egoisten **selten glücklich**?
5 Der Christ soll seinen Nächsten lieben **wie sich selbst** (→ S. 120). In welchem Verhältnis steht diese biblische Forderung zum Egoismus?

3. Utilitarismus

Das größtmögliche Glück für die größtmögliche Zahl

Zu den bedeutendsten Vertretern des philosophischen Utilitarismus zählt der englische Sozialethiker Jeremy Bentham.

❖ Unter dem Prinzip der Nützlichkeit ist jenes Prinzip zu verstehen, das schlechthin jede Handlung in dem Maß billigt oder missbilligt,
5 wie ihr die Tendenz innezuwohnen scheint, das Glück der Gruppe, deren Interesse in Frage steht, zu vermehren oder zu vermindern, oder – das Gleiche mit anderen Worten gesagt – dieses Glück zu befördern oder zu
10 verhindern. Ich sagte: schlechthin jede Handlung, also nicht nur jede Handlung einer Privatperson; sondern auch jede Maßnahme der Regierung.

❖ Unter Nützlichkeit ist jene Eigenschaft an einem Objekt zu verstehen, durch die es dazu neigt, Gewinn, Vorteil,
15 Freude, Gutes oder Glück hervorzubringen (dies alles läuft im vorliegenden Fall auf das Gleiche hinaus) oder (was ebenfalls auf das Gleiche hinausläuft) die Gruppe, deren Interesse erwogen wird, vor Unheil, Leid, Bösem oder Unglück zu bewahren; sofern es sich bei dieser Gruppe um die Ge-
20 meinschaft im Allgemeinen handelt, geht es um das Glück der Gemeinschaft; sofern es sich um ein bestimmtes Individuum handelt, geht es um das Glück des Individuums …

❖ Von einer Handlung, die mit dem Prinzip der Nützlichkeit übereinstimmt, kann man stets entweder sagen, sie sei eine
25 Handlung, die getan werden soll, oder zum mindesten, sie sei keine Handlung, die nicht getan werden soll …

❖ That action is the best which procures the greatest happiness for the greatest number.

Jeremy Bentham (1748–1832)

---

1 Zu Jeremy **Bentham**: → M 1; zum **Text**: → M 2.
2 Bestimmen Sie den Begriff des Nutzens anhand verschiedener ethischer **Problemfälle**, z. B. Lüge, Askese, Abtreibung, Folter, Verbrauch von Embryonen für medizinische Zwecke u. a. Wägen Sie dabei ab, um welches ethische Gebot es dabei jeweils geht und wer aus der Handlung jeweils den Nutzen hat.
3 Gibt es **Handlungen**, die nützlich sind, ohne doch ethisch gerechtfertigt zu sein?
4 Die **Gebote Gottes** (→ S. 96 ff) sind ohne Zweifel nützlich. Können sie einen religiösen Utilitarismus begründen?
5 Was meint die **Bibel**, wenn sie von »nützen« spricht: Mt 16,26; 1 Kor 10,33; 1 Kor 13,3; Jak 2,14?

Fragen der Bewertung

❖ Das größte Problem des Utilitarismus besteht darin, dass es oft nicht möglich ist, den Nutzen einer Handlung zu **quantifizieren**, d. h. zu sagen, wie groß der Nutzen einer Handlung ist. Beispiel: Wo liegt der größere Nut-
5 zen im Fall der Frage, ob eine Lohnerhöhung vorgenommen werden soll: Bei einem **Ja** – bei den Arbeitern, die mehr Geld bekommen, oder bei einem **Nein** – bei dem das Unternehmen mehr zukunftsträchtige Investitionen machen und Arbeitsplätze schaffen kann? Hat die
10 Mutter oder das Kind bei einer Abtreibung den größeren Nutzen?

❖ Manche Formen des Utilitarismus führen zum ethischen **Relativismus** (→ S. 68 f), weil das, was für den einen oder anderen, für diese oder jene Gruppe nützlich
15 ist, verschieden sein kann. Darum wäre auch das Gute abhängig von dem, was verschiedene Leute für nützlich halten. Vollends wird der Utilitarismus ethisch problematisch, wo er dazu führt, Grundrechte des Einzelnen für den allgemeinen Nutzen zu opfern. Beispiel: Darf
20 man einen Schwerkranken töten, der wegen seiner aufwendigen Behandlung äußerst viel Geld verbraucht? Darf man die Folter anwenden, um so eine große Gefahr für andere abzuwenden?

❖ Einige Formen des Utilitarismus vermeiden diese Gefahr, indem sie das Nützliche unlösbar an Menschen-
25 würde, Grundrechte, Freiheit, Gerechtigkeit und Nächstenliebe binden. Unter dieser Bedingung – und nur unter dieser Bedingung – gilt der Satz: Das Gute ist immer auch das Nützliche. Nur in diesem Sinn können auch **Christen** Utilitaristen sein.
30

❖ **Utilitarismus** (lat.: »utilis«, d. h. »nützlich«) ist die ethische Theorie, wonach eine Handlung dann verbindlich ist, wenn sie sich am »**Prinzip der Nützlichkeit**« orientiert. Danach sind solche Handlungen geboten, die für das Glück (→ S. 64) aller Betroffenen, mögen dies Einzelpersonen, Gruppen und auch die ganze Menschheit sein, am besten sind. Solche Handlungen bringen weithin Freude mit sich und vermeiden Leid. Von mehreren Handlungsmöglichkeiten, unter denen ein Mensch wählen kann, ist also die ethisch geboten, die den größten Nutzen bringt. Wo der Nutzen einer Handlung nicht sofort ersichtlich ist, sind vernünftige Überlegungen anzustellen, um dies herauszufinden.

❖ Ansätze des Utilitarismus gab es schon in der Antike. Man kann auch **Epikur** (→ S. 47) dazuzählen. Als ausgeführte ethische Theorie wurde er zuerst von dem englischen Juristen und Philosophen **Jeremy Bentham** (1748–1832) entworfen. Der liberale englische Ökonom, Sozialreformer und Philosoph **John Stuart Mill** (1806–1873) hat ihn weiterentwickelt. Seitdem sind vor allem in der angelsächsischen Welt viele Differenzierungen zum Utilitarismus vorgeschlagen worden. Dort zählt er zu den am meisten akzeptierten Philosophien.

4. Relativismus

❖ Der **ethische Relativismus** vertritt die These, **ein einheitliches und für alle verbindliches Ethos gebe es nicht**. Er weist auf die Beliebigkeit (»Subjektivität«) sittlicher Normen hin und bestreitet ihre Allgemeingültigkeit. Das Ethos stütze sich auf stets wandelbare Grundlagen, weil es ausschließlich von den Entscheidungen des Einzelnen (→ S. 66) oder von den verschiedenen Kulturen und Gesellschaften (→ S. 56f) abhängt. Gut und Böse seien **relativ**. Man nennt diese Auffassung manchmal auch »**Kulturrelativismus**«.

❖ Der ethische Relativismus hat das **Lebensgefühl** Europas in den zurückliegenden Jahrzehnten stark geprägt. Er wird eher von **Sozialwissenschaftlern und Psychologen**, seltener von **Philosophen**, nie von **Theologen** vertreten. Sie kritisieren dieses ethische Konzept, weil sie es für unbegründbar und zugleich für problematisch halten.

1. Zu **Herodot** und **Hobbes:** → M 1; zu den **Texten:** → M 2.

2. Erklären Sie, was **empirischer bzw. deskriptiver** und was **normativer bzw. prinzipieller** Relativismus ist. Wie verhalten sich beide zueinander?

3. Stellen Sie Phänomene zusammen, die zum normativen **ethischen Relativismus** führen können und diskutieren Sie die Einwände dagegen.

4. Warum führen eine ausschließlich **gesellschaftlich begründete Moral** (→ S. 56f), der naive **Hedonismus** (→ S. 64), der **Egoismus** (→ S. 66) und manche Formen des **Utilitarismus** (→ S. 67) zum Relativismus?

5. Vergleichen Sie den ethischen Relativismus mit dem **Liebesgebot** (→ S. 118ff), den **Zehn Geboten** (→ S. 96ff), **Kants kategorischem Imperativ** (→ S. 59) und den **Grundrechten** unserer Verfassung.

6. Unter welchen Bedingungen ist **Toleranz** (→ S. 148f) geboten, unter welchen nicht?

7. Zeigen Sie an einem aktuellen Beispiel, was **Ethnozentrismus** ist und bewirkt.

Verschiedene Völker – verschiedene Sitten

*Der griechische Historiker **Herodot** machte schon in der Antike auf die Relativität der Moral aufmerksam, indem er die Sitten der Völker betrachtete.*

Dass alle Völker wirklich ihre Lebensart für die beste halten, dafür gibt es viele Beweise. Als z. B. Dareios König war, ließ er die Hellenen an seinem Hofe rufen und fragte, um welchen Preis sie sich bereit erklären würden, ihre toten Väter zu verspeisen. Sie erwiderten, um keinen Preis. 5 Darauf ließ er Kallatier rufen, einen indischen Volksstamm, bei dem die Leichen der Eltern gegessen werden, und fragte in Gegenwart der Hellenen mit Hilfe eines Dolmetschers, um welchen Preis sie zugeben würden, dass man die Leichen ihrer Väter verbrenne. Sie schrien laut und sagten, er solle solche gottlosen Worte lassen. So 10 steht es mit den Sitten der Völker, und Pindaros hat meiner Meinung nach ganz Recht, wenn er sagt, die Sitte sei aller Wesen König.

Herodot (ca. 490–425 vC)

Für verschiedene Menschen sind verschiedene Dinge gut

Thomas Hobbes war ein englischer Mathematiker und Philosoph, der die Auffassungen von Platon, Aristoteles und der christlichen Philosophie radikal in Frage stellte, nach der es die Idee des Guten bzw. das Gute als objektive Größen gibt. In seiner Schrift »Leviathan« (1651) – ein mythologisches Seeungeheuer, hier eine allegorische Bezeichnung für den mächtigen Staat – verneint er skeptisch allgemeingütige ethische Normen. Später wird sich Immanuel Kant (→ S. 58) mit gänzlich neuen Überlegungen zum kategorischen Imperativ gegen Thesen wie die von Hobbes wenden.

Alle Dinge, die erstrebt werden, bezeichnet man, sofern sie erstrebt werden, mit einem gemeinsamen Namen als »Güter«, alle, die wir vermeiden, als »Übel«. Daher hat Aristoteles (→ S. 34) richtig definiert, ein Gut sei, was alle erstreben. Da aber die verschiedenen Menschen verschiedene Dinge erstreben und vermeiden, so muss es viele Dinge geben, die für einige Güter, für andere Übel sind, wie für unsere 5 Feinde das ein Übel ist, was für uns ein Gut ist. Gut und Übel sind also relativ je nach den Erstrebenden und Vermeidenden. Ein Gut kann allgemein sein und man kann zutreffend von etwas sagen, es sei gemeinhin ein Gut, d. h. für viele von Nutzen, oder für den Staat ein Gut. Man kann auch bisweilen sagen »für alle ein Gut«, z. B. von der Gesundheit. Aber auch diese Ausdrücke sind relativ, daher darf man 10 nicht von einem Gut schlechthin reden. Denn jedes Gut ist gut für irgendwelche oder irgendeinen Menschen.

Thomas Hobbes (1588–1679)

Ein kleines Ja ...

❖ Der ethische Relativismus ist da **im Recht**, wo er **deskriptiv** oder **empirisch** die Pluralität der ethischen Anschauungen beschreibt, die meist durch die Kultur und Religion bedingt sind und gestützt werden. Unter-
5 schiedliche Essgewohnheiten, Erziehungsstile, Feiertagsregelungen (Sabbat, Sonntag, Freitag), religiöse Riten, Eltern-Kind-Beziehungen, Verkehrsregeln, politische Führungsstile usw. haben ihr eigenes Recht. Sie sollten nicht durch einen »**Ethnozentrismus**« gewalt-
10 sam nivelliert werden, der die Überlegenheit der eigenen Kultur/Moral gegenüber einer anderen Kultur/ Moral behauptet und versucht, diese anderen Völkern gewaltsam aufzudrängen. Versuche dieser Art, die es bis in die Gegenwart hinein gibt, führen zu einer Eineb-
15 nung der verschiedenen Kulturen, gegen die sich Sippen, Stämme, Völker und Religionen zu Recht wehren.
❖ Der ethische Relativismus ist auch da im Recht, wo er darauf hinweist, dass die Anwendung sittlicher Prinzipien auf das eigene Handeln, wie sie im **Gewissen**
20 geschieht, nicht nur unterschiedlich ausfallen, sondern auch **irrtumsanfällig** sein kann (Abtreibung, aktive Sterbehilfe). Auch wenn das Gewissen die dem Menschen nächste Norm ist (→ S. 38 ff), ist eine subjektive Gewissensentscheidung nicht ohne Weiteres eine
25 ethisch richtige Entscheidung. Ähnlich ist die subjektive Annahme, bei der jemand einen Sperling für ein Rotkehlchen hält, noch lange nicht objektiv richtig und allgemein gültig.

...und ein großes NEIN

❖ Der **deskriptive bzw. empirische Relativismus** begründet keinen **normativen** bzw. **prinzipiellen** Rela- 30 tivismus. Dieser ist grundsätzlich da im Unrecht, wo er aus dem tatsächlichen ethischen Verhalten – aus dem Sein – auf die moralische Berechtigung – auf das Sollen – schließt. **Der Schluss vom Sein auf das Sollen ist – logisch betrachtet – ein Kurzschluss.** Wenn in einer 35 Gesellschaft Rassismus oder Radikalismus für gut angesehen werden, folgt daraus noch lange nicht, dass dieses Verhalten ethisch zu rechtfertigen ist. Ähnlich ist es ja auch nicht möglich, aus tatsächlichen Wahrnehmungen einer Gesellschaft auf die Richtigkeit von Aus- 40 sagen zu schließen. Wenn in einer Gesellschaft übereinstimmend behauptet wird, die Erde sei eine Scheibe oder der Mond sei größer als alle Sterne, folgt daraus noch lange nicht, dass dies eine richtige Erkenntnis ist.
❖ Der ethische Relativismus kommt auch da an eine 45 **Grenze**, wo er die Tatsache übersieht, dass es in (fast) allen Gesellschaften und Kulturen dieselben ethischen Standards gibt, die unbedingt gelten, z. B. die goldene Regel (→ S. 45), das Inzestverbot, Hilfsbereitschaft, das Lügeverbot, Lebensschutz, die Anerkennung von Treue 50 und manche einfachen Ansichten über die Gerechtigkeit. Diese ethische Gemeinsamkeit deutet auf eine allgemeine, nicht relative Gültigkeit hin.
❖ Der ethische Relativismus wird da vollends **unhaltbar**, wo er übersieht, dass es z. B. durch Lebenserfah- 55 rungen oder eine vernünftige ethische Reflexion möglich ist, eine vorfindbare gesellschaftliche Moral mit einem Maßstab, der außerhalb der Gesellschaft liegt, zu kritisieren. Man kann die herrschende Moral in Frage stellen und sich gegen sie auflehnen. Wäre dies nicht 60 möglich, wären auch heute Menschenopfer, Blutrache, Kannibalismus, Ehrenmord, Rassismus usw. ethisch problemlos, nur weil sie in einer bestimmten Gesellschaft als gut galten oder gelten.
❖ Der **Maßstab**, an dem sich jede Ethik – ähnlich wie 65 jede Gewissensentscheidung – messen lassen muss, sind die Grundrechte, ist die **Menschenwürde**, ist das **Liebesgebot** (→ S. 118 ff). Er gilt **universal** und ist **unbedingt** (»**absolut**«) gültig. Ebenso sind diejenigen ethischen Haltungen – unabhängig von der Moral eines 70 Subjekts oder einer Gesellschaft – »objektiv« gültig, die mit der Idee der Menschenwürde zusammenhängen, z. B. Toleranz gegenüber anderen, soweit diese nicht selbst intolerant sind (→ S. 148), Gerechtigkeit gegen jedermann (→ S. 135 ff), Gleichberechtigung von Mann 75 und Frau, Elternrechte und Elternpflichten u. a.

5. Gesinnungs- und Verantwortungsethik

Zwei Formen ethischen Handelns

Max Weber (1864–1920), herausragender Jurist, Nationalökonom und (Religions-)Soziologe, hat zwei ethische Grundformen unterschieden: Die Gesinnungs- und die Verantwortungsethik. Beide Formen der Weber'schen Ethik werden auch heute in politischen Kontexten oft zitiert.

Wir müssen uns klarmachen, dass alles ethisch orientierte Handeln unter zwei voneinander grundverschiedenen, unaustragbar gegensätzlichen Maximen stehen kann: es kann »gesinnungsethisch« oder »verantwortungsethisch«
5 orientiert sein. Nicht dass Gesinnungsethik mit Verantwortungslosigkeit und Verantwortungsethik mit Gesinnungslosigkeit identisch wäre. Davon ist natürlich keine Rede. Aber es ist ein abgrundtiefer Gegensatz, ob man unter der gesinnungsethischen Maxime handelt – religiös geredet:
10 »Der Christ tut recht und stellt den Erfolg Gott anheim« –, oder unter der verantwortungsethischen: dass man für die (voraussehbaren) Folgen seines Handelns aufzukommen hat.

Sie mögen einem überzeugten gesinnungsethischen Syndikalisten (damals: Sozialisten) noch so überzeugend darle- 15 gen: dass die Folgen seines Tuns die Steigerung der Chancen der Reaktion, gesteigerte Bedrückung seiner Klasse, Hemmung ihres Aufstiegs sein werden, – und es wird auf ihn gar keinen Eindruck machen. Wenn die Folgen einer aus reiner Gesinnung fließenden Handlung üble sind, so gilt 20 ihm nicht der Handelnde, sondern die Welt dafür verantwortlich, die Dummheit der anderen Menschen oder – der Wille des Gottes, der sie so schuf.

Der Verantwortungsethiker dagegen rechnet mit eben jenen durchschnittlichen Defekten der Menschen, – er hat, 25 wie (der Philosoph) Fichte richtig gesagt hat, gar kein Recht, ihre Güte und Vollkommenheit vorauszusetzen, er fühlt sich nicht in der Lage, die Folgen eigenen Tuns, soweit er sie voraussehen konnte, auf andere abzuwälzen. Er wird sagen: diese Folgen werden meinem Tun zugerechnet. »Verant- 30 wortlich« fühlt sich der Gesinnungsethiker nur dafür, dass die Flamme der reinen Gesinnung, die Flamme z.B. des Protestes gegen die Ungerechtigkeit der sozialen Ordnung, nicht erlischt. Sie stets neu anzufachen, ist der Zweck seiner, vom möglichen Erfolg her beurteilt, ganz irrationalen 35 Taten, die nur exemplarischen Wert haben können und sollen.

Max Weber (1864–1920)

*Die Männer vom 20. Juli 1944, die das Attentat gegen Hitler planten und durchführten, standen vor dem **ethischem und religiösen Dilemma**, ob sie gegen das Tötungsverbot und gegen den Fahneneid verstoßen durften, um den brutalen Diktator Hitler zu töten und so den unsinnigen und längst verlorenen Krieg endlich zu Ende zu bringen. Unten von links nach rechts: Adolf Hitler in zeitgenössischer Pose; die Hauptakteure des Attentats: Henning von Tresckow, Claus Schenk Graf von Stauffenberg; Hitler zeigt Mussolini die zerstörte Baracke in der »Wolfsschanze« nach dem gescheiterten Attentat am Nachmittag des 20. Juli.*

Deontologische und teleologische Ethik

Unbedingte Erfüllung der Pflicht oder Beachtung aller Folgen?

❖ Für die **deontologische Ethik** heiligt der Zweck niemals moralisch fragwürdige Mittel. Beispiele: Die absichtliche direkte Tötung eines unschuldigen Menschen, Folter, Abtreibung oder Lüge sind auch dann nicht erlaubt, wenn damit menschliches Leben gerettet werden kann.

5 Für die **teleologische Ethik** darf eine normalerweise geltende Norm dann übertreten werden, wenn das Gute, das die Übertretung mit sich bringt, größer ist als jede moralische Alternative. In bestimmten Konfliktfällen heiligt also der Zweck auch normalerweise unerlaubte Mittel. Beispiele: Man darf oder muss sogar ausnahmsweise lügen, wenn man dadurch Menschenleben

10 retten kann. Man darf ausnahmsweise foltern, wenn dadurch tödliche Anschläge vermieden werden können.

Was spricht dafür?

❖ **Für die deontologische Ethik** spricht ihr ernstes Pflichtbewusstsein, ihre vorbehaltlose Anerkennung

15 moralischer Pflichten, Normen und Gebote. Sie lässt nicht zu, dass der gute Zweck moralisch bedenkliche Mittel heiligt. Immanuel Kant (→ S. 50) hat sich ent-

20 sprechend rückhaltlos für eine solche Pflichtethik ausgesprochen und ein ethisches Verhalten, das sich an Neigungen, Interessen oder Nutzen orientiert, entschieden abgelehnt.

25 ❖ **Für die teleologische Ethik** spricht ihr Verantwortungsbewusstsein und ihre Menschenfreundlichkeit. Sie will nicht, dass unter Berufung auf eine sittliche Pflicht ein

30 großer Schaden für einen selbst, für andere, für viele entsteht.

Was spricht dagegen?

❖ **Gegen die deontologische Ethik** wird eingewandt, sie sei in schwierigen Situationen erbarmungs- und verantwortungslos und richte somit 35 großen Schaden an. Sie schaffe manchmal durch Gutes Böses.

❖ **Gegen die teleologische Ethik** wird – auch von vielen katholischen Moraltheologen – eingewandt, dass 40 häufig die Ergebnisse einer Handlung nicht vorauszusehen sind, während die ethischen Maßstäbe klar seien. Die teleologische Ethik könne zu Beliebigkeit, zum Utilitarismus 45 (→ S. 67) und zum Relativismus (→ S. 68) führen, weil sie nicht genau sagen kann, wann die Übertretung moralischer Standards/Gebote ethisch zulässig ist und wann nicht. 50 Der gute Zweck darf nie moralisch falsche Mittel rechtfertigen.

Heutige Fragen

❖ Heute wird häufig darauf hingewiesen, dass **beide ethischen Typen** je nach Situation und konkretem Fall ihr **Recht** haben. So sollten ohne Rücksicht auf

55 die Folgen, also deontologisch, die Menschenrechte, die Grundrechte, die Liebe als unverhandelbarer Maßstab gelten. Andere Normen (z. B. Wahrheit, Recht auf Eigentum) könnten im Konfliktfall teleologisch mit Blick auf gravierende Folgen vernachlässigt werden.

❖ Aber auch bei dieser Unterscheidung bleiben **Fragen offen**, z. B.: Gelten in

60 schweren Fällen von Verletzung der Menschenrechte die hohen ethischen Maßstäbe der Grund- und Menschenrechte wirklich unbedingt? Darf oder muss man einen Tyrannen oder blutrünstigen Diktator umbringen?

❖ Die neuere ethische Diskussion unterscheidet **zwei Grundrichtungen** der Ethik, die mit der Gesinnungs- und Verantwortungsethik verwandt, aber begrifflich klarer sind.

(1) Die **deontologische** (gr.: »pflichtorientierte«) **Ethik** fordert, dass die ethischen Normen immer zu beachten sind, ohne dass die Folgen einer Handlung berücksichtigt werden können.

(2) Die **teleologische** (gr.: »zielorientierte«) **Ethik** steht auf dem Standpunkt, dass auch die Folgen einer moralisch gebotenen Handlung gesehen und berücksichtigt werden sollen.

---

1 Ein typischer Vertreter der unbedingten Geltung unserer Pflichten, die auch zum Zwecke des größten Nutzens nicht außer Kraft gesetzt werden dürfen, ist **Immanuel Kant** mit seiner Frage, ob man immer die Wahrheit sagen müsse: → S. 50.

2 Diskutieren Sie **ethisch relevante Situationen,** bei denen sich Ihnen die Frage nach Gesinnungs- oder Verantwortungsethik stellt, z. B.: Soll der Staat mörderischen **Geiselnehmern** Geld für die Freilassung der Opfer geben, wenn er weiß, dass dadurch andere Verbrecher ermutigt werden, ebenfalls Geiseln zu nehmen? Weitere Konfliktfälle: → S. 44.

3 Wer bereitet ein Referat über die **Widerstandskämpfer vom 20. Juli 1944** gegen die Hitlerdiktatur vor? Zur Problematik des Tyrannenmordes: → S. 39.

4 Zu einem neueren Begriff der **Verantwortung** bei **Hans Jonas**: → S. 52.

Gefährdungen des Lebens

1. Konsumismus

❖ **Konsumismus** (lat.: »consumere«, d.h. »verbrauchen«) ist eine in der heutigen Wohlstandsgesellschaft verbreitete Einstellung der **Verbraucher**, auf übersteigerte Weise ihre Bedürfnisse zu befriedigen. Da werden Waren gekauft, Luxusgüter genossen, Moden teuer bezahlt und Events gesucht, die nicht oder nicht in diesem Umfang für den Lebensunterhalt gebraucht werden. Selbst die menschliche Sexualität kann zur Ware werden, die konsumiert wird (»Sexismus«). Werbung, Medien, Sozialneid u.a. entfachen den Konsumismus, so dass sich eine verbreitete »Pflicht zum Konsum« entwickelt, der sich viele nicht leicht entziehen können (»**Konsumdruck**«).

❖ Der Konsumismus wird stark von marktbeherrschenden **Unternehmen** und kapitalstarken **Firmen** angeregt, die mit ihren (Marken-)Produkten auf die Wünsche der Verbraucher zielen, deren Bedürfnisse analysieren und oft erst wecken. Da manche dieser Unternehmen weltweit ihre Produkte vertreiben, ist eine fragwürdige **Massenkultur** im Entstehen, die auf überall gleiche Bedürfnisse zielt. So werden die Unterschiede der Kulturen eingeebnet.

❖ Die Vielen, die sich aufgrund ihrer sozialen bzw. finanziellen Lage kaum die nötigsten Dinge für ihren Lebensunterhalt beschaffen können, sind **Opfer** des überzogenen Konsumrauschs in unserer Welt.

Duane Hanson (geb. 1925), Supermarket Lady (Frau mit Einkaufswagen), 1970

Phänomene

❖ Es ist nicht schwer, für den bei uns verbreiteten Konsumismus **Beispiele** zu finden: Supermarkt, City, Werbefernsehen, Zeitungsanzeigen, Trend zur Aushöhlung der Sonntagsruhe, Körperstyling, Automarken, Kredit-
5 geschäfte, Börse, Kleidung, Sterne-Restaurant, Urlaub, Handy, Partner-Vermittlung, Sexualität …

❖ Für die Verbraucher wird das gekaufte Produkt oder der erlebte Event oft zum »**Statussymbol**«, das den gesellschaftlichen Rang des Konsumenten zeigt. Wer
10 nicht mithalten und mitkaufen kann, hat weniger Ansehen. Beispiele: Jeans, Markenkleidung, Motorrad, Auto, Haus, Urlaub, Teilnahme an bestimmten sportlichen oder kulturellen Veranstaltungen …

❖ Da (fast) überall dieselben Autos, dieselben Handys,
15 dieselben Getränke, dieselben Jeans, dieselben Häuser, dieselben PC's gekauft werden, entsteht eine weltweit relativ ähnliche **Massenkultur**.

Auswirkungen

Dass viele Produkte heute leicht erreichbar sind, hat eine **doppelte Wirkung**.
20 ❖ Einerseits können viele Menschen Güter benutzen, die ihnen früher nicht zugänglich waren. So wird der **Wohlstand** in vielen Regionen der Welt verbessert. Auch entstehen so Arbeitsplätze.

❖ Andererseits produziert der übertriebene Konsum
25 Umweltprobleme, Überproduktionen, Rohstoffknappheit, Schuldenfallen, Müllberge, Missgunst, Rücksichtslosigkeit, Kriminalität, Angstzustände, Verzweiflungstaten und das Gefühl der Leere und Sinnlosigkeit. Dramatische Auswirkungen hat der Konsumismus,
30 wenn Firmen in der Dritten Welt Kinder und Frauen für einen unzumutbaren Lohn arbeiten lassen, um billige Artikel für gar nicht so arme Kunden in reichen Ländern anbieten zu können. Nicht selten auch verletzen Staaten oder Firmen Menschenrechte, um Roh-
35 stoffe zu sichern und zu fördern.

Das Kontrastprogramm Jesu

Christen finden im Evangelium eine fundamentale Kritik am Konsumismus. **Jesus** *deckt mit den Worten seiner Zeit auf, dass die Welt durch Reichtum aus den Fugen gerät. Der Reichtum nimmt den Menschen so in Beschlag, dass er für andere, wichtigere Dinge und vor allem für Gott nicht mehr offen ist. Für seine Nachfolge empfiehlt er Verzicht auf überflüssigen Besitz, d. h. Armut (Mt 20, 1-16), um für Gott frei zu werden. Bis heute sind ihm unzählige Christen darin gefolgt.*

❖ Der Mensch lebt nicht nur von Brot, sondern von jedem Wort, das aus Gottes Mund kommt. (Mt 4, 4)

❖ Wo dein Schatz ist, da ist dein Herz. (Mt 6, 21)

❖ Wehe euch, ihr Reichen, denn ihr habt schon euren Trost. (Lk 6, 24).

❖ Was nützt es einem Menschen, wenn er die ganze Welt gewinnt, dabei aber sich selbst verliert und Schaden nimmt? (Lk 9, 25)

❖ Der Sinn des Lebens besteht nicht darin, dass ein Mensch auf Grund seines großen Vermögens im Überfluss lebt. (Lk 12, 15).

Zerstreuung und Langeweile

Zu **Blaise Pascal***:* → *S. 15. Der Text ist der Aphorismus 171 aus seinen »Pensées«, in denen er den christlichen Glauben gegen seine Bestreiter verteidigt.*

Das Einzige, was uns in unserm Elend tröstet, ist die Zerstreuung, und dabei ist sie die Spitze unseres Elends; denn sie ist es, die uns grundsätzlich hindert, über uns selbst nachzudenken, die uns unmerklich verkommen lässt. Sonst würden wir uns langweilen, und diese Langeweile würde 5 uns antreiben, ein besseres Mittel zu suchen, um sie zu überwinden. Die Zerstreuungen aber vergnügen uns und geleiten uns unmerklich bis zum Tode.

Blaise Pascal (1623–1662)

---

1 Gesichtspunkte zum weiteren Verständnis des **Konsumismus** liefern die Überlegungen zu **Epikur**: → S. 47; zum **Hedonismus**: → S. 64; zwei **Bilder** :→ S. 86, 90; die Erzählung von König Midas: → S. 32.

2 Erarbeiten Sie an einem aktuellen Beispiel, was **Konsumismus** ist, ob eine bestimmte Ware zur **Massenkultur** gehört und wann sie zum **Statussymbol** wird.

3 Zeigen Sie an biblischen Texten auf, dass **Leben und Worte Jesu** eine fundamentale Kritik am Konsumismus sind. Warum ist für Jesus Armut etwas anderes als menschliches Elend? Wie sollen Christen mit beidem umgehen?

4 Was bedeutet es, wenn auch der **Buddhismus** vor den »drei Grundübeln« Habsucht, Gier und Verblendung warnt? (→ S. 146)

Sinnesgenüsse allein machen das Leben nicht sinnvoll

Joseph Butler, englischer Philosoph und Theologe, hat sich in seinen Schriften vor allem gegen den Hedonismus (→ S. 64) gewandt.

Stellen wir uns also vor, jemand gehe mit sich zu Rate, wie er es anfangen könnte, mit sich selbst im Frieden zu leben und die größte Freude und das höchste Glück, das ihm von Natur aus erreichbar ist, zu gewinnen: Es kann nur darin
5 bestehen, dass wir Dinge genießen, die ihrer Natur nach unseren einzelnen Fähigkeiten entsprechen. Diese einzelnen Genüsse machen insgesamt die Summe unseres Glücks aus, und sie entspringen, wie wir annehmen, aus Reichtum, Ehre und der Befriedigung sinnlicher Begierden. Dennoch
10 aber wird sich niemand im Besitz dieser Genüsse für so vollständig glücklich halten, dass in seiner Seele nicht noch Raum für andere Genüsse bliebe, sofern sie sich ihm darböten; ja, so verlockend diese Genüsse auch erscheinen, sie werden dennoch nicht für so hoch erachtet, dass die
15 menschliche Natur nicht auch noch höherer fähig wäre. Nun hat es jedoch zu allen Zeiten Menschen gegeben, die erklärt haben, dass sie ihre Befriedigung in der Sorge um die Mitmenschen fanden, in der Nächstenliebe, in dem Bestreben, alle, mit denen sie zu tun hatten, glücklicher zu
20 machen, sowie in dem Streben nach allem, was recht und gut ist, als ihrer allgemeinen Sinneshaltung und Ziel ihres Lebens. ... Diese Menschen würden dem hinzufügen (wenn wir sie hören könnten), dass sie sich im Angesicht eines unendlichen Wesens handelnd betrachten, das in einem
25 weitaus höheren Sinn Gegenstand ihrer Verehrung und Liebe ist als die ganze sie umgebende Welt; und dass sie daher an einer Schlechtigkeit, die sie unter seinen Augen begingen, ebensowenig Gefallen finden könnten wie diejenigen, vor denen sie ihre Lebensweise in diesem Augenblick
30 rechtfertigen, wären die Augen der ganzen Menschheit auf sie gerichtet; und dass die Befriedigung, vor seinem unfehlbaren Urteil, dem sie alle ihre Handlungen anheimstellen, zu bestehen, eine beständigere und verlässlichere Befriedigung sei als jede andere, die ihnen diese Welt darbieten
35 könnte; sowie auch, dass sie in nicht geringerem Maße als andere allen unschuldigen Freuden der Welt, so wie sie sind, mit freiem und offenem Sinn begegnen. Und wenn wir hier nun innehalten: Ist hieran etwas, das unsinnig wäre?

Joseph Butler (1692–1752)

Philosophische Kritik

Die Ethik weist – meist im Zusammenhang mit der Kritik am Hedonismus (→ S. 64 f) – darauf hin, dass der **Konsum an sich nichts Schlechtes** ist, aber nur vordergründig alle Bedürfnisse befriedigt. Der Mensch braucht Essen, Trinken, Kleidung, Ferien, aber er merkt 5 auch, dass er nicht unbedingt glücklicher wird, wenn er sich alles leisten kann. Er spürt, dass ihm dann noch etwas fehlt, z. B. Nahrung für seinen Geist, für sein Gefühl, für sein Herz, auch für seine Religion. Für jeden Menschen sind Dinge wichtig, die er nicht kaufen 10 kann: Einsicht, Verständnis und Sympathie. Christen wissen, dass der Mensch letztlich Glaube, Hoffnung und Liebe (→ S. 48) braucht.

❖ Der überzogene **Konsumismus** ist höchst bedenklich. Er stachelt ausschließlich die **Wünsche, Begierden und** 15 **Sehnsüchte** der Menschen an, so dass sie ihr Leben mit dem Beschaffen und dem Verbrauchen von Waren und Erlebnissen vertun. Damit suchen sie Lust und Zerstreuung, wehren sie sich gegen ihre Langeweile, verbauen sich oft die Möglichkeiten eines anspruchsvolle- 20 ren Lebens und finden nicht den Weg zu einer menschenwürdigen Lebenskunst.

❖ Wer dem Konsumismus erliegt, begrenzt seine eigene **Freiheit**. Er wird zum **Sklaven** seiner momentanen oder auch dauernden Bedürfnisse und seiner Selbst- 25 liebe. So wird die Selbstentfremdung des Menschen gefördert.

❖ Man muss gelegentlich das natürliche Verlangen nach Wohlergehen ignorieren. Neigung und Selbstliebe können nicht zur ständigen oder gar alleinigen 30 Antriebskraft der Person werden, weil so grundlegende anthropologische Anlagen übersehen werden. Ethische Kategorien, z. B. Teilen, Verzichten, Helfen usw. geraten dabei aus dem Blick. Die Einübung in **Askese** (gr.: Übung), d. h. der Verzicht auf Dinge, die erlaubt sind, 35 um höhere Ziele zu erreichen, kann dabei hilfreich sein. Nur wer sich Wichtigerem hingibt als dem Konsum, dessen Leben gelingt. Nur so erhält es Sinn.

❖ Der Konsum darf das Leben nicht bestimmen, weil er auf eine **Selbstverkleinerung** des Menschen hinaus- 40 läuft. »Letztlich geht es um nichts weniger, aber auch um nichts anderes als eine moralische Selbstachtung« (Otfried Höffe).

2. Vom Wegsehen

Phänomene – Wegschauen

❖ Beispiele aus dem **Alltag**: Wegschauen, wenn Ausländer in der U-Bahn von anderen beleidigt oder geprügelt werden; den Ort auf dem Schulhof wechseln, wenn eine Schülerin gemobbt wird; seinem Chef nichts sagen,
5 wenn er in Ausübung seines Amtes Fehler macht; seine Lehrer nicht informieren, wenn man von dem gefährlichen Plan eines Schülers weiß; seine Beteiligung an einer sozialen oder religiösen Gruppe leugnen, um nicht als rückständig verlacht zu werden; sich entfer-
10 nen, wenn man öffentliches Unrecht sieht u. a.
❖ Beispiele aus der **Politik**: Mitmachen oder nichts tun, wenn der Staat unmenschliche Gesetze erlässt und Verbrechen gegen die Menschlichkeit begeht; nicht für Verfolgte eintreten, wenn das Unannehmlichkeiten oder
15 Gefahren mit sich bringt.

Bewertung

Mangelnde Tapferkeit – man spricht auch von mangelnder **Zivilcourage** oder von **Feigheit** – richtet im **Privatbereich** und in der **Öffentlichkeit**, vor allem in **Diktaturen** großen Schaden an, da sich so leicht ethisch
20 nicht vertretbare Handlungen durchsetzen und zu schrecklichen Situationen führen. Sie lässt aus Angst, Gleichgültigkeit oder Opportunismus zu, dass die Lebensqualität und sogar das Leben anderer gefährdet werden und dass Gefahren für die Menschlichkeit,
25 Gerechtigkeit, Freiheit, Wahrheit, Religion usw. entstehen. Oftmals ist sie dafür (mit)verantwortlich, dass sich Katastrophen im Alltag und in der Politik durchsetzen.

❖ Das **Wegsehen** in kritischen Situationen, die zur Hilfe für andere aufrufen, ist eine Form der **Feigheit** bzw. der mangelnden Tapferkeit. Es ist dafür (mit)verantwortlich, dass so viel Schreckliches in der Welt geschieht.

❖ **Tapferkeit** (lat.: »fortitudo«, fr.: »courage«) zählt schon seit Platon zu den vier Kardinaltugenden (→ S. 46). Auch in der christlichen Ethik hat sie einen hohen Stellenwert. Sie bezeichnet heute längst nicht mehr primär das Verhalten eines Soldaten in Schlacht und Krieg, sondern eine Haltung, bei der ein Mensch eine als richtig und gut erkannte Handlung auch dann ausführt, wenn sie mit persönlichen Gefahren für ihn verbunden ist und er dabei materielle Güter, Chancen, Beruf, Freiheit und sogar Leib und Leben riskiert (»**Zivilcourage**«). Darum ist Tapferkeit oft mit Angst verbunden, ohne dadurch ihre ethische Qualität zu verlieren.

❖ Die Tapferkeit kann **passiv** sein, wenn es gilt, Leid und Gefahren (z. B. Krankheit) zu ertragen (»Geduld«). Sie ist **aktiv**, wenn sie gegen Zwänge und Gewalt vorgeht.

Zitate

❖ **Jean Paul** (1783–1825): Der rechte Mut ist der Mut im Frieden, im Hause, vor dem Throne, vor dem langen Unglück.

❖ **Johannes Bosco** (1815–1888): Die Macht der Bösen lebt von der Feigheit der Guten.

❖ **Theodor Fontane** (1819–1898): Nur der Feigling ist immer ein Held.

❖ **Friedrich Nietzsche** (1844–1900): Auch der Mutigste von uns hat nur selten den Mut zu dem, was er eigentlich weiß.

❖ **Hermann Hesse** (1877–1962): Der Mut bedarf der Vernunft, aber er ist nicht ihr Kind, er kommt aus tieferen Schichten.

❖ **Kurt Tucholsky** (1890–1935): Nichts erfordert mehr Mut und Charakter, als sich im offenen Gegensatz zu seiner Zeit zu befinden und laut zu sagen: Nein!

❖ **Günter Grass** (geb. 1927): Mein Mut beschränkt sich darauf, möglichst wenig Angst zu haben.

❖ **Roman Herzog** (geb. 1934): Das meiste Unrecht beginnt im Kleinen – und da lässt es sich mit Mut und Zivilcourage noch bekämpfen.

---

1 Zu den **ältesten Zeugnissen von Zivilcourage** zählen die biblischen Texte, in denen **Propheten** mutig den Königen Israels, Priestern, Reichen und Mächtigen entgegentreten (»Es ist dir nicht erlaubt ...«): 2 Sam 12, 1-7; 2 Kön 21, 1-29; ähnlich im NT: Mk 6, 17-29.

2 Welche Situationen aus den Evangelien kennen Sie, in denen **Jesus** seinen Mut deutlich zeigt? Zum Verhalten des **Paulus** gegenüber **Petrus** in der frühen Kirche: → Gal 2, 11-14.

3 Deuten Sie die in der Bibel häufig vorkommende Aufforderung: »**Fürchtet euch nicht!**«

4 Beschreiben Sie Situationen, in denen **Feigheit**, **Weggucken**, **Mitmachen**, **Schweigen**, **sich Verstecken**, **Gleichgültigkeit** Schaden anrichten und Leben gefährden.

5 Was meinen Sie? – Warum konnten so fürchterliche Verbrechen während der **Nazizeit** oder in neueren (**Militär-**)**Diktaturen** entstehen, obwohl viele Bürger diese Verbrechen nicht billigten?

6 Warum müssen die Medien immer häufiger berichten, dass die Bürger/innen bei **Gewalttaten in der Öffentlichkeit** wegschauen und manchmal nachher eine Spende für die Opfer geben?

7 Wo fehlt es in der **Kirche** an Zivilcourage?

8 »Die Vorüberlaufenden« – ein Text von **Kafka** zum Thema: → S. 33; ein **Bild** zum Thema »Trägheit«, »Feigheit«: → S. 90.

3. Machbarkeitswahn

❖ In unserer Zeit stellt sich oft die Frage: **»Dürfen wir alles tun, was wir tun können?«** Sie bezieht sich auf die enormen Fortschritte der Wissenschaften und Technik, durch die Handlungsmöglichkeiten geschaffen werden, die es früher nicht gab.

❖ Wo diese Frage heute bejaht wird, entsteht leicht ein **Machbarkeitswahn**, der dazu führt, dass Dinge getan, Produkte hergestellt und Situationen geschaffen werden, die **gefährliche Auswirkungen für den Menschen und die Welt** haben.

❖ Ebenso bedenklich ist dabei, dass oft auch die **ethischen Standards** so zurechtgebogen werden, dass sie nicht mehr dem Prinzip Verantwortung (→ S. 52) oder den Geboten Gottes (→ S. 96 ff) entsprechen.

❖ Im Machbarkeitswahn liegt auch ein **religiöses Problem**. In einer Zeit, die den Glauben an Gott weithin verloren hat, setzt sich der Mensch in maßloser Selbstüberschätzung an Gottes Stelle und versucht, seine eigenen Möglichkeiten – so weit es nur geht – zu erweitern. Er will nun selbst alles schaffen und vollenden (**»Allmachtsphantasien«**), statt die Schöpfung Gottes, deren Teil er ist, zu hegen und zu pflegen. So aber gefährdet er sich selbst und die Welt.

Phänomene

❖ Viele **Zeitgenossen** machen sich Perfektionsphantasien. Sie investieren viel Geld für ihr Outfit, verändern ihr körperliches Erscheinungsbild durch Operationen und wechseln ihr Geschlecht. Dabei nehmen sie erhebliche finanzielle Schwierigkeiten oder gesundheitliche Schäden in Kauf.

❖ Die **Politik** und die **Wirtschaft** fördern manche Projekte, die angesichts der großen sozialen Probleme auf der Welt fragwürdig erscheinen. Unvorstellbare Geldmittel werden aufgewandt, um auf dem Mond zu landen, um Raketen in den Weltraum zu senden, um neue Waffensysteme zu entwickeln. Regenwälder werden abgeholzt, unübersehbare Mengen Energie für minderwertige Massenprodukte verpulvert. So werden nachhaltige Schäden verursacht. [5] [10]

❖ In der **Wissenschaft** gibt es Überlegungen, menschliches Leben genetisch so zu manipulieren, dass beim Neugeborenen die gewünschten Eigenschaften gesichert sind (»Retortenbaby«, »Kind à la carte«, »Menschenklon«). Forscher befassen sich damit, Tiere und Menschen zu klonen oder aus embryonalen Stammzellen Heilmittel gegen gefährliche Krankheiten wie Krebs, Parkinson usw. zu gewinnen. Bald wird man in der Lage sein, neue chemische oder biologische Waffen zu produzieren, die gezielt feindliche Landstriche verwüsten und alles Leben dort zerstören können, ohne dass die eigenen Leute oder das eigene Land in Mitleidenschaft gezogen werden. Man hört sogar von geheimen Versuchen, neue Lebewesen aus einer Kombination von Mensch und Tier zu erzeugen. [15] [20]

Klaus Staeck (geb. 1938), Macht euch die Erde untertan, 1987

1 Beschreiben und bewerten Sie ein **aktuelles Beispiel** von Machbarkeitswahn. Zum »Verbrauch« embryonaler Stammzellen: → S. 128 ff.

2 In der dreifachen **Versuchung Jesu in der Wüste** finden sich Gesichtspunkte, die zum Thema »Machbarkeitswahn« anregend sind: → Mt 4, 1-11.

3 Gelegentlich hört man, der moderne Machbarkeitswahn habe eine Wurzel in dem **Wort der Bibel**, der Mensch solle sich die Erde unterwerfen (Gen 1, 28). Warum beruht diese Interpretation auf einem **Missverständnis**?

4 Ein Bild zum Thema: → S. 85, ein Gedicht: → S. 31.

Johannes Grützke (geb. 1937), Unser Fortschritt ist unaufhörlich, 1973. Der Künstler greift hier die antike Erzählung von Daedalus und Ikarus auf, die meinten, den Traum vom Fliegen verwirklichen zu können – Ikarus stürzte dabei ab.

Dürfen wir alles tun, was wir tun können?

❖ Niemand darf das **Recht auf Selbstbestimmung** des Einzelnen oder die **Freiheit der Wissenschaften** unnötig eingrenzen. Doch liegen da **ethische Grenzen** für jedes Handeln, wo elementare **Grundrechte** und die
5 Menschenwürde verletzt werden. Niemand darf dagegen verstoßen, auch nicht um eines vermeintlichen oder wirklichen Nutzens willen (→ S. 67).

❖ Diese ethischen Postulate hängen unauflösbar mit der philosophischen Anthropologie (»**Menschenbild**«)
10 zusammen, die im Menschen mehr sieht als nur eine besser funktionierende Maschine oder einen psychischen Apparat oder ein selbstbezügliches Ego oder das Ensemble der gesellschaftlichen Verhältnisse oder das Produkt der Evolution oder das Objekt wissenschaftlicher Erforschung. Sie gelten für jede Philosophie, die 15 im Menschen eine **Person** sieht, die mit Geist und Freiheit ausgestattet ist, daher eine unveräußerbare Würde besitzt und deshalb verantwortlich handeln kann. Sie gilt erst recht für eine theologische Anthropologie (→ S. 24 f), die im Menschen ein Geschöpf Gottes sieht, für 20 das der Dekalog, die Rede Jesu auf dem Berg und das dreifache Liebesgebot (→ S. 118 ff) verbindlich sind.

4. Ideologien und Interessen

Vom ersten Weltkrieg bis zur Shoa

George Steiner, Literaturwissen-schaftler und Philosoph, zählt aufgrund seiner ungewöhnlichen Kenntnisse der Weltliteratur zu den anregendsten Denkern der westlichen Welt. Voll Verzweiflung hat er die grauenvollen Ereignisse im letzten Jahrhundert beschrieben.

❖ **Im letzten Jahrhundert** sind unvorstellbar **grauenhafte Untaten** geschehen. In einer Welt, in der das Christentum Jahrhunderte lang lebendig war und die stolz auf ihre aufgeklärte Humanität und großzügige Toleranz war, sind Millionen und Abermillionen Menschen aufgrund von rassistischen, nationalistischen und kommunistischen **Ideologien** oder wirtschaftlichen und politischen **Interessen** umgebracht worden.

❖ Die Statistik des Grauens hat auch **heute** kein Ende gefunden. Auch die Gegenwart kennt unzählige Opfer, die durch Krieg, Hunger, Vergewaltigung, heilbare Krankheiten, Abtreibung, Euthanasie und Terrorismus umkommen oder schwere körperliche Verletzungen und seelische Traumata erleiden.

Eine grauenhafte Statistik

Die Gründe dafür, unser Zeitalter als das wahrscheinlich schwärzeste anzuerkennen, sind gewichtig. Die Statistik ist entscheidend, aber sie übersteigt das Vorstellungsvermögen. Wir können die Zahlen nicht begreifen. Konservative Schätzungen setzen die Gesamtzahl der Männer, Frauen und Kinder, die zwischen 1914 und dem Ende der Gulags (während der Beseitigung der Kulaken in der Ukraine durch Stalin kamen durch Kannibalismus und Selbstmord etwa neun Millionen Menschen um) erschossen, durch Bomben getötet, vergast, dem Hungertod ausgeliefert, bei Deportationen, in Sklavenarbeit und Hungersnöten abgeschlachtet worden sind, mit etwa 75 *Millionen* an. In den ersten Tagen an der Somme starben alle 50 Sekunden fünf britische Infanteristen. Historiker schätzen die Zahl der Leichen, die vor Verdun liegenblieben, um zu verfaulen oder in den Schlamm gestampft zu werden, auf eine halbe Million. Wie der monetäre Zusammenbruch in der Weimarer Republik – eine Milliarde Mark für ein Brot – haben die Hekatomben des Ersten Weltkriegs die begriffliche Realität großer Zahlen untergraben.

Der Genozid an den Juden

Es ist eine Sache makabrer Semantik, für die Vernunft anstößig, wenn man zu bestimmen versucht, ob und auf welche Weise die Shoa, der Holocaust, einzigartig ist; ob es sich dabei in der Geschichte der Menschheit um eine Singularität handelt. Vielleicht ist dies der Fall. Vielleicht gibt es kein anderes, genau analoges Beispiel eines ontologischen Massakers – das heißt der geplanten Ermordung von Menschen, deren Schuld, wie sie von einer Bürokratie in allen Einzelheiten ausformuliert und dargestellt wurde, in ihrem *Sein* bestand. Die Millionen von Juden, die geschlagen, verbrannt, gefoltert wurden, die man marschieren, verhungern ließ, die man vergaste, um sie auszulöschen, die Männer und Frauen, die in Jauchegruben ertränkt wurden, die Kinder, die bei lebendigem Leibe ins Feuer geworfen wurden, die alten Männer, die man an Fleischerhaken hängte, hatten lediglich das Verbrechen begangen, dass sie existierten. Selbst das Ungeborene musste aus dem Mutterleib gerissen werden, damit auch nicht ein Jude übrig blieb, der Zeugnis ablegen, der sich erinnern konnte (auch wenn niemand ihm glauben würde, ein Argument, das die Nazis mit höhnischer Logik ins Feld führten). Sind die Massaker an den Armeniern, ist der Völkermord in Ruanda analog? Ich weiß es nicht. Was ich weiß, ist, dass die unsägliche Technik der Erniedrigung, der Folter und Schlächterei – wenn man nur davon spricht, dann bedeutet das, dass man die Sprache verletzt und in gewissem Sinne entmenschlicht. ... – auf dieser Erde ein materielles Spiegelbild der gedachten Hölle hervorbrachte. ...

Stalins Säuberungen

Zu gleicher Zeit und noch Jahrzehnte danach überantwortete der Stalinismus seine Millionen (sieben, zehn, fünfzehn?) lebendigem Begrabenwerden in den Bergwerken von Kolyma,

Stalin (1878–1953)

Eichmann (1906–1962)

Mao Tse-Tung (1893–1976)

Pol Pot (1925–1998)

Mugabe (geb. 1924)

Pablo Picasso (1881–1973),
Massaker in Korea, 1952

50 planmäßigem Verhungernlassen, langsamem Tod durch Erfrieren und Zwangsarbeit.
Es heißt, während des blutigen Karnevals der großen Säuberungen habe der Despot
bis zu 2000 Hinrichtungsbefehle täglich unterzeichnet, Verfügungen, welche die Vernichtung ganzer Familien bedeuteten, die Unterbringung kleiner Kinder in staat-
lichen Waisenhäusern, die Ausradierung ethnischer Kulturen.

Indonesien, Kambodscha, Burma, China u. a.

55 Und die Kette von Massenmorden aus ethnischen, ideologischen oder politischen
Gründen hat auch nicht aufgehört. Eine halbe Million in Indonesien; ebenso viele in
Burundi. Man ist jetzt bei nüchterner Analyse der Ansicht, dass bei den Massenmorden der Roten Khmer in Kambodscha annähernd 100 000 Männer, Frauen und
Kinder *bei lebendigem Leibe begraben* wurden – sollte man einen derartigen Satz hin-
60 schreiben oder gar versuchen, konkrete Bedeutung mit ihm zu verbinden? Während
ich dies schreibe, tauchen in Bosnien und Kroatien Massengräber der Totgeprügelten,
der Vergewaltigten auf. Wie viele Millionen leben heute bei Sklavenarbeit in chine-
sischen »Umerziehungs«-Lagern oder in burmesischen Gefängnissen? Die Winde des
Massenmordes, der »ethnischen Säuberung«, des fundamentalistischen Hasses
65 wehen über Gaza, über Afrika. Amnesty International verzeichnet mehr als einhun-
dert Nationen (darunter Israel und Großbritannien in Nordirland), auf deren Geheiß
Folter eine akzeptierte Praxis ist. Qualifizierte Beobachter vertreten die Ansicht, dass
sich der systematische ökonomische und sexuelle Missbrauch von Kindern auf dem
höchsten Stand in der Menschheitsgeschichte befindet (die Zahl von Kindern in
70 »Sklavenfabriken« oder auf Leibeigenen-Farmen wird mit 200 Millionen angesetzt).
So setzt sich die Bestandsaufnahme des Unmenschlichen endlos fort.

Das tägliche Bombardement durch die Medien

Wissen wir dies, weil wir informiert sind wie nie zuvor, weil uns die Nachrichtenme-
dien mit täglichen Offenbarungen bombardieren? In früheren Epochen konnten sich
Entsetzlichkeiten der Wahrnehmung entziehen oder nur schrittweise und diffus ver-
75 breitet werden. Dies ist zweifellos ein bezeichnender Faktor. Doch es ist einer, der
sich so und so interpretieren lässt. Schon allein unser Wissen um das, was der
Mensch dem Menschen antut, sollte Empörung und Eingreifen auslösen (die Medien
hielten die Welt über die Brutalitäten von Maos Kulturrevolution, über den wahn-
sinnigen Sadismus Pol Pots auf dem Laufenden). Fast durchgängig lässt uns jedoch
80 die Häufigkeit, die abgepackte Unwirklichkeit der medialen Darstellung entweder
betäubt oder rasch vergessend zurück.   *George Steiner (geb. 1929)*

1 Beschreiben Sie eine der genannten **Katastrophen** näher und zeigen sie auf, welche Ideologien bzw. Interessen dazu geführt haben, wie sie verliefen und was sie bewirkten.

2 Von welchen tödlichen Ideologien und Interessen wird die Welt **heute** bedroht?

3 Ein Bild zum Thema: → S. 92, ein Gedicht: → S. 31.

4 Warum besteht die Gefahr, dass wir bei Berichten über diese grauenhaften Taten allmählich **abstumpfen** und kaum mehr darauf achten? Wie kann diese Gefahr vermieden werden?

5 Informieren Sie sich über **andere Gefährdungen** des Lebens:
❖ Der Tod von ca. **24 000 Kindern unter 5 Jahren** täglich, weil Nahrungsmittel und Medikamente fehlen (2009)
❖ **die Zerstörung unserer Lebensgrundlagen:** → S. 52, 94
❖ **globale Ungerechtigkeit:** → S. 135 ff
❖ **die Ökonomisierung der Welt, die Herrschaft des Geldes:** S. 72, 84, 90.

Bilder des Bösen

1. Wie Gott sein wollen

❖ **Bilder des Bösen** stehen uns ständig vor Augen. Das **Fernsehen, die Printmedien, das Internet** zeigen uns ständig schreckliche Beispiele von Verbrechen, Terrorismus, Süchten und Kriegen. Möglicherweise sind wir beim Sehen jeweils einen Moment lang betroffen, aber dieser Zustand dauert meist nicht lange, da wir alsbald von anderen Informationen überflutet werden.

❖ Die **Künstler aller Zeiten** haben Bilder des Bösen geschaffen. In der Kunst der Antike, des Mittelalters, der Neuzeit und auch der Gegenwart finden sich dafür viele herausragende Beispiele. Es kann sogar der Eindruck entstehen, als sei das Böse mehr ein Thema der Kunst als das Gute. Vielleicht hat seine Gestaltung für Künstler einen höheren Reiz als das Gute. Auf jeden Fall haben die Bilder des Bösen viele Gesichter. Oftmals sind sie eng mit religiöser Thematik verknüpft und ohne ihre biblischen Anspielungen nicht zu verstehen. Über den Umgang mit Bildern: → M 3.

❖ **Adam und Eva**, die ersten Menschen, von denen der Anfang der Bibel (Gen 2, 4-3, 24) erzählt, gelten seit langem als Bilder des Menschen. Schon ihre Namen sagen, dass sie nicht so sehr individuelle Gestalten, sondern Archetypen des Menschen sind. Adam heißt »der aus dem Ackerboden Genommene« oder »Erdmensch«, Eva bedeutet »Mutter der Lebendigen«. An ihnen zeigen sich die Kontraste, die das Dasein von Frau und Mann bestimmen: Paradies und Vertreibung, Glück und Leid in der gegenseitigen Beziehung, Herrlichkeit und Elend des Lebens. An ihnen wird auch ersichtlich, was der Kern aller Schuld ist: die Überheblichkeit, **wie Gott sein zu wollen** (Gen 3, 4).

Zum Künstler: **Max Beckmann** hielt den 1. Weltkrieg für ein nationales Unglück, meldete sich dennoch 1914 freiwillig als Sanitäter an die Front, wo er im Osten und in Flandern an blutigen Schlachten teilnahm. 1915 erlitt er auf Grund seiner schrecklichen Erfahrungen einen Nervenzusammenbruch, der zur Beendigung seines Kriegsdienstes führte. Seitdem entstanden viele unerhört harte Bilder, in denen er die Gräuel des Krieges verarbeitete, auch wenn er den Krieg selber nicht ausschließlich zu seinem Thema machte. In dieser Zeit schuf er auch wichtige Bilder mit religiöser Thematik, z. B. »Christus und die Sünderin« (→ S. 19), weil er im biblischen Glauben wohl den Garanten einer humanen Ethik sah.

Zum Verständnis des Bildes: 1917 entstand auch das Bild »Adam und Eva«, das zwar ein traditionelles Bildmotiv aufgreift, aber beide Gestalten höchst unkonventionell darstellt. In expressivem Stil mit Konzentration auf wenige wesentliche Bildelemente distanziert sich Beckmann von den vielen schönen, auch erotischen Paradiesbildern der Vergangenheit und zeigt das erste Menschenpaar brutal im Zustand nach dem Sündenfall. Die beiden wollten durch die Übertretung des Gottesgebotes wie Gott werden, fanden sich stattdessen in einer äußerst elenden Verfassung wieder, in der es nun erstmals Angst, Schmerzen, Mühsal und Tod gibt. »Sie erkannten, dass sie nackt waren« (Gen 3, 7), wobei ihre Nacktheit nun nicht mehr ein guter Naturzustand, sondern ein Zeichen der Bedürftigkeit, Not und Hilflosigkeit war. Immer noch ist ihnen die erfolgreiche Schlange mit Krokodilskopf, die sich um den Baum gewunden hat, nahe. Der Boden unter ihren Füßen ist hart und trocken, nur am Rand stehen einige Blumen und Blätter. Frau und Mann sind ganz und gar nicht »wie Gott« geworden. Das Böse, das sie taten, hat sie entstellt aus seiner Nähe vertrieben.

---

1 Zu **Beckmann**: → M 1; zum **Bild**: → M 3; zum **Bösen**: → S. 36 f.
2 Deuten Sie die vielen **bildhaften/mythologischen Elemente des Textes** Gen 3,1-7, z. B. Garten, Schlange, Baum (Die landläufige Vorstellung vom biblischen Apfelbaum erklärt sich aus einem sprachlichen Missverständnis. Im Lateinischen heißt »malum« [mit langem a] »Apfel«, [mit kurzem a] »böse«, »schlecht«.) Beachten Sie, dass die Erkenntnis von Gut und Böse hier nicht jegliche Erkenntnis des Guten und Bösen meint, sondern die Kenntnis, die Gott allein vorbehalten ist, durch die man wie Gott zu sein anstrebt. Gehen Sie auch auf die raffinierte Kunst der Verführung ein, die der Text beschreibt.
3 Warum ist der Text **kein historischer Bericht**, sondern eine **Sinngeschichte**?
4 **Vergleichen** Sie das Bild Beckmanns mit einem anderen Bild derselben Thematik.

Max Beckmann (1884–1950), **Adam und Eva**, 1917

2. Kain und kein Ende

Die biblische Erzählung von **Kain und Abel** (Gen 4, 1-16), die unmittelbar auf die Paradieserzählung folgt, ist ebenfalls kein historischer Bericht vom ersten Brudermord, sondern eine **Sinngeschichte**. In manchen Details ist die urtümliche Erzählung heute schwer verständlich. Doch macht sie klar, wie es nach dem Sündenfall auf der Erde zugeht. Darüber hinaus enthält sie wesentliche Aussagen über die Menschen und den Schöpfergott.

❖ **Alle Menschen sind Geschwister**, weil alle Geschöpfe Gottes sind. Sie teilen ihr Menschsein mit den anderen, die mit und neben ihnen leben. Aber manche gehen mit den anderen Geschöpfen brutal um. Sie nehmen ihnen das Gottesgeschenk des Lebens. Das ist »himmelschreiende« Schuld (V. 10) und Missachtung Gottes.

❖ **Gott straft** zwar den Kain schwer, aber Kain darf unter dem **Rechtsschutz Gottes** weiter leben. Das »**Kainsmal**« (V. 15) erlaubt anderen keineswegs die Blutrache. Es soll alle daran hindern, nun ihrerseits auch Kain umzubringen, damit sich die mörderische Spirale der Gewalt nicht weiter ausdehnt.

❖ Das, was Kain archetypisch erstmals getan hat, **setzt sich in der Geschichte bis heute fort**.

❖ In der Neuzeit haben Künstler immer wieder **Bilder des Bösen** gemalt, indem sie sich an biblischen Motiven orientierten. Diese sind für sie »**Archetypen**« (C. G. Jung), d. h. Urbilder, mit denen sie auf gegenwärtige Schrecken eindrucksvoll hinweisen können, z. B.: Adam und Eva, Kain, Turmbau zu Babel, Sintflut, Hölle, Teufel, die Schreckensbilder der Apokalypse. Auf den Bildern wird die biblische Tradition nicht textgetreu interpretiert, sondern kreativ aktualisiert.

❖ Andere biblische Szenen oder Personen sind **Archetypen des Guten** geworden. Dies gilt vor allem für Jesus, der in der modernen Kunst oft das Urbild eines Gerechten ist, der unschuldig leiden muss.

Zum Künstler: **Fernando Botero** ist ein kolumbianischer Künstler, der aus armen Verhältnissen stammt. In jungen Jahren kam er nach Europa, wo er zu seinem unverkennbaren Stil in Malerei und Plastik fand. Sein großes Thema ist der Mensch, den er in meist ärmlichen und gefährdeten Situationen darstellt. Er benutzt gern kräftige und leuchtende Farben. Auffällig sind seine Proportionen. Nicht nur die Gegenstände, sondern vor allem auch die Personen auf seinen Bildern sind ungewöhnlich dick und rundlich – und dabei meist auch schön. So hat er Könige, Bauern, Soldaten und selbst Tänzerinnen, Zirkusvolk und Toreros in auffälliger Leibesfülle gemalt. Heute zählt er zu den bekanntesten Malern Südamerikas.

Abu Ghraib: Schon zu Zeiten des irakischen Diktators Saddam Hussein wurden im Abu Ghraib-Gefängnis vor den Toren Bagdads tausende Menschen gefoltert. Die Zahl der Ermordeten allein für das Jahr 1984 wird auf 4000 geschätzt. Nachdem die Amerikaner unter der Präsidentschaft von George W. Bush 2003 das Land erobert hatten, fanden sie dort viele Häftlinge, vor allem Schiiten und Kurden, die jahrelang ohne Prozess gequält worden waren. Die Amerikaner lösten diesen Ort des Grauens nicht etwa auf, sondern führten an gleicher Stelle die menschenverachtende Praxis weiter. Die irakischen Kriegsgefangenen – als Terroristen deklariert –, wurden nicht nur geschlagen und getreten, sondern nackt bissigen Hunden, Elektroschocks, Schlafentzug, Wasserboarding, urinierenden Soldaten oder sexuellen Demütigungen ausgesetzt. Für die Muslime waren die körperlichen und psychischen Qualen zutiefst mit religiöser Schande und Ehrverletzung verbunden. Als 2004 Fotografien mit solchen Folterszenen in der Weltpresse und im Fernsehen erschienen, war plötzlich die ganze Welt geschockt. Man konnte nicht verstehen, dass amerikanische Soldaten und Soldatinnen, die beanspruchten, Freiheit, Demokratie und Recht in den Irak zu bringen, sich solcher Menschenrechtsverletzungen schuldig machten. Die weltweite Empörung hat das Ansehen der USA und ihres Präsidenten Bush nachhaltig beschädigt.

Der Künstler zu seinem Bild: Das Abbildung, der Mittelteil eines großen Triptychons, stammt aus einer umfangreichen Serie von Gemälden und Zeichnungen, die Botero in den Jahren 2005 und 2006 aus Protest gegen Abu Ghraib und die USA angefertigt und mit denen er weite Beachtung gefunden hat. Auf unserem Bild schlägt ein fanatischer Amerikaner auf einen schon blutenden Gefangenen ein, der nur am Oberkörper bekleidet ist und so auch noch eine ungeheuerliche Schande ertragen muss. Auf den beiden Seitenflügeln des Triptychons hocken ähnlich erbärmliche Gestalten, an den Füßen gefesselt, mit einem Arm am Gefängnisgitter befestigt, durch ein blutiges Kopftuch am Sehen gehindert. Während im Mittelalter ein Triptychon oft das Leiden Jesu Christi zeigte, wird hier das Leiden heutiger Menschen dargestellt. Unser Bild erinnert an die biblische Szene, in der Kain seinen Bruder Abel erschlägt.

1   Zum **Künstler** und zu **Abu Ghraib**: → M 1.
2   Interpretieren Sie den **biblischen Text** (Gen 4, 1-16), der mehr von Kain als von Abel handelt: → M 2.
3   Zwei **Gedichte** zu Kain und Abel: → S. 30 f.
4   Kain und Abel – **Archetypen für heute**?

Fernando Botero (geb. 1932), **Abu Ghraib**, 2004

3. Turmbau zu Babel heute

Die alttestamentliche Erzählung vom **Turmbau zu Babel** (Gen 11, 1-9), die die biblische Urgeschichte abschließt, ist nicht ein alter Tatsachenbericht, sondern eine zeitlose Sinngeschichte. Sie spielt wohl auf einen hohen Turm nahe bei Babylon (akkad.: »Zikkurat«, d.h. »Hochhaus«) an, dessen 1913 ausgegrabene Reste heute noch faszinieren.

Der Text ist in verschiedenen Zeiten unterschiedlich interpretiert worden.

❖ Oftmals sieht man in diesem Turmbau vor allem einen Hinweis auf den **Größenwahn** der Menschen, die mit ihrem Tun und Treiben bis an den Himmel reichen wollen, damit ihnen »nichts unerreichbar ist« (Vers 6) und sie sich so weltweit einen Namen machen (V. 4). So wollen sie sich an die Stelle Gottes setzen. Diese überhebliche Tat, die letztlich **Gotteslästerung** ist, wird aber verhindert. Es erweist sich, dass Gott unerreichbar ist. Um zum hohen Turm zu kommen, muss er – eine ironische Pointe – »herunterfahren« (V. 5).

❖ Manchmal setzt man den Akzent mehr darauf, dass die **Vielfalt der Sprachen** eine Folge menschlicher Hybris sind. Die Menschen verstehen sich nun nicht mehr. Dabei wird der Name »Babel« volksetymologisch mit »Gebabbel«, »Geplapper« übersetzt. Das alte akkadische Wort »Babel« bedeutet aber tatsächlich »Tor Gottes«. Ein Gegenbild und eine Aufhebung der babylonischen Sprachverwirrung ist das pfingstliche Sprachwunder: → Apg 2, 1-36.

❖ Heutige Exegeten sehen im Text, der nicht allein von einem Turm, sondern auch von einer Stadt spricht, eine **theologische Kritik an gigantischen Herrschaftsansprüchen,** die sich damals in mächtigen Bauten und einer einheitlich verordneten Propagandasprache äußerten. Nur so konnten totalitäre Herrschaftsansprüche durchgesetzt und politischer Pluralismus ausgeschaltet werden. Dann wäre der Text ein Plädoyer für eine schöpfungsgemäße Pluralität. Der Schöpfergott greift ein, um Machtansprüche auf Einheit zu zerstören und eine reiche Vielfalt zu begründen.

Zum Künstler: Bernhard Heisig, einer der wichtigsten Maler der ehemaligen DDR, gehört zur »Leipziger Schule«, einer angesehenen Künstlergruppe der Gegenwart. Der Teilnehmer am 2. Weltkrieg hat seine furchtbaren Kriegserlebnisse oft auf seinen Bildern dargestellt. Nach dem Krieg trat er in die SED ein und übernahm wichtige kulturpolitische Aufgaben in der DDR, kritisierte aber auch die DDR-Regierung, so dass er zeitweilig seine Ämter verlor. In seiner Kunst orientierte er sich nicht am sozialistischen Realismus, wie es die DDR-Führung erwartete, sondern mehr an Max Beckmann (→ S. 18 f) und Oskar Kokoschka. Auch biblische Motive hat er auf seinen Bildern variiert.

Zum Bild: Der Turmbau zu Babel hat immer die Künstler fasziniert. Er wurde in Vergangenheit und Gegenwart in vielen Variationen dargestellt. Heisig orientierte sich bei seinem Bild an dem Meisterwerk, das der niederländische Maler **Pieter Breughel d. Ä.** 1563 schuf. Auf Heisigs Bild steht der Turm in unserer Zeit. Viele Details, die es weder in biblischer Zeit noch in Breughels Epoche gab, sind hier nun zu finden. Damit macht er deutlich, dass die Menschheit mit den heute möglichen Mitteln erneut dabei ist, sich selbst zu ruinieren.

Ein Kunstkritiker zu Heisig

Heisigs Bilder verkünden keine ideologischen Botschaften, sondern eröffnen Konfliktfelder der Geschichte. Sie verstricken den Betrachter in ihren Antagonismus, in die Qual der Erinnerung und die Verzweiflung des Gewissens. Es ist Heisigs immense Leistung, dass er von den linearen parabelhaften Erzählungen zu komplizierteren Sprachformen, zu gemalten Bewusstseinsanalysen und Erinnerungstechniken und damit zu immer vielschichtigeren Wirklichkeitsbildern und sich durchdringenden Raum-Zeit-Gefügen vordrang. Heisigs Bildsprache konnte naturgemäß niemals »abstrakt« werden. Für ihn persönlich, so bekennt er einmal, sei es vollkommen unverständlich, wie man Abstraktion mit Freiheit gleichsetzen könne. Die Wirklichkeit und die Geschichte sind nicht so, dass man sich ihrer zu entledigen vermag. Heisig sucht nicht Entlastung, sondern Auseinandersetzung, ja, wie er von sich und seinem Idol Beckmann einmal sagte, den »Nahkampf« mit der Geschichte. So verknäueln sich in seinen brillant inszenierten Bildapparaten alle die Motive, die unser Bewusstsein beklemmen und peinigen: die grelle Erinnerung an Krieg und Gewalt, eine unbelehrbare kleinbürgerliche Mentalität, der Terror des modernen Alltags mit Schrott, Müll, Katastrophen und Massenkultur, mit Bildschirmen, Filmstreifen, Trompeten, Megaphonen, die von der Fatalität des Fortschritts, vom Maskenspiel und Narrenwesen des Welttheaters künden.

Eduard Beaucamp, Kunstkritiker der Frankfurter Allgemeinen Zeitung

1 Zum **Bild** und zum **Maler:** → M 1 und M 3; zum **Bibeltext** Gen 11, 1-9: → M 2.
2 Besorgen Sie sich das **Bild Breughels** vom babylonischen Turm und vergleichen Sie es mit der Darstellung Heisigs.
3 Wie viele **Personen** finden Sie in dem Wirrwarr vor dem Turm und auf ihm? Was tun sie? Welche Rolle spielen sie auf dem Bild? Was passiert mit dem **Turm?** Und wie steht es um die **Landschaft?** Ein Archetyp des Bösen?
4 Was hat das **Bild** mit dem **Bibeltext** zu tun?

Bernhard Heisig (geb. 1925), **Neues vom Turmbau**, 1977

4. Der ständige Tanz um das goldene Kalb

❖ Die Bibel erzählt, dass zur selben Zeit, als Mose auf dem Berg Sinai weilte, um die Zehn Gebote Gottes (→ S. 96 ff) entgegenzunehmen und dem Volk zu bringen (Ex 24, 9 ff.; 31, 18), das Volk Israel sich in der Wüste ein goldenes Kalb (Ex 32) errichtete und ihm die Ehre erwies, die damals Göttern zuteil wurde. Die Israeliten verstießen damit gegen das **Götzen- und Bilderverbot** des Dekalogs (Ex 20, 4), das es untersagt, andere Götter zu haben und sich von Gott ein Bild zu machen. Der **Tanz um das goldene Kalb** ist ein eklatanter Verstoß gegen dieses Gebot. Das Volk will nicht Gott, sondern Götter, nicht vergeistigte Bildlosigkeit, sondern sinnliche Bildhaftigkeit. Dass die Schuld ein Bruch des Sinaibundes ist und darum schwer wiegt, zeigt die harte Strafe.

❖ In der späteren Tradition wird der Tanz um das goldene Kalb vom ursprünglichen Sinn gelöst und zum **Symbol** für die **rauschhafte Gier des Menschen nach Gold, Besitz und Geld** (→ S. 72 ff).

Zum Künstler: **Emil Nolde** war einer der großen deutschen Expressionisten, dessen Kunst die Nazis als »entartet« diffamierten und aus der Öffentlichkeit verbannten. Für einen Höhepunkt seiner Kunst hielt er seine ca. 50 biblischen und Legendenbilder aus allen Epochen. Diese Bilder waren von Anfang an umstritten. Sie wurden von manchen Betrachtern abgelehnt, weil sie ihnen als hässlich, zerstörend und verstörend galten. Man bezeichnete sie als »Rohheit der Mache«, »Verhöhnung und Blasphemie« oder »Todsünden der Kultur«. Auch im kirchlichen Bereich fanden sie keine Beachtung, wie es sich Nolde gewünscht hätte. Heute sieht man in seinem Werk eine ausdrucksstarke Kunst, die mit leuchtender Farbgebung und bewegten Darstellungsformen neue Möglichkeiten der Bildwelten erschloss. Sie sei aus kindlicher Naivität, echter Volksfrömmigkeit und persönlicher Ergriffenheit geboren.

Zum Bild: Das Bild zählt in seiner ungewöhnlichen Farbgebung und wilden Expressivität zu den bedeutendsten Bildern Noldes. Im Zentrum stampfen vier wilde Tänzerinnen, deren Leiber so golden sind wie das Kalb, hemmungslos und ekstatisch um das selbst angefertigte Bild. Rechts und links beobachten Zuschauer das orgiastische Geschehen. Werner Haftmann, ein guter Kenner von Noldes Werk, hält dieses Gemälde für das »inhaltlich ungehemmteste und formal kühnste unter Noldes religiösen Bildern«.

Der Künstler über seine religiöse Kunst

❖ Einem unwiderstehlichen Verlangen nach Darstellung von tiefer Geistigkeit, Religion und Innigkeit war ich gefolgt, doch ohne Wollen und Wissen der Überlegung.

❖ Ich musste künstlerisch frei sein, – nicht Gott vor mir haben wie einen stahlharten assyrischen Herrscher, sondern Gott in mir heiß und heilig wie die Liebe Christi.

Emil Nolde

Gold und Menschen

Caesar hatte durchaus recht, als er sagte, dass man mit Gold die Menschen und mit Menschen das Gold besitzt. Das ist das ganze Geheimnis.

Voltaire (1694–1778), französischer Aufklärer

1. Zum **Bild:** → M 3; zum **biblischen Text** Ex 24,9 ff; 31, 18: → M 2.
2. Wieso ist das Bild nicht ein **Außenbild** der Wirklichkeit, sondern ein **Innenbild** Noldes?
3. Wogegen wendet sich der **Bibeltext**? Was meint man **heute**, wenn man vom »Tanz um das goldene Kalb« spricht? Lässt sich das Bild Noldes eher auf den Bibeltext oder auf das heutige Verständnis dieses Themas beziehen?
4. Warum ist **Gold** ein magisches Metall? Welche Rolle spielt in unserer heutigen Lebenswelt das **Geld**, das an die Stelle des Goldes getreten ist?
5. Lesen Sie die alte griechische Sage von König **Midas** (→ S. 32) und aktualisieren Sie diese im Blick auf die Erzählung vom goldenen Kalb und auf unsere Zeit. Was macht »**Hans im Glück**« (Gebr. Grimm) mit seinem wohlverdienten Goldklumpen?
6. Wie weit lassen sich Bibeltext und Bild mit **heutigem Verhalten** in Zusammenhang bringen? → S. 72 ff.

Emil Nolde (1867–1956), **Tanz um das goldene Kalb**, 1910

5. Opfer der Gewalt

In der Passionserzählung des **Johannesevangeliums** wird Jesus nach einem ersten Verhör durch den römischen Prokurator **Pontius Pilatus** gegeißelt (Joh 19, 1-5). Dabei setzen die Soldaten ihm eine Dornenkrone aufs Haupt und bekleiden ihn mit einem purpurroten Mantel, um ihn so als »**König der Juden**« zu verspotten. Den Geschundenen stellt Pilatus den Anklägern vor und versucht, eine weitere Bestrafung zu verhindern, weil er Jesus für unschuldig hält. Dabei spricht er die Worte, die berühmt geworden sind und seitdem in vielfachen Kontexten zitiert werden: »**Ecce Homo**« (lat.: »Seht, das ist der Mensch«). Danach lieferte er Jesus dennoch der Kreuzigung aus. So erscheint Jesus in diesem Evangelium als das unschuldige **Opfer von Hass und Gewalt**.

Zum Künstler: **Lovis Corinth** zählt in seinem Frühwerk zu den deutschen Anhängern des Impressionismus, hat sich dann aber auch dem Expressionismus zugewandt. Unter seinen mehr als 1000 Bildern finden sich auch religiöse Motive. Nach seinem schweren Schlaganfall von 1911 entstanden mehrere Christusbilder, die zu den großen Kunstwerken des 20. Jahrhunderts zählen.

Zum Bild: Corinth hat sich mit dem Thema dieses Bildes – Jesus vor Pilatus – lange auseinandergesetzt und das Bild kurz vor seinem Tod in nur vier Tagen vollendet. Zwei Tage arbeitete er an der Christusgestalt, je einen Tag an den beiden anderen Figuren. Nach der Fertigstellung war er völlig erschöpft. Er setzt hier die in der Tradition oft gemalte Begebenheit in seine Gegenwart. Die drei Figuren sind nicht historisierend in die Vergangenheit transportiert, sondern als unsere Zeitgenossen dargestellt. Er hat auch einen persönlichen Bezug zu diesem Bild, wenn er sagt: »Ich hänge künstlerisch mit den Geschehnissen der Bibel und ihrer Feiertage zusammen.«
Hier kann er zeigen, was Jesus für ihn ist – ein »Mensch«, ein Opfer unsinniger Gewalt, das – wie unzählige andere auch – von anderen bis zum Verlust seiner Menschenwürde gequält und geschunden wird, gerade weil er gerecht und liebevoll ist. In der Mitte steht **Jesus**. Links stellt **Pilatus** im weißen Arztkittel Jesus dem Volk/dem Betrachter vor. Nach seinem Wort »Ecce homo« ist das Bild benannt. Rechts übergroß, fett und brutal ein uniformierter **Kriegsknecht**, dem Jesus ausgeliefert ist. Das Gesetz des Handelns liegt nun bei ihm. Er kann sein grausames Geschäft beginnen.

1 Zu **Corinth** und zum Expressionismus: → M 1; zur Arbeit mit dem **Bild**: → M 3; zum **Bibeltext**: → M 2.
2 **Beschreiben** und **vergleichen** Sie die drei Gestalten in Gesichtsausdruck, Bekleidung, Händen und Füßen, Farbe, Größe usw.
3 Stellen Sie Beziehungen zwischen diesem **Bild** und dem **biblischen Text** Joh 19, 1-16 her. Trifft das Bild den Sinn des Textes? Warum ist die Szene in die **Gegenwart** verlegt?
4 »**Ecce homo**« (lat.: »Seht, das (so) ist der Mensch«) – Was bedeutet diese Aussage?
5 Welche Gründe könnten die **Nazis** gehabt haben, dieses Bild 1935 als »entartet« zu bezeichnen?
6 Wie würden Sie die **heutigen Opfer** von Hass und Gewalt darstellen?

Lovis Corinth (1855–1925), **Ecce Homo**, 1925

6. Die sieben Todsünden

1 Zum **Bild**: → M 3; zu **Otto Dix**: → M 1.
2 An welchen Details kann man die **Hauptsünden** erkennen? Beziehen Sie auch die Farben in die Betrachtung ein.
3 Wie könnten Sie diese sieben Hauptsünden **heute** ins Bild bringen?
4 Welche gute Haltungen und Taten bilden den **Gegensatz** zu den sieben Hauptsünden?
5 Beeinträchtigen die sieben Todsünden **heute** unser Leben?

Die sieben Todsünden

❖ Der Stolz (Hochmut, Eitelkeit) ist die Unfähigkeit, seine eigenen Schwächen und Bedürfnisse zu erkennen und anzuerkennen. Zugleich werden die eigenen Fähigkeiten und Entscheidungen überschätzt.

❖ Habsucht (Geiz) ist das Bemühen, mehr zu haben, als man braucht oder verdient und anderen keinen Anteil an eigenem Besitz oder an den eigenen Fähigkeiten zu geben.

❖ Neid (Missgunst, Eifersucht) missgönnt anderen ihren Besitz oder ihre Vorzüge.

❖ Zorn (Wut, Rachsucht) ist eine starke Gefühlsregung mit aggressiver Tendenz. Es gibt gefährlichen und berechtigten Zorn. Allein der unberechtigte, gewaltsame Zorn gehört in diese Liste.

❖ Unkeuschheit ist sexuelle Ausschweifung und Ausbeutung anderer sowie sexuelle Rohheit ohne Erotik.

❖ Maßlosigkeit (Fresssucht) will entschieden mehr haben oder erreichen als einem zuträglich ist.

❖ Trägheit des Herzens (Überdruss, Feigheit) ist innere Stumpfheit gegenüber allem Guten und Schönen und zeigt kein Verständnis für die (leidvolle) Situation anderer.

Zum Künstler und seinem Bild:

❖ **Otto Dix**, ein Maler des deutschen Expressionismus, hat im Jahr von Hitlers Machtergreifung 1933 die sieben Todsünden (»Hauptsünden«) personifiziert. So traditionell das Thema mit seiner Ausführung auch war, so sehr hat der Maler aktuelle politische Akzente gesetzt.

(1) Eine alte Hexe (unten links) verkörpert den **Geiz**.

(2) Die zwergenhafte Gestalt (darüber) ist der **Neid**. Der Maske Hitlers hat der Künstler nach dem Zweiten Weltkrieg noch ein schwarzes Hitler-Bärtchen zugefügt.

(3) Der Tod (darüber) mit der Sense in der schwarzen Uniform von Hitlers SS bezeichnet die **Trägheit des Herzens**. Die Gliedmaßen deuten ein Hakenkreuz, das Kennzeichen der Hitlerpartei, an. In der Brustgegend ist der Stoff aufgerissen und zeigt da, wo das Herz sein müsste, eine leere Grube.

(4) Die gelb gekleidete Frau (rechter Rand, Mitte) ist die **Unkeuschheit**, die ihre körperlichen Reize offen zur Schau stellt und verkauft.

(5) Der Teufel in Tiergestalt mit Hörnern (rechter Rand, Mitte) verkörpert den **Zorn**.

(6) Der große rote Kopf mit erhobener unförmiger Nase (oben, Mitte) ist der **Stolz** oder der **Hochmut**.

(7) Der Kopf mit dem übergestülptem Topf (rechts daneben) stellt die **Fresssucht** oder **Maßlosigkeit** dar.

Auf der Mauer einer Ruine (Hintergrund) steht kaum noch lesbar ein Zitat aus Nietzsches Hauptwerk »Also sprach Zarathustra«: »Die Wüste wächst: weh dem, der Wüsten birgt!«

Die sieben Todsünden der modernen Welt

(1) Reichtum ohne Arbeit; (2) Genuss ohne Gewissen; (3) Wissen ohne Charakter; (4) Geschäft ohne Moral; (5) Wissenschaft ohne Menschlichkeit; (6) Religion ohne Opferbereitschaft; (7) Politik ohne Prinzipien. *Mahatma Gandhi (1869–1948)*

Otto Dix (1891–1969), **Die sieben Todsünden**, 1933

7. Gräuel des Krieges

❖ Zu den großen Schrecken der Menschheit zählen die **Kriege** aller Jahrhunderte. Die Kriege im 20. Jahrhundert haben hunderten Millionen Menschen das Leben geraubt oder sie verwundet, unzählige Häuser, Dörfer, Städte und Landschaften zerstört und unfassbares Elend über die Menschen gebracht. Die Kosten der Kriege hätten gereicht, um alle sozialen Nöte der Menschheit zu beseitigen.

❖ Heute weist jede vernünftige **Ethik** auf die Bedeutung des Friedens hin. Sie lehrt, dass Frieden mehr ist als Abwesenheit vom Krieg. Zu einem beständigen Frieden gehören soziale Gerechtigkeit, Bildung und Arbeit für alle, Zugang zu den lebensnotwendigen Ressourcen u. v. a. Sie gebietet, alles zu tun, um Kriege zu vermeiden. Diese Aufgabe beginnt bei jedem Einzelnen und im kleinen Kreis von Familie, Schule und Freundschaft. Sie stellt sich für Erziehung, Medien, Wissenschaften, Künste, Politik und insbesondere auch für die Religion.

❖ Das **Christentum**, das in der Vergangenheit selber Kriege verursacht hat oder daran beteiligt war, hat sich in den letzten Jahrzehnten eindeutig und entschieden gegen den Krieg ausgesprochen und für einen umfassenden Frieden eingesetzt. Die **Friedensbotschaft Jesu** und die **kirchlichen Äußerungen gegen den Krieg** finden heute weltweit Gehör, obwohl sie zu oft nicht befolgt werden.

Zum Künstler: Der russische Maler und Graphiker **Wassilij Wereschtschagin** studierte in St. Petersburg und Paris. Er reiste durch Europa, Amerika und Palästina. An mehreren Kriegen nahm er als Soldat und Maler teil. Bei einer Explosion des Panzerschiffs »Petropawlowsk« im Russisch-Japanischen Krieg kam 1905 er ums Leben.

Zur Entstehung des Bildes: In seinem weltweit bekanntesten Bild »Apotheose (gr.: »Vergöttlichung«, »Verherrlichung«) des Krieges« verarbeitet der Künstler Erinnerungen an Timur – auch: Tamerlan, d. h. »Gelähmter –, der zwischen 1306 und 1405 in Zentralasien lebte, aus einem Mongolenstamm kam, abenteuerliche Kriegszüge unternahm und in die Familie des Mongolenherrschers Dschingis Khan einheiratete. Er war ein frommer Muslim und vollendete die Islamisierung der in Zentralasien lebenden Mongolen. Seine großen Eroberungen erstreckten sich bis Delhi, Damaskus, Bagdad und Ankara. Auf einem Feldzug nach China fand er den Tod. Wenn er sich zurückzog, ließ er in der Wüste aus den Köpfen gefallener Feinde hohe Pyramiden bauen, die die Erinnerung an die mongolische Schreckensherrschaft lange wach hielten. Das Bild sollte deshalb ursprünglich »Apotheose des Tamerlan« heißen. Doch verschärfte Wereschtschagin den Titel aufgrund aktueller Kriegsgemetzel (Deutsch-Französischer Krieg 1870–1871) und nannte das Bild nun allgemein »Apotheose des Krieges«. Einige Künstler des 20. Jahrhunderts haben sich von diesem Bild für ihre Arbeit anregen lassen.

Zum Bild: Der Künstler hat auf den Rahmen des Bildes geschrieben: »Gewidmet allen großen Eroberern – den vergangenen, den gegenwärtigen und den zukünftigen«. Es soll ein Symbol für die Gräuel aller Kriege sein und ein Zeichen des Antikriegsprotests des Künstlers. Seine Aktualität hat es bis heute nicht verloren. Der Schädelberg in der Wüste ist von wenigen vertrockneten Bäumen umgeben. Mehrere Raben bewegen sich wie Boten des Todes auf ihm, neben ihm und in den Lüften. Hinter der Pyramide liegt ein orientalischer Friedhof als eine »Stadt der Toten«.

1 Zum Bild **Wereschtschagins**: → M 3. Sprechen Sie über die **Details:** Totenköpfe, Pyramide, Raben, Wüste, Friedhof usw. Wie wirkt das Bild auf Sie? Was bringt ein Vergleich mit aktuellen Kriegsfotos?

2 Welche **Kriege** werden **zur Zeit** geführt? Wo liegen die **Ursachen**? Was richten sie an? Zu den Kriegen: → S. 78 f.

3 Was kann und muss man heute tun, um Kriege zu **vermeiden**? Beziehen Sie die Gedanken zum **Weltethos** in Ihre Überlegungen ein: → S. 150 f.

4 **Jesus** hat in Wort und Tat gezeigt, wie wichtig es angesichts der vielen Gewalt in der Welt ist, sich für den Frieden einzusetzen und **gewaltlos** zu leben. Sein Evangelium ist eine **Botschaft des Friedens**. Suchen Sie aus seiner Rede am Berg (Mt 5-7) dazu einige Äußerungen. Andere wichtige Stellen: Lk 2, 14; Mt 21, 1-5; 26, 51-53; Eph 2, 14.

5 Ein Text zur Bedeutung des Friedens von Augustinus: → S. 49.

6 Informieren Sie sich im Internet über die **Friedensbotschaft der letzten Päpste**. Stichworte: **Johannes XXIII.** und die Enzyklika »Pacem in terris« (lat.: »Frieden auf Erden«); das Schuldbekenntnis von **Johannes Paul II.** im Jahr 2000; die Friedensbemühungen von **Benedikt XVI.**

Wassilij Wereschtschagin (1842–1905), **Apotheose des Krieges**, 1871–1872

8. Beschädigung der Erde

Zum Künstler: Der jüdische Maler **Samuel Bak** wurde 1933 in Wilna geboren. Die Stadt in Litauen wurde einmal wegen ihrer zahlreichen Juden das »Jerusalem des Ostens« genannt. Mit sieben Jahren kam er ins Ghetto. Als er zehn Jahre alt war, wurde seine Familie umgebracht. Er gehörte zu den ca. 200 Überlebenden der ca. 70–80 000 Juden seiner Heimatstadt. 1948 fand er in Israel eine neue Heimat. In Jerusalem entwarf er Bühnenbilder und Kostüme. Im Laufe seines Lebens besuchte er viele Länder. Die über 100 Ausstellungen seiner Werke fanden große Aufmerksamkeit, weil er im Stil der alten Meister Bilder der gefährdeten heutigen Welt zeigt. Seine Kunst ist jüdische Erinnerungsarbeit an die frühen Erfahrungen und Suche nach eigener Identität. Sie sind voller Traurigkeit und zugleich voller Lebenslust. In seinen »Metaphern des Grauens« (Bak) zeigt er oft die Zerstörung der Welt und die Beschädigung der Dinge. Verwundete Menschen, Ersatzteile von Körpern, unbewohnbar gewordene Häuserruinen, überschwemmte oder verdorrte Orte, zerbrochene Gefäße, qualmende Schornsteine, undurchdringlicher Smog, verstümmelte Bäume, angefressene Früchte sind wiederkehrende Motive auf seinen Bildern. Heute lebt er abwechselnd in Tel Aviv und New York.

Eine kirchliche Stellungnahme zum Klimawandel

Die deutschen Bischöfe haben im September 2006 die Schrift »Der Klimawandel: Brennpunkt globaler, intergenerationeller und ökologischer Gerechtigkeit« veröffentlicht. Sie beschreiben hier die gefährlichen Folgen des Klimawandels und zeigen, dass Christen sich nicht damit abfinden dürfen, weil sie glauben, dass die Welt die Schöpfung Gottes ist. Mit dem folgenden Text beginnt ihre Stellungnahme:

Der globale Klimawandel ist bereits Realität. Die Menschen spüren seine Auswirkungen buchstäblich am eigenen Leib: Hitze und Dürre, Stürme und Starkniederschläge, Gletscherrückgang und Überschwemmungen, Ernteausfälle und Ausbreitung von Krankheiten. Der globale Klimawandel stellt die wohl umfassendste Gefährdung der Lebensgrundlagen der heutigen und in noch viel stärkerem Maße der kommenden Generationen sowie der außermenschlichen Natur dar. Die biologischen, sozialen und räumlichen Folgen sind deshalb eine ernste Herausforderung für die Menschheit.

Dieser Herausforderung müssen wir aktiv begegnen. Als diejenigen, denen die Schöpfung als Leihgabe von Gott anvertraut worden ist, tragen wir Menschen Verantwortung für sie. Als Christen glauben wir, dass Gott die Erde erschaffen hat, wie es die biblische Schöpfungserzählung überliefert: »Gott sah alles an, was er gemacht hatte: Es war sehr gut«. Uns Menschen hat er den Auftrag gegeben, den Garten Eden zu bebauen und zu behüten. Mit der Einladung, ihre Ressourcen zu nutzen, hat Gott uns zugleich in die Pflicht genommen, die Schöpfung zu schonen und zu bewahren.

Karl Kardinal Lehmann (geb. 1936), Vorsitzender der Deutschen Bischofskonferenz

1   Zum **Bild**: → M 3; zum **Text**: → M 2.
2   Stellen Sie an einen Beispiel dar, wie weit die **Beschädigung der Erde fortgeschritten ist**, welche Ursachen dafür verantwortlich und welche Folgen zu erwarten sind. Zeigen Sie auch Bilder dazu. Wie sind wir auch selbst daran beteiligt? Warum ist es so schwer, eine durchgreifende Besserung durchzusetzen?
3   Wie begründen **Christen** ihren Einsatz für eine Verbesserung der Situation? Wo sehen Sie heute konkret den Einsatz von Christen für die Welt?
4   Ein **Text** zum Thema: → S. 52.

Samuel Bak (geb. 1933), **Blauer Morgen (vor der Stadt)**, 1973

Altes Testament – Die Gebote Gottes

1. Der Dekalog

Die wichtigsten Gebote des **Alten Testaments** finden sich im **Dekalog** (gr.: »Zehn Worte«). Er gehört zu den herausragenden Texten der **Thora** (→ S. 140), die eine größere Sammlung von Weisungen Gottes für sein Volk Israel enthält. Der Dekalog entfaltet im Detail, was das **Hauptgebot** meint: der Mensch solle Gott lieben (Dtn 6, 4) und den Nächsten wie sich selbst (Lev 19, 18).

Die Zehn Gebote ...

¹ Mose rief ganz Israel zusammen. Er sagte zu ihnen: Höre, Israel, die Gesetze und Rechtsvorschriften, die ich euch heute vortrage. Ihr sollt sie lernen, auf sie achten und sie halten. ² Der Herr, unser Gott, hat am Horeb (Kunstname, der »Wüstenort« bedeutet; Ex 19, 1 heißt der Berg »Sinai«) einen Bund mit uns geschlossen. ³ Nicht mit unseren Vätern hat der Herr den Bund geschlossen, sondern mit uns, die wir heute hier stehen, mit uns allen, mit den Lebenden. ⁴ Auge in Auge hat der Herr auf dem Berg mitten aus dem Feuer mit euch geredet. ⁵ Ich stand damals zwischen dem Herrn und euch, um euch das Wort des Herrn weiterzugeben; denn ihr wart aus Furcht vor dem Feuer nicht auf den Berg gekommen. Der Herr sprach:

⁶ **Ich bin der Herr, dein Gott, der dich aus dem Sklavenhaus Ägypten geführt hat.**

1. ⁷ Du sollst neben mir keine anderen Götter haben. ⁸ Du sollst dir kein Gottesbildnis machen, das irgendetwas darstellt am Himmel droben, auf der Erden unten oder im Wasser unter der Erde. ⁹ Du sollst dich nicht vor anderen Göttern niederwerfen und dich nicht verpflichten, ihnen zu dienen. Denn ich, der Herr, dein Gott, bin ein eifersüchtiger Gott: Bei denen, die mir feind sind, verfolge ich die Schuld der Väter an den Söhnen und an der dritten und vierten Generation; ¹⁰ bei denen, die mich lieben und auf meine Gebote achten, erweise ich Tausenden meine Huld.

2. ¹¹ Du sollst den Namen des Herrn, deines Gottes, nicht missbrauchen; denn der Herr lässt den nicht ungestraft, der seinen Namen missbraucht.

3. ¹² Achte auf den Sabbat: Halte ihn heilig, wie es dir der Herr, dein Gott, zur Pflicht gemacht hat. ¹³ Sechs Tage darfst du schaffen und jede Arbeit tun. ¹⁴ Der siebte Tag ist ein Ruhetag, dem Herrn, deinem Gott, geweiht. An ihm darfst du keine Arbeit tun: du, dein Sohn und deine Tochter, dein Sklave und deine Sklavin, dein Rind, dein Esel und dein ganzes Vieh und der Fremde, der in deinen Stadtbereichen Wohnrecht hat. Dein Sklave und deine Sklavin sollen sich ausruhen wie du. ¹⁵ Denk daran: Als du in Ägypten Sklave warst, hat dich der Herr, dein Gott, mit starker Hand und hoch erhobenem Arm dort herausgeführt. Darum hat es dir der Herr, dein Gott, zur Pflicht gemacht, den Sabbat zu halten.

4. ¹⁶ Ehre deinen Vater und deine Mutter, wie es dir der Herr, dein Gott, zur Pflicht gemacht hat, damit du lange lebst und es dir gut geht in dem Land, das der Herr, dein Gott, dir gibt.

5. ¹⁷ Du sollst nicht morden.

6. ¹⁸ Du sollst nicht die Ehe brechen.

7. ¹⁹ Du sollst nicht stehlen.

8. ²⁰ Du sollst nichts Falsches gegen deinen Nächsten aussagen.

9. ²¹ Du sollst nicht nach der Frau deines Nächsten verlangen.

10. Und du sollst nicht das Haus deines Nächsten begehren, nicht sein Feld, seinen Sklaven oder seine Sklavin, sein Rind oder seinen Esel, nichts, was deinem Nächsten gehört.

Dtn 5,1-21

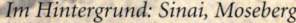

Im Hintergrund: Sinai, Moseberg

1 Vergleichen Sie den vollständigen Text des Dekalogs mit den bekannteren **Kurzfassungen**.

2 Vergleichen Sie die **Rahmenerzählung** Dtn 5, 1-5.22 mit der parallelen ausführlicheren Rahmenerzählung Ex 19, 10-25: → S. 98, 100. Welches **Gottes- und Menschenbild** ergibt sich aus dem Dekalog und seinem Kontext?

3 In welchem Zusammenhang steht die Erzählung vom **goldenen Kalb** (→ S. 86 f) zur Gesetzgebung am Sinai?

Mose mit den beiden Tafeln der Zehn Worte am Sinai: Eine Darstellung aus der 1422 von Rabbi Mose aus dem Hebräischen ins Spanische übersetzten Alba-Bibel. Das Bild wurde wohl von christlichen Künstlern unter rabbinischer Aufsicht gemalt. Oben ein Lichtsymbol Gottes, in der Mitte steht Mose wie in einem Paradiesgarten, unten die am Fuß des Sinai lagernden Israeliten.

2. Erkenntnisse der Bibelwissenschaften

❖ Der **Dekalog** und sein **Kontext,** der in zwei unterschiedlichen Fassungen vorliegt, ist in den beiden letzten Jahrhunderten intensiv erforscht worden. Dabei hat sich ergeben, dass die Texte **nicht historische Berichte** aus der Mosezeit sind, sondern eine lange, komplizierte Textgeschichte bis zur Endfassung hinter sich haben. Einige ähnliche Gebote finden sich schon in alten nichtbiblischen Texten, z. B. im altbabylonischen Codex Hammurabi (18.–17. Jh. vC).

❖ Der biblische Dekalog ist ein unverzichtbarer Bestandteil des biblischen Gottesglaubens und das Fundament des mit diesem Glauben verbundenen biblischen Ethos. Er ist bis heute für das **Judentum** zentral geblieben. Von dort her hat er auch im **Christentum** seinen unverlierbaren Platz gefunden. **Jesus** hat seine Geltung unmissverständlich bestätigt.

Tafeln mit dem hebräischen Text des Dekalogs (Kurzfassung)

1 Auch für den Dekalog gilt, was für die ganze Bibel richtig ist: Er ist »**Gottes Wort im Menschenwort**«. Was heißt das?

2 Die Zehn Gebote – Entfaltung des dreifachen **Liebesgebotes** (→ S. 118 ff)?

Zur Entstehungsgeschichte

❖ Der Dekalog ist **kein historischer Text**. Er stammt weder von **Mose** selbst noch ist er in der Zeit entstanden, in der die Mose-Erzählungen spielen. Erst Jahrhunderte später ist er schriftlich fixiert worden. Zur Zeit seiner Abfassung befand sich das Volk Israel in einer schwierigen Situation. Bedrohung durch äußere Feinde und Verfall der alten Sitten bereiteten den **Weisen und** 5 **Priestern Israels** ernste Sorgen. Darum suchten sie den Israeliten mit einfachen Worten zu sagen, was zum Leben und Überleben nötig ist. Sie waren davon überzeugt, dass diese Gebote den Willen Gottes zum Ausdruck bringen. Die alles überragende Gestalt ihrer Tradition war **Mose.** Kein anderer schien ihnen so berufen, die Gebote empfangen zu haben wie er. Darum 10 erzählten sie, dass die Zehn Gebote dem Volk Israel durch Mose von Gott geschenkt wurden.

❖ Der Dekalog selbst kommt in den Mosebüchern in **zwei Fassungen** vor: Ex 20, 1-17 und Dtn 5, 6-21. Die historisch-kritische Forschung hat beide Texte wiederholt verglichen, ohne schon zu allseits akzeptierten Ergebnissen 15 über das Alter und die gegenseitige Abhängigkeit zu kommen. Auf jeden Fall sind beide Fassungen das Ergebnis einer langen Entwicklung. Manche heutige Forscher nehmen an, dass die Dtn-Fassung älter ist und etwa gegen Ende des 7. Jahrhunderts entstanden ist, während der Exodus-Text nachexilisch (etwa 5. Jh. vC) sein könnte. Einigkeit besteht weithin darüber, dass die End- 20 redaktoren des Dekalogs ältere Weisungen in den Text aufgenommen haben, u. a. frühisraelisches Sippenethos und Forderungen der Propheten. Nach dem Babylonischen Exil (586–538 vC) wurden beide Fassungen in die Thora aufgenommen und zu Grundtexten der Bibel.

❖ Das Buch **Deuteronomium** enthält nichts anderes als die große Abschieds- 25 rede des Mose am Tag vor seinem Tod (Dtn 1, 1-3; 34, 1-9). Eindringlich legt Mose dem Volk dar, was Gott ihm aufgetragen hat und was Israel nicht vergessen darf, wenn es im Land der Verheißung lebt. In dieser Abschiedsrede, dem »Testament des Mose« , nimmt der Dekalog einen wichtigen Platz ein. Im Ganzen steht der Dekalog hier eher in einem theologisch-ethischen Kontext. 30

❖ In der Fassung des Buches **Exodus** befindet sich der Dekalog in einem großen Erzählkomplex. Hier wird anschaulich und dramatisch erzählt, wie Gott dem Volk Israel nach dem Auszug aus Ägypten in der Wüste vom Berg Sinai aus den Dekalog verkündet. Viele Einzelheiten der **Sinaiperikope** unterstreichen die hohe Bedeutung der Szene, z. B. das Bundesangebot (Ex 19, 1-25), 35 die kultischen Reinigungen des Volkes (Ex 19, 10-13), der dritte Tag (Ex 19, 15), Blitz, Donner, Wolken (Ex 19, 16), das Erdbeben (Ex 19, 18), der hohe Berg (Ex 19, 20), das Sprechen Gottes (Ex 19 ständig). Im Kontext nimmt die Sinaiperikope eine Mittelstellung zwischen Vergangenheit und Zukunft ein, da die Gesamterzählung folgende Stationen hat: 40

3. Gesetzgebung am Sinai,

2. Wüstenwanderung ↗ ↗ 4. Wüstenwanderung

1. Auszug aus Ägypten   5. Einzug in das verheißene Land

❖ Beide Fassungen sind **Symbolerzählungen bzw. Sinngeschichten** ganz einmaliger Art. Sie wollen das Volk Israel eindrucksvoll auf die Gottesgabe des 45 Dekalogs einstimmen.

Unterschiedliche Zählung der Gebote

❖ Da in beiden Dekalogformen mehr als 10 Gebote genannt sind, musste man, wollte man an der Zehnzahl festhalten, manche Gebote zusammenfassen. Das
50 geschah nicht immer in der gleichen Weise. So kommt es, dass die **Zählung der Gebote** im Judentum und bei den christlichen Konfessionen nicht übereinstimmt.

❖ Die Zählung der Gebote basiert bei **Katholiken** und **Lutheranern** auf dem Text des Deuteronomiums. Sie
55 fassen das Verbot fremder Götter und das Bilderverbot zum ersten Gebot zusammen (Dtn 5,7-8), so dass am Ende zwei Begehrverbote stehen: als 9. Gebot das Begehren gegenüber der Frau des Nächsten und als 10. Gebot das Begehren von Haus, Feld und Sklaven des
60 Nächsten (Dtn 5,21). Die **Reformierten** und **Anglikaner** stützen sich auf den Exodus-Text. Sie zählen das Verbot fremder Götter (Ex 20,3) und das Bilderverbot (20,4 f.) als die beiden ersten Gebote. Dann wird z.B. das Sabbatgebot zum 4. und das Tötungsverbot zum 6. Gebot.
65 Am Schluss gibt es dann für sie nur ein Begehrverbot.

❖ In der unterschiedlichen Zählweise zeigen sich **unterschiedliche theologische Perspektiven**. Für Katholiken und Lutheraner hat das Bilderverbot keine so große Bedeutung, weil sie annehmen, dass dieses Verbot seit
70 der Menschwerdung Christi nicht mehr im vollen Sinn gelte, da mit Christus das authentische Bild Gottes sichtbar geworden sei. Demgegenüber können sie den Wert der Frau stärker zum Ausdruck bringen, da sie nicht einfach als eines der Güter erscheint, das man
75 nicht begehren soll, wie es die Exodus-Fassung nahelegt (vgl. Ex 20,17 und Dtn 5,21). Den Reformierten ist, wie den Juden, das Bilderverbot so wichtig, dass sie dafür am Ende des Dekalogs das Begehrverbot für Frau und Güter zusammenfassen.

Eine Wirkungsgeschichte ohnegleichen

80 Der Dekalog hat unabsehbare **Wirkungen** gehabt. Die ältesten Spuren davon finden sich im **Alten Testament** selbst, wo er immer wieder als ethischer Maßstab genannt wird. **Jesus** hat die Gebote im Neuen Testament bestätigt und auch selbst befolgt. Für die **Rabbi-**
85 **nen** ist er bis heute Grundthema beim Studium des Talmud. **Seit Augustinus** sind die Zehn Gebote zur Grundlage der christlichen Erziehung geworden. Nachwirkungen finden sich auch im **Ethos vieler Völker**, in der **Deklaration der Menschenrechte** und in vielen
90 **demokratischen Verfassungen** und Rechtsbüchern. Neuerdings wird der Dekalog vor allem in seinem zweiten Teil auch in der **nichtreligiösen Welt** intensiv studiert und hoch geschätzt. Wahrscheinlich gibt es in der ganzen Menschheit keinen ethischen Katalog, der eine
95 solche Wirkungsgeschichte gehabt hat.

Eine Würdigung des Gottesgebots

*Fast am Ende seiner großen **Abschiedsrede** weist **Mose** noch einmal eindringlich auf die Bedeutung des Gottes-Gebotes hin. Es ist leicht zu halten, weil es ganz im Herzen des Menschen (→ S. 38) ist (Dtn 30, 11-14). Aber es stellt auch vor die wichtigste Entscheidung, die der Mensch treffen muss. Es geht hier um Glück oder Unglück, Leben oder Tod (Dtn 30, 15-20).*

Das Gebot ist im Menschen

¹¹ Dieses Gebot, auf das ich dich heute verpflichte, geht nicht über deine Kraft und ist nicht fern von dir.

¹² Es ist nicht im Himmel, so dass du sagen müsstest: Wer steigt für uns in den Himmel hinauf, holt es herunter und verkündet es uns, damit wir es halten können?

¹³ Es ist auch nicht jenseits des Meeres, so dass du sagen müsstest: Wer fährt für uns über das Meer, holt es herüber und verkündet es uns, damit wir es halten können?

¹⁴ Nein, das Wort ist ganz nah bei dir, es ist in deinem Mund und in deinem Herzen, du kannst es halten.   *Dtn 30, 11-14*

Glück und Unglück – Leben und Tod

¹⁵ Hiermit lege ich dir heute das Leben und das Glück, den Tod und das Unglück vor.

¹⁶ Wenn du auf die Gebote des Herrn, deines Gottes, auf die ich dich heute verpflichte, hörst, indem du den Herrn, deinen Gott, liebst, auf seinen Wegen gehst und auf seine Gebote, Gesetze und Rechtsvorschriften achtest, dann wirst du leben und zahlreich werden und der Herr, dein Gott, wird dich in dem Land, in das du hineinziehst, um es in Besitz zu nehmen, segnen.

¹⁷ Wenn du aber dein Herz abwendest und nicht hörst, wenn du dich verführen lässt, dich vor anderen Göttern niederwirfst und ihnen dienst –

¹⁸ heute erkläre ich euch: Dann werdet ihr ausgetilgt werden; ihr werdet nicht lange in dem Land leben, in das du jetzt über den Jordan hinüberziehst, um hineinzuziehen und es in Besitz zu nehmen.

¹⁹ Den Himmel und die Erde rufe ich heute als Zeugen gegen euch an. Leben und Tod lege ich dir vor, Segen und Fluch. Wähle also das Leben, damit du lebst, du und deine Nachkommen.

²⁰ Liebe den Herrn, deinen Gott, hör auf seine Stimme und halte dich an ihm fest; denn er ist dein Leben. Er ist die Länge deines Lebens, das du in dem Land verbringen darfst, von dem du weißt: Der Herr hat deinen Vätern Abraham, Isaak und Jakob geschworen, es ihnen zu geben.

Dtn 30, 15-20

3. Der ursprüngliche Sinn

Der **Dekalog** ist die ethische Quintessenz des Alten Testaments. Als das Grundgesetz bringt es den Willen Gottes zum Ausdruck.

❖ Die ersten drei Forderungen, d. h. die der ersten Tafel, sind für den biblischen **Gottesglauben** kennzeichnend. Zu ihnen gibt es kaum Parallelen bei anderen Völkern und Religionen. Sie sagen dem Gottesvolk, was es in seinem Verhältnis zu Gott beachten soll.

❖ Die weiteren sieben Gebote auf der zweiten Tafel sind **Menschengebote**. Sie fordern zum Schutz von Grundwerten wie Familie, Leben, Ehe, Eigentum und Recht auf und beziehen sich am Schluss auf das ungezügelte Begehren des Menschen. Ähnliche Gebote gibt es bei vielen Völkern überall in der Welt.

❖ Die Zehn Gebote bieten dem Handeln einen **Orientierungsrahmen**, der immer wieder neu gefüllt werden muss. Sie machen **weiteres Nachdenken** nicht überflüssig, sondern fordern dazu auf, neue Erfahrungen in ihrem Geist zu berücksichtigen.

1 Warum darf der **Prolog** des Dekalogs nicht ausgeblendet werden, wenn man die Gebote Gottes richtig verstehen will?

2 Wie unterscheiden sich die Gebote der **ersten und der zweiten Tafel**?

3 Zeigen Sie an Beispielen auf, dass der Dekalog in einer **anderen Gesellschaft** entstanden ist als die, in der wir leben.

4 Stellen Sie – vielleicht arbeitsteilig – zusammen, welche Bedeutung jedes der Zehn Gebote **in unserer Gesellschaft und Zeit** hat. **Aktualisierungen:** → S. 80, 86, 128 ff.

5 Warum ist der Dekalog **kein starrer, überholter Verbotskatalog**, sondern eine solide **Grundlage zum Schutz wichtiger Menschenrechte**?

6 Vergleichen Sie den biblischen Dekalog mit den **fünf Säulen im Islam** und **zehn buddhistischen Geboten:** → S. 142, 145.

Ein Blick auf die einzelnen Gebote

❖ Im **Vorspann** stellt sich Gott als Befreier Israels aus dem Sklavenhaus Ägyptens vor. Mit dem Dekalog stellt er seinem Volk solche Weisungen vor Augen, die geeignet sind, die einmal erlangte **Freiheit** zu bewahren. Die Verbindung von Gott und Freiheit war in der damaligen Zeit unerhört, wenn man bedenkt, dass es im damaligen Ägypten nicht einmal ein Wort für »Freiheit« gab. 5

❖ Die Aussagen des Dekalogs sind auf die **Zukunft** bezogen und meinen: Wenn du so (nicht) handeln wirst, dann wirst du leben. Tatsächlich erlaubt der hebräische Text auch statt der Übersetzung »Du sollst …« die Wiedergabe »Du wirst …« 10

1a Das **Fremdgötterverbot**, das aus einer Zeit stammt, als der Glaube an den Einen Gott in Israel noch nicht voll entfaltet war, verbietet die Verehrung anderer Götter, weil sich der Gott Israels seinem Volk durch den Bund in Liebe so verbunden fühlt, dass er Nebenbuhler nicht erträgt. Er will kein »Dreiecksverhältnis«. Darum wird Gott auch bei einem Verstoß – bildhaft 15 gesprochen – »eifersüchtig« (V. 5).

1b Das **Bilderverbot** ist kein Kunstverbot, sondern untersagt, Bilder für den Kult herzustellen und zu verehren, weil dem Bild im Kult magische Kräfte zugeschrieben werden, mit denen Gott nichts zu tun hat. Ausdrücklich meint das hebräische Wort nur materielle Bilder, also keine Sprachbilder, die ja aus 20 der Bibel und selbst aus dem Dekalog (»eifersüchtig«) nicht wegzudenken sind. Der Gedanke, Bilder seien deshalb verboten, weil kein endliches Bild den unendlichen Gott adäquat fassen kann, stammt aus späterer Zeit, insbesondere aus philosophischen Überlegungen (Platon, Kant). Er dürfte konsequenterweise auch keine Sprachbilder zulassen. 25

2 Der **Missbrauch des göttlichen Namens** (»JHWH«; Ex 3, 14) ist deshalb verboten, weil in der Antike der Name eine ähnliche Funktion haben konnte wie das verbotene Kultbild. Erst durch den Namen wurde ein Götterbild ansprechbar. Durch Anrufung des Namens konnte eine Gottheit zu magischen Zwecken missbraucht werden. Das Verbot schützt nicht so sehr Gott, sondern warnt 30 vielmehr den Menschen, Gott für sich vereinnahmen zu wollen.

3 Das **Sabbatgebot** ist das längste des Dekalogs und schon deshalb höchst bedeutsam. Bis heute ist es ein unverwechselbares Kennzeichen des Judentums. – Mit dem Sabbat entsteht die Siebentagewoche, die selbst wieder ein Viertel einer Mondphase bildet. So liegt hier eine Kombination von Naturerfahrung und heiliger Zahl (7 = 4+3; → S. 90) vor. Diese Zeiteinteilung gliedert bis heute unseren Kalender und unser Zeitgefühl. Die Woche mit dem Ruhetag ist zum Geschenk Israels für (fast) die ganze Menschheit geworden. – Charakteristisch für die menschenfreundliche Ethik des Dekalogs ist der Hinweis, dass am Sabbat nicht nur die Freien und Herren, sondern alle, auch 40 die Sklaven, und sogar die Tiere ruhen sollen. Ein solches Sozialgebot war in der Antike unbekannt. Dort hatten Sklaven kaum Rechte. – Der Sabbat wird im Exodus-Dekalog mit der Sabbatruhe Gottes an seinem siebten Schöpfungstag (Ex 20, 11 und Gen 2, 2-3) und im Deuteronomium-Katalog mit der Befreiung aus Ägypten (Dtn 5, 15 und Ex 12-18) begründet, wo alle Israeliten Sklaven waren. – Christen begehen anstelle des Sabbat den Sonntag, weil das Neue Testament den Sonntag als den Tag der Auferweckung Jesu Christi nennt (Mt 28, 1).

Keith Haring (1958–1990), The Ten Commandments (Auswahl), 1985

4 Das Elterngebot richtet sich nicht an einen Einzelnen, sondern an das Volk Israel, nicht an Kinder, sondern an Erwachsene, die die Erfahrungen der Älteren nicht ignorieren sollen, weil sie sich damit selber schaden. Im Gebot klingen noch alte Formen der Ahnenverehrung nach. Vor allem hat das Gebot einen sozialen Sinn. Es schützt dauerhaft die Lebensleistung der Eltern auch dann, wenn sie nicht mehr arbeiten können. Wenn dies nicht nur von dem Einzelnen, sondern vom ganzen Volk beachtet wird, darf das Volk vertrauensvoll auf eine lange Lebensdauer im Land Israel hoffen.

5 Das Verbot des Mordens ist mit Bedacht kein Verbot des Tötens, da Situationen denkbar sind, in denen die Tötung eines Menschen ggfs. hingenommen werden kann, z. B. in Notwehr, im Krieg und – für die damalige Zeit – bei der Todesstrafe. Im fünften Gebot geht es um die schuldhafte und/oder gewaltsame Tötung eines Menschen, letztlich um den Schutz des menschlichen Lebens. Heute könnte man es sinngemäß so übersetzen: »Das Leben des Menschen ist unantastbar. Es steht unter dem Schutz Gottes.« – Das Gebot schließt nicht aus, dass eine andere Gesellschaft rechtens auch das Töten im Krieg oder die Todesstrafe verbietet.

6 Das Verbot des Ehebruchs kennt noch die verschiedenen Formen der Ehe wie Mono-, Bi- und Polygamie in einer patriarchalen Gesellschaft. Dort verstieß der Ehebruch nicht gegen die Sexualmoral, sondern war ein Verstoß gegen die Gerechtigkeit, weil der Ehebruch zur Folge haben konnte, dass ein Mann ein Kind mit vielen Kosten aufzieht, das nicht von ihm ist.

7 Das Verbot zu stehlen bezieht sich ursprünglich auf Menschenraub und will so die Menschenwürde schützen. Aber es meint auch das Stehlen von fremdem Hab und Gut. Durch das Verbot wird das Recht auf persönliches Eigentum gewahrt.

8 Das Verbot der Falschaussage hat zuerst einen Zeugen vor Gericht im Blick, der durch seine Lüge das Recht eines Anderen verletzen und diesen somit schwer schädigen kann. So verstößt die Falschaussage gegen die Gerechtigkeit, die gerade vor Gericht gewahrt werden muss. In zweiter Linie verbietet das Gebot auch die alltäglichen Lügen.

9 Das erste Begehrverbot bezieht sich – genau wie das zweite – auf die Einstellung im Inneren des Menschen, die einer ungerechten Haltung vorausgeht und zu ihr hinführen kann. Es verbietet nicht das Begehren an sich, sondern das ungerechte Begehren, das auf eine Verletzung des Eigentumsrechts anderer hinausläuft. In der alten patriarchalen Welt gehörte die Frau zum Besitz eines Mannes. Der umgekehrte Fall kam nicht vor. Darum führte nur das Begehren einer Frau zu einer Eigentumsverletzung. In einer Gesellschaft, in der Mann und Frau partnerschaftlich miteinander leben, bezieht sich das Gebot in gleicher Weise auf das ungerechte Begehren von Mann und Frau, das eine Ehe stört oder zerstört.

10 Im zweiten Begehrverbot wird untersagt, das Eigentum des Nächsten ungerecht zu begehren und sich anzueignen. Jeder soll davor geschützt sein, dass ihm sein Hab und Gut mit Methoden wie Betrug, Täuschung oder Verleumdung entzogen wird und er dadurch seine Lebensgrundlagen verliert.

4. Theologische Deutungen

Wegweiser in Richtung Freiheit

Franz Böckle war katholischer Moraltheologe an der Universität Bonn.

❖ Die Zehn Gebote sind Gottes **Wegweisung in die Freiheit**. Mut und Zuversicht in die Zukunft bestimmen den Ton. Als entscheidender Satz steht in der Bibel an der Spitze der Zehn Gebote die Erinnerung an die Befreiung aus Ägypten. »Ich bin der Herr, dein Gott, der dich aus dem Ägypterlande, dem Sklavenhause, herausgeführt hat!« Die unmittelbar darauf folgenden Gebote, oder nach dem Sprachgebrauch der alten Kirche, die »Zehn Worte Gottes« wollen keine Gesetze sein, die das Leben einengen. Sie sollen die Einheit des Volkes in Glaube und Recht garantieren und so seine eben gewonnene Unabhängigkeit und bedrohte Freiheit sichern. ... [5]

❖ Es geht bei dieser Freiheit um das Schicksal des **Volkes**, um das Wohl und Wehe des Ganzen. Wir suchen im Alten Testament vergeblich nach einer Ethik der Selbstvervollkommnung des **Einzelnen** oder einer Tugendlehre, die vom Individuum als dem primären Element in der Geschichte Israels ausgehen würde. Das Gebot Jahwes richtet sich an Israel als Volk. Der Einzelne hat teil am Geschick des Ganzen. Durch seine Verfehlungen macht er sich auch schuldig am Ganzen ... [10]

❖ Wichtig für das rechte Verständnis ist die Einsicht, dass es sich bei den Geboten und Verboten **nicht um unmittelbar praktische Rechtsnormen** handelt. Wir würden im modernen Recht eher von **Leitsätzen** sprechen, wie wir sie etwa im Grundrechtskatalog des Grundgesetzes finden. Mit diesen Leitsätzen bekennen wir uns zu den unveräußerlichen **Menschenrechten**, die als **Grundrechte** den Schutz bestimmter Rechtsgüter fordern. In diesem Sinn genießen das Leben, die leibliche Integrität, das Eigentum, die Gewissensfreiheit, aber auch Ehe und Familie und eine Reihe weiterer »Güter« den grundsätzlichen Schutz des Rechts. Was das konkret bedeutet, wird im Strafrecht oder im bürgerlichen Recht positiv festgelegt. ... [15] [20]

❖ Gerade so, verstanden als Bekenntnis zu den grundlegenden Werten des Zusammenlebens, öffnen sich die Zehn Gebote einer weiterführenden geschichtlichen Interpretation und einer Deutung aus dem heilsgeschichtlichen Zusammenhang des **Neuen Bundes**. Gerade so bewahren sie ihre gestaltende Kraft auch für unser gesellschaftliches Leben. ... [25]

❖ In **Katechismen und Beichtspiegeln** sind die Gebote fast völlig »**privatisiert**« worden. Man denke beispielsweise an das vierte Gebot, das als Gehorsamsgebot weitgehend auf den innerfamiliären Frieden hin ausgelegt wurde. Die Entwicklung der Familie in unserer Gesellschaft stellt uns demgegenüber vor ganz andere Probleme, die in viel stärkerem Maße den Sinn der Verheißung erkennen lassen, die Gott mit dem vierten Gebot verbunden hat. An der Lösung des Generationsproblems hängt weitgehend das »Wohlergehen« unserer Gesellschaft. Wir stehen vor der entscheidenden Frage, wie denn unsere Gesellschaft »nachwachsen«, sich fortsetzen, sich erneuern kann ... [30] [35]

❖ Die Weisungen des Dekalogs haben ihre letzte **Wurzel im Glauben an Gottes Zuwendung** zu seinem Volk. Der tragende Grund ist der Gottesglaube. **Israel** darf glauben, dass Gott mit ihm ist. Dieser Glaube belastet nicht das Menschenbild; er befreit vielmehr von fremden Götzen und warnt Israel, Gott nicht mit seinen menschlichen Vorstellungen zu verwechseln. Das ist der Sinn des Bilderverbots. [40]

Franz Böckle (1921–1991)

1 Zeigen Sie an einigen Geboten auf, dass die Zehn Gebote »**Wegweiser in Richtung Freiheit**« sind.

2 Nach Auer enthält die »Zweite Tafel« (4.–10. Gebot) »**autonom** entwickeltes Ethos«. Was bedeutet diese Aussage? Zu den Begriffen Autonomie und Theonomie: → S. 58 f.

Samuel Bak (geb. 1933), Sch'ma Israel, d. h. Höre, Israel (Dtn 6, 4-9, → S. 118), 1991

Theonomie und Autonomie

*Für **Kant** (→ 11, 40, 50, 58) war jede Ethik, die sich nicht **autonom** begründete, **heteronom** und daher unzureichend. Dazu gehörte für ihn auch die **theonome** Ethik, deren Charakteristikum er darin sah, dass dem Menschen die göttlichen Gebote gleichsam von außen befohlen werden, so dass er in einen Zustand der Heteronomie gerät. **Alfons Auer**, einflussreicher katholischer Moraltheologe, vertritt mit vielen seiner Kollegen eine Position, die den alten Gegensatz von theonomer und autonomer Ethik zu überwinden sucht. Er entdeckt im biblischen Ethos, das theonom präsentiert wird (»So spricht der Herr«, »Ich bin der Herr, dein Gott«, Sinai u. a.), autonome Strukturen. Für ihn haben geschichtliche Erfahrungen und rationale Erwägungen einen großen Anteil am Zustandekommen der biblischen Weisungen.*

Im Alten Testament enthält der Dekalog – es geht hier nur um den weltethischen Gehalt, also um die Gebote der »Zweiten Tafel« – nicht ein dem Bundesvolk spezifisches Ethos, vielmehr stellt die »Zweite Tafel« ausgesprochen autonom entwickeltes Ethos dar. Dieses reicht in seinen Ursprüngen in vorisraelitische sittliche und rechtliche Traditionen zurück, in uraltes weltlich entstandenes Sippenethos. Schon in diesen Anfängen hat sich die Rationalität der Wirklichkeit auf legitime Weise artikuliert, ebenso in den späteren Weiterbildungen und im allmählichen Zusammenwachsen ursprünglich zerstreuter Traditionen in der israelitischen Frühzeit. Die Gebote der »Zweiten Tafel« wurden also nicht vom Bundesvolk selbst aufgrund seines Heilsglaubens schöpferisch hervorgebracht und auch nicht unmittelbar von Gott geoffenbart. Vielmehr hat das Bundesvolk diese Gebote in seiner Geschichte vorgefunden und dann in den Bundesgedanken integriert: Durch die Erfüllung dessen, was sich in einer langen geschichtlichen Tradition als unabdingbare Voraussetzung einer geordneten und fruchtbaren Existenz erwiesen hatte, sollte das Volk seine Treue zum Bundesgott bekunden.

Alfons Auer (1915–2005)

Dreißig Millionen Gesetze

Worüber ich mich immer wieder wundere ist dies: Es gibt auf der Welt über dreißig Millionen Gesetze, um die Zehn Gebote durchzuführen.   *Albert Schweitzer (1875–1965)*

Ohne Sachverständigenkommission

Die Zehn Gebote Gottes sind deshalb so klar und verständlich, weil sie ohne Mitwirkung einer Sachverständigenkommission zustande gekommen sind.

Charles de Gaulle (1890–1970)

Chefsache

Das Neue am biblischen Monotheismus ist, dass er die Moral zur Chefsache Gottes gemacht hat.

Jan Assmann (geb. 1938), Ägyptologe

5. Das prophetische Ethos

Zu den wichtigsten Gestalten in der Geschichte Israels gehören die **Propheten** (10. – 4. Jh. vC). Ihre vordringlichste Aufgabe war es, dem Wort Gottes Geltung zu verschaffen. In ihrer Berufung zum Propheten erfuhren sie Gott ganz persönlich und vernahmen sein Wort, so dass es ihnen trotz innerer Widerstände möglich wurde, ihren Zeitgenossen authentisch zu sagen, wie Gott in der Geschichte wirkt und was er will. Dabei spielt der Blick in die Zukunft nicht die Hauptrolle, obwohl sich in ihrer Botschaft eindrucksvolle Perspektiven für die Zukunft finden. Sie haben gemahnt, gewarnt, geklagt, erinnert, geschrien, gelehrt und verheißen. Meist wurden sie zu ihrer Zeit nicht gehört. Aber ihr Wort wirkte über ihren Tod hinaus weiter.

❖ Ihre Botschaft ist von einem **radikalen Ethos** geprägt. Erstmals beziehen sie alle Lebensbereiche auf Gott und rufen zur Änderung des Lebens (»Umkehr«) auf. Gott werde seine Verheißungen nur erfüllen, wenn das Volk in **Treue zum Gottesbund** auf seinen Wegen bleibt. Entschieden betonen sie, dass **Barmherzigkeit** gegenüber den Armen für Gott wichtiger ist als ritueller Opferkult (Am 5, 21-15; Hos 6, 6; Jes 1, 10-17 u. ö.). So üben sie Religionskritik aus religiösen Gründen.

❖ Über alle Zeiten hinweg bleibt ihre Botschaft von **Gerechtigkeit** und **Frieden** aktuell.

❖ Ein Höhepunkt der prophetischen Rede liegt in der **Vision eines ewigen Friedensreiches**, die mit der Forderung verbunden ist, schon jetzt an Stelle des Krieges den Frieden zu schaffen. Hier haben sich vor allem Propheten wie Jesaja, Jeremia, Ezechiel, Deutero- und Trito-Jesaja hervorgetan.

Der falsche und der wahre Gottesdienst

Jesaja, der im unruhigen 8. Jh. vC in Jerusalem lebte, zählt zu den bedeutendsten Propheten der Bibel. Einige seiner Verheißungen beziehen sich auf den Messias. Im folgenden Text klagt er die Leute von Jerusalem an, die über ihren korrekten Opferkult im Tempel vergessen, was Gott in erster Linie von ihnen erwartet. Gott wird mehr durch Gerechtigkeit und Barmherzigkeit gegenüber den Menschen als durch Opfer, Feste und Gebete verehrt.

[11] Was soll ich mit euren vielen Schlachtopfern?, spricht der Herr. Die Widder, die ihr als Opfer verbrennt, und das Fett eurer Rinder habe ich satt; das Blut der Stiere, der Lämmer und Böcke ist mir zuwider.

[12] Wenn ihr kommt, um mein Angesicht zu schauen – wer hat von euch verlangt, dass ihr meine Vorhöfe zertrampelt?

[13] Bringt mir nicht länger sinnlose Gaben, Rauchopfer, die mir ein Gräuel sind. Neumond und Sabbat und Festversammlung – Frevel und Feste – ertrage ich nicht.

[14] Eure Neumondfeste und Feiertage sind mir in der Seele verhasst, sie sind mir zur Last geworden, ich bin es müde, sie zu ertragen.

[15] Wenn ihr eure Hände ausbreitet, verhülle ich meine Augen vor euch. Wenn ihr auch noch so viel betet, ich höre es nicht. Eure Hände sind voller Blut.

[16] Wascht euch, reinigt euch! Lasst ab von eurem üblen Treiben! Hört auf, vor meinen Augen Böses zu tun!

[17] Lernt, Gutes zu tun! Sorgt für das Recht! Helft den Unterdrückten! Verschafft den Waisen Recht, tretet ein für die Witwen! *Jes 1, 10-17*

»Ein Fasten, wie ich es liebe«

Im Buch Jesaja findet sich ein Text, der von einem späteren Propheten stammt, den man »Tritojesaja« (gr.: »dritter Jesaja«) nennt, und der eine ungewöhnliche Definition des Fastens gibt.

[6] Das ist ein Fasten, wie ich es liebe: die Fesseln des Unrechts zu lösen, die Stricke des Jochs zu entfernen, die Versklavten freizulassen, jedes Joch zu zerbrechen,

[7] an die Hungrigen dein Brot auszuteilen, die obdachlosen Armen ins Haus aufzunehmen, wenn du einen Nackten siehst, ihn zu bekleiden und dich deinen Verwandten nicht zu entziehen.

[8] Dann wird dein Licht hervorbrechen wie die Morgenröte und deine Wunden werden schnell vernarben. Deine Gerechtigkeit geht dir voran, die Herrlichkeit des Herrn folgt dir nach. *Jes 58, 6-8*

---

1 Stellen Sie zusammen, was Sie von den **Propheten Israels, insbesondere von Jesaja,** wissen: → M 1.

2 Erzählen Sie eine in der Bibel überlieferte **Szene mit einem Propheten**, z. B. 2 Sam 12, 1-7. Suchen Sie auch ein Wort eines Propheten heraus, das Sie beeindruckt.

3 Zum Thema **Gerechtigkeit**: → S. 46, 135 ff; zum Thema **Frieden**: → S. 49.

4 Wie sieht Jesus im **Neuen Testament** das Verhältnis von Kult und Ethos: → Mt 5, 23 f.; 9, 13; 25, 31-46; Mk 3, 1-6?

5 **Meditieren** Sie über ein prophetisches Wort zum Frieden oder zur Gerechtigkeit: → M 5.

6 Weitere Ausführungen zum **Ethos des Judentums in nachbiblischer Zeit**: → S. 140.

Michelangelo (1475–1564),
Der Prophet Jesaja, Deckengemälde der
Sixtinischen Kapelle, 1502–1512

Die Vision eines Friedensreiches

Mit einer großen Friedensvision macht **Jesaja** *seinem Volk, das von mächtigen Feinden lebensgefährlich bedroht wird, in einer bildhaften Sprache Hoffnung auf einen König (»Kind«, V. 5), der Frieden gibt und Recht und Gerechtigkeit herbeiführt. Christen sehen in Jesus Christus diesen König.*

4 Jeder Stiefel, der dröhnend daherstampft, jeder Mantel, der mit Blut befleckt ist, wird verbrannt, wird ein Fraß des Feuers.

5 Denn uns ist ein Kind geboren, ein Sohn ist uns geschenkt. Die Herrschaft liegt auf seiner Schulter; man nennt ihn: Wunderbarer Ratgeber, starker Gott, Vater in Ewigkeit, Fürst des Friedens.

6 Seine Herrschaft ist groß und der Friede hat kein Ende. Auf dem Thron Davids herrscht er über sein Reich; er festigt und stützt es durch Recht und Gerechtigkeit, jetzt und für alle Zeiten. Der leidenschaftliche Eifer des Herrn der Heere wird das vollbringen.

Jes 9, 4-6

Protest gegen Ungerechtigkeit

1 Weh denen, die unheilvolle Gesetze erlassen und unerträgliche Vorschriften machen, 2 um die Schwachen vom Gericht fern zu halten und den Armen meines Volkes ihr Recht zu rauben, um die Witwen auszubeuten und die Waisen auszuplündern. 3 Was wollt ihr tun, wenn die Strafe naht? *Jes 10, 1-3*

Gerechtigkeit und Frieden

Schon Propheten wie **Jesaja** *haben klar erkannt, dass Gerechtigkeit und Frieden miteinander zu tun haben. Es gibt nicht das Eine ohne das Andere. Sie setzen sich gegenseitig voraus. Darum ist es Gottesgebot und Menschenpflicht, sich für beides einzusetzen.*

Das Werk der Gerechtigkeit wird der Friede sein,
der Ertrag der Gerechtigkeit sind Ruhe und Sicherheit für
immer. *Jes 32, 17*

Ich setze den Frieden als Aufsicht über dich ein
und die Gerechtigkeit als deinen Vogt. *Jes 60, 17*

❖ Im Alten Testament gibt es – vor allem in der Frühzeit – Gebote, Szenen und Strafen, die mit dem Dekalog und dem prophetischen Ethos nicht übereinstimmen. Da ist von **drakonischen Strafen, heiligen Kriegen, blutigen Massakern, furchtbarer Rache, schrecklichen Geboten** usw. die Rede. Solche Passagen passen nicht zum entfalteten Gottesbild des Alten Testaments. Darum werden sie in den späteren Schriften seltener oder verschwinden auch ganz.

❖ Besonders harte **Strafandrohungen** bis zur **Todesstrafe** gelten z. B. der Gotteslästerung, dem Götzendienst, der Zauberei, dem falschen Prophezeien, dem Brechen des Sabbats, Entführung, Mord und Ehebruch, Inzest, Sodomie usw.

❖ Solche Vorstellungen und Taten entsprechen **archaischer Religiosität**, der zufolge (der jeweilige) Gott seine eigenen Gebote kompromisslos als unantastbare Tabus schützt. Seine Existenzberechtigung und Stärke zeigt er gerade in seiner machtvollen Überlegenheit über Feinde und Übeltäter. Manchmal wird hinter derartigen Äußerungen in der Bibel auch ein gewisses **Rechtsgefühl** erkennbar: Gott ist es, der in solchen Taten den Armen, Ausgebeuteten, Unterlegenen seine Hilfe zuwendet und gerade so die verletzte Gerechtigkeit wiederherstellt.

Neues Testament – Die Weisungen Jesu

1. Klugheit im Alltag

Gesunder Menschenverstand

*Zu **Alfons Auer:** → S. 103.*

Nach dem Ausweis der synoptischen Evangelien zählt Jesus
unbefangen auf den gesunden Menschenverstand und die
sittliche Vernunft. Er traut seinen Hörern Einsicht in die
Grundgesetze des menschlichen Lebens zu – dass es etwa
5 dem Menschen nichts nützt, wenn er die ganze Welt
gewinnt, aber sein wahres Leben darüber verliert (Mk 8,36),
dass Gott für die Menschen gewiss sorgen wird, wenn er
schon das rasch vergehende Gras auf dem Felde kleidet (Mt
6,30), dass man vernünftigerweise ein Schaf auch dann aus
10 der Grube zieht, wenn gerade Sabbat ist (Mt 12,12). Jesus hält
seine Hörer für fähig, sittliche Maßstäbe aufzuspüren –
wenn er sie z. B. fragt, wer denn nun von den dreien, die
dem unter die Räuber Gefallenen begegnen, dessen Nächs-
ter gewesen sei (Lk 10,36), oder wenn er den Pharisäern vor-
15 wurfsvoll entgegenhält: »Die Zeichen an Himmel und Erde
wisset ihr zu deuten; warum deutet ihr dann nicht auch die
heutige Zeit? Warum entscheidet ihr nicht von selbst, was
recht ist?« (Lk 12,56 f). Die »Unvernunft« taucht unter den
bösen Dingen auf, die aus dem Inneren des Menschen kom-
20 men und den Menschen unrein machen: »Von innen, aus
dem Herzen der Menschen, gehen schändliche Gedanken,
Unzucht, Diebstahl, Mord, Ehebruch, Habgier, Bosheit, Arg-
list, Ausschweifung, Neid, Lästerung, Hochmut, Unverstand
hervor ...« (Mk 7,21-23). Auch wenn es den Menschen nicht
25 ausdrücklich geoffenbart ist, wissen sie, was richtig ist und
was sich gehört. Sie haben durchaus Sinn dafür, dass sie den
politischen und gesellschaftlichen Notwendigkeiten nachkommen und ihre Steuern bezahlen müssen (Mt 22,15-22),
dass jede geleistete Arbeit Lohn verdient (Lk 10,7; Mt 20,4),
30 dass man sich berechtigterweise auf Verträge berufen kann
(Mt 20,13), dass man mit überantwortetem Gut wirtschaftlich umgehen muss (Lk 12,42-48). Auch die »Goldene Regel«
(→ S. 45), die aus einer langen Überlieferung auf Jesus
gekommen ist, bringt eine elementare sittliche Einsicht
35 zum Ausdruck. Wie beiläufig werden also von Jesus in diesen und ähnlichen Sprüchen jene sittlichen Forderungen
wiederholt, die sich seit Jahrhunderten bei Heiden und
Juden bewährt haben und von den Weisheitslehrern in der
üblichen ethischen Unterweisung von Geschlecht zu
40 Geschlecht vermittelt wurden.

Alfons Auer (1915–2005)

Emil Nolde (1867–1956), Die Zinsmünze (Mt 22, 15-22), 1915

2. Die Thora – bestätigt und überboten

Vom Gesetz und von den Propheten

[17] Denkt nicht, ich sei gekommen, um das Gesetz (die »Thora«) und die Propheten aufzuheben. Ich bin nicht gekommen, um aufzuheben, sondern um zu erfüllen. [18] Amen, das sage ich euch: Bis Himmel und Erde vergehen, wird auch nicht der kleinste Buchstabe des Gesetzes vergehen, bevor nicht alles geschehen ist. [19] Wer auch nur eines von den kleinsten Geboten aufhebt und die Menschen entsprechend lehrt, der wird im Himmelreich der Kleinste sein. Wer sie aber hält und halten lehrt, der wird groß sein im Himmelreich.

Mt 5, 17-19

»Ich aber sage euch« – die neue Weisung Jesu

In seiner Rede auf dem Berg stellt Jesus seine Weisungen dem gegenüber, was bisher zu den Alten gesagt worden war. »Ich aber sage euch« – so leitet er seine neue Deutung ein. In eigener Vollmacht wendet er sich nicht gegen die Thora selbst, – das wäre ein Widerspruch gegen die gerade erfolgte Bestätigung der Thora – wohl aber gegen eine verbreitete Auslegung der Thora, die hier verschärft und vertieft wird.

Seine neuen Weisungen beziehen sich exemplarisch auf das fünfte (Töten), sechste (Ehe und Scheidung; → S. 110) und achte Gebot (Schwören). Sie gipfeln in der unerhörten Forderung, selbst den Feind zu lieben (Mt 5, 44; → S. 120).

Vom Töten und von der Versöhnung

[21] Ihr habt gehört, dass zu den Alten gesagt worden ist: Du sollst nicht töten; wer aber jemand tötet, soll dem Gericht verfallen sein. [22] Ich aber sage euch: Jeder, der seinem Bruder auch nur zürnt, soll dem Gericht verfallen sein; und wer zu seinem Bruder sagt: Du Dummkopf!, soll dem Spruch des Hohen Rates verfallen sein; wer aber zu ihm sagt: Du (gottloser) Narr!, soll dem Feuer der Hölle verfallen sein. [23] Wenn du deine Opfergabe zum Altar bringst und dir dabei einfällt, dass dein Bruder etwas gegen dich hat, [24] so lass deine Gabe dort vor dem Altar liegen; geh und versöhne dich zuerst mit deinem Bruder, dann komm und opfere deine Gabe. [25] Schließ ohne Zögern Frieden mit deinem Gegner, solange du mit ihm noch auf dem Weg zum Gericht bist. Sonst wird dich dein Gegner vor den Richter bringen und der Richter wird dich dem Gerichtsdiener übergeben und du wirst ins Gefängnis geworfen. [26] Amen, das sage ich dir: Du kommst von dort nicht heraus, bis du den letzten Pfennig bezahlt hast.

Mt 5, 21-26

Von der Vergeltung

[38] Ihr habt gehört, dass gesagt worden ist: Auge für Auge und Zahn für Zahn. [39] Ich aber sage euch: Leistet dem, der euch etwas Böses antut, keinen Widerstand, sondern wenn dich einer auf die rechte Wange schlägt, dann halt ihm auch die andere hin. [40] Und wenn dich einer vor Gericht bringen will, um dir das Hemd wegzunehmen, dann lass ihm auch den Mantel. [41] Und wenn dich einer zwingen will, eine Meile mit ihm zu gehen, dann geh zwei mit ihm. [42] Wer dich bittet, dem gib, und wer von dir borgen will, den weise nicht ab.

Mt 5, 38-42

❖ Jesu hat in seiner programmatischen Rede auf dem Berg (Mt 5-7) die **Gebote der Thora**, d. h. der fünf Mosebücher mit dem Dekalog (»Gesetz«) und das **prophetische Ethos** voll bestätigt. Er gesteht niemandem das Recht zu, auch nur den kleinsten Buchstaben (»Jota«) der Thora abzuändern. Mit diesem Wort bestätigt Jesus den Rang des Buches, das die Christen »Altes Testament« nennen und zu ihrer Heiligen Schrift zählen.

❖ Zugleich interpretiert Jesus in derselben Rede auf dem Berg mit seiner **neuen Sicht der Gerechtigkeit** die Gebote der Thora (→ S. 140). Er stellt dem, was »zu den Alten gesagt wurde«, seine neue Sicht mit dem Wort »Ich aber sage euch« zur Seite. Damit erhebt er für sich einen hohen Anspruch, der für das Judentum bis heute nicht akzeptabel, für das Christentum aber ein Hinweis auf seine Würde ist.

1. Zur Bedeutung der **Thora** im Judentum: → S. 140.
2. Informieren Sie sich über die wichtigsten Inhalte, die Komposition und die Wirkungsgeschichte der **Rede Jesu auf dem Berg** Mt 5-7.
3. Wie gehören die Worte Jesu Mt 5, 38-42 in seine mehrfach bekundete Lehre von der **Gewaltlosigkeit**? Warum sind sie bis heute aktuell?
4. Warum ist sowohl die **Bestätigung** wie die **Neudeutung** der Thora für **Christen** bedeutsam?

3. Das Reich Gottes suchen – Ein neuer Sinnhorizont

❖ Einen neuen Sinnhorizont für alles Handeln hat Jesus eröffnet, als er das **Kommen des Reiches Gottes** ankündigte und seine Anhänger aufforderte, dieses Reich Gottes mit allen Kräften zu suchen. Nun folgt christliches Handeln nicht mehr nur alltäglicher Klugheit, sondern steht von jetzt an in der Dimension Gottes, der eine neue Welt des **Friedens** und der **Gerechtigkeit** will (Röm 14, 7) und den Menschen endgültig sein **Heil** zugesagt hat. So ist das Reich Gottes zu der großen Vision der Christen geworden.

❖ Das Reich Gottes hat mit dem zu tun, was das Neue Testament auch **Heiligung des Lebens**, **Vergebung der Sünden**, **Rechtfertigung des Menschen**, **Leben und Heil** oder **Auferstehung** nennt.

❖ Weil das Reich Gottes den Menschen von Gott zugesagt ist und auf sie zukommt (»**Gnade**«), soll sich der Mensch daran machen, an der Verwirklichung des Reiches Gottes mitzuwirken.

Die Ankündigung Jesu

Im Markusevangelium handeln die ersten Worte, die Jesus in Galiläa spricht und als »Evangelium« verkündet, programmatisch vom Reich Gottes. Die vier Glieder dieses Spruches enthalten den Kern seiner Botschaft.

Die Zeit ist erfüllt,
das Reich Gottes ist nahe.
Kehrt um
und glaubt an das Evangelium.

Mk 1, 14

Um was es zuerst geht

Euch muss es zuerst um Gottes Reich und um seine Gerechtigkeit gehen; dann wird euch alles andere dazugegeben.

Mt 6, 33

Gleichnisse vom Reich Gottes

*Der Evangelist Matthäus spricht da, wo die anderen Evangelisten vom »Reich Gottes« sprechen, vom »**Himmelreich**«. Er möchte wohl in genuin jüdischer Tradition das Wort »Gott« vermeiden (→ Dtn 5, 11; S. 100, 2. Gebot). Mit »Himmelreich« meint er nicht einen überirdischen Bereich, sondern das »Reich Gottes« in seinen vielfältigen Dimensionen.*

Das Gleichnis vom Senfkorn

31 Er erzählte ihnen ein weiteres Gleichnis und sagte: Mit dem Himmelreich ist es wie mit einem Senfkorn, das ein Mann auf seinen Acker säte.
32 Es ist das kleinste von allen Samenkörnern; sobald es aber hochgewachsen ist, ist es größer als die anderen Gewächse und wird zu einem Baum, sodass die Vögel des Himmels kommen und in seinen Zweigen nisten.

Mt 13, 31-32

Das Gleichnis vom Sauerteig

Und er erzählte ihnen noch ein Gleichnis: Mit dem Himmelreich ist es wie mit dem Sauerteig, den eine Frau unter einen großen Trog Mehl mischte, bis das Ganze durchsäuert war.

Mt 13, 33

Das Gleichnis vom Fischnetz

47 Weiter ist es mit dem Himmelreich wie mit einem Netz, das man ins Meer warf, um Fische aller Art zu fangen.
48 Als es voll war, zogen es die Fischer ans Ufer; sie setzten sich, lasen die guten Fische aus und legten sie in Körbe, die schlechten aber warfen sie weg.
49 So wird es auch am Ende der Welt sein: Die Engel werden kommen und die Bösen von den Gerechten trennen
50 und in den Ofen werfen, in dem das Feuer brennt. Dort werden sie heulen und mit den Zähnen knirschen.

Mt 13, 47-50

1 **Wiederholen** Sie, was Sie bisher vom Reich Gottes gelernt haben: → M 1.
2 Erarbeiten Sie mit Hilfe der biblischen Texte, was das **Reich Gottes ist, wie es kommt, was es schenkt, was es fordert, wo es sich befindet.**
3 Welche **Regeln** der **Gleichnisdeutung** kennen Sie? Deuten Sie mit deren Hilfe die genannten oder/und andere Gleichnisse vom Reich Gottes.

Lucas Cranach d. J. (1515–1586), Jesus und die Kinder, um 1540–1550

Werden wie die Kinder

Das oft missverstandene Wort meint nicht, dass Kinder in ihrem Verhalten immer mustergültig seien oder dass Frauen und Männer auf der Suche nach dem Reich Gottes sich wieder zu Kindern zurückentwickeln sollen (»Regression«). Vielmehr sollen sie sich in ihrer Einstellung zu Gott so verhalten, wie sich Kinder gegenüber ihren Eltern verhalten, die vertrauensvoll und selbstverständlich erwarten, dass die Eltern für sie sorgen und alles für sie tun, wozu ihre Liebe fähig ist, ohne dass sie sich dies durch große Leistungen verdienen können.

Amen, das sage ich euch: Wenn ihr nicht umkehrt und wie die Kinder werdet, könnt ihr nicht in das Himmelreich kommen.

Mt 18, 3

Mitten unter euch

²⁰ Als Jesus von den Pharisäern gefragt wurde, wann das Reich Gottes komme, antwortete er: Das Reich Gottes kommt nicht so, dass man es an äußeren Zeichen erkennen könnte.

²¹ Man kann auch nicht sagen: Seht, hier ist es!, oder: Dort ist es! Denn: Das Reich Gottes ist (schon) mitten unter euch.

Lk 17, 20-21

Der überaus hohe Anspruch

²⁹ Jesus antwortete ihnen: Amen, ich sage euch: Jeder, der um des Reiches Gottes willen Haus oder Frau, Brüder, Eltern oder Kinder verlassen hat,

³⁰ wird dafür schon in dieser Zeit das Vielfache erhalten und in der kommenden Welt das ewige Leben.

Lk 18, 29-30

Eine Bitte im Vaterunser

Dein Reich komme.

Mt 6, 10

4. Unauflöslichkeit der Ehe

Jesus hat sich mit **Ehe und Ehescheidung** mehrfach befasst.

❖ Einerseits hat Jesus – in Überbietung und Verschärfung der jüdischen Praxis bis heute – die Ehescheidung abgelehnt und die **Unauflöslickeit der Ehe** mit Hinweis auf die Schöpfung begründet. Andererseits hat er **Verständnis für eine Ehebrecherin** gezeigt und sie geschützt.

❖ In der **kirchlichen Praxis** hat die Ehe den hohen Rang eines Sakraments. Die Ehescheidung ist aufgrund des Verbots Jesu nicht erlaubt. Dieses Verbot hat schon in der **Antike** die Rolle der Frau erheblich verbessert, da es fast immer die Männer waren, die die Ehe beendeten, weil sie sich einer anderen Frau zugewandt hatten. Dabei stürzten sie die Frauen meistens nicht nur in psychisches Elend, sondern auch in finanzielles und soziales Unglück.

❖ Die gesellschaftlichen und rechtlichen Verhältnisse in Westeuropa haben sich seit der Aufklärung erheblich verändert. Mit der Trennung von Kirche und Staat wurde die **Ziviltrauung** und **staatliche Scheidung** möglich. Die Rolle der Frau unterlag seitdem tiefgreifenden Veränderungen. Heute ist die Scheidungsquote auch vieler kirchlich geschlossener Ehen deutlich höher als sie jemals in der Vergangenheit war. Mehr als die Hälfte der Scheidungen in Deutschland werden von Frauen beantragt. Die katholische Kirche hält zwar an der Unauflöslichkeit der Ehe fest, muss dafür aber in Kauf nehmen, dass viele Geschiedene keine kirchenrechtliche Möglichkeit mehr zu einer neuen Ehe haben, solange der erste Partner noch lebt.

❖ Das Kirchenrecht sieht allerdings die **Annullierung** einer nicht rechtmäßig geschlossenen Ehe vor, z. B. wenn ein Partner von Anfang an nicht den Willen zu einer unauflöslichen Ehe hatte oder wenn die Verbindung nachweislich unter dem Druck anderer, z. B. der Eltern, zustande gekommen ist. Zudem bietet die Kirche eine umfassende Ehe- und Familienberatung an.

Von der Ehescheidung

*Die folgende Szene stellt ein **Streitgespräch** zwischen Jesus und traditionell ausgerichteten Juden seiner Zeit vor. Mit Blick auf die Schöpfungsordnung lehnt Jesus die Ehescheidung ab, die deshalb in der Thora erlaubt war, weil man den Eheleuten unerträglich gewordene Ehen nicht dauerhaft zumuten wollte.*

2 Da kamen Pharisäer zu ihm und fragten: Darf ein Mann seine Frau aus der Ehe entlassen? Damit wollten sie ihm eine Falle stellen. 3 Er antwortete ihnen: Was hat euch Mose vorgeschrieben? 4 Sie sagten: Mose hat erlaubt, eine Scheidungsurkunde (Dtn 24, 1ff) auszustellen und (die Frau) aus der Ehe zu entlassen. 5 Jesus entgegnete ihnen: Nur weil ihr so hartherzig seid, hat er euch dieses Gebot gegeben. 6 Am Anfang der Schöpfung aber hat Gott sie als Mann und Frau geschaffen. 7 Darum wird der Mann Vater und Mutter verlassen, 8 und die zwei werden ein Fleisch sein (Gen 2, 24). Sie sind also nicht mehr zwei, sondern eins. 9 Was aber Gott verbunden hat, das darf der Mensch nicht trennen. 10 Zu Hause befragten ihn die Jünger noch einmal darüber. 11 Er antwortete ihnen: Wer seine Frau aus der Ehe entlässt und eine andere heiratet, begeht ihr gegenüber Ehebruch. 12 Auch eine Frau begeht Ehebruch, wenn sie ihren Mann aus der Ehe entlässt und einen anderen heiratet.

Mk 10, 2-12

Vom Ehebruch

*Zu den Verschärfungen der Thora, die Jesus in seiner **Rede auf dem Berg** vorgenommen hat, zählen auch seine beiden Worte über **Ehebruch** und **Ehescheidung**: → S. 107).*

27 Ihr habt gehört, dass gesagt worden ist: Du sollst nicht die Ehe brechen (Dtn 5, 17). 28 **Ich aber sage euch**: Wer eine Frau auch nur lüstern ansieht (→ Dtn 5, 21; S. 96), hat in seinem Herzen schon Ehebruch mit ihr begangen.

Mt 5, 27-28

Jesus und die Ehebrecherin

Jesus, der so eindeutige Aussagen über die Ehescheidung und den Ehebruch gemacht hat, verzichtet auf die Bestrafung einer Ehebrecherin, als Männer, die möglicherweise auch in Ehebruch verwickelt waren, sie vor ihn schleppten und sein Urteil erbaten. Ohne das Gesetz aufzuheben, zeigt er Erbarmen mit der Frau.

3 Da brachten die Schriftgelehrten und die Pharisäer eine Frau, die beim Ehebruch ertappt worden war. Sie stellten sie in die Mitte 4 und sagten zu ihm: Meister, diese Frau wurde beim Ehebruch auf frischer Tat ertappt. 5 Mose hat uns im Gesetz vorgeschrieben, solche Frauen zu steinigen. Nun, was sagst du? 6 Mit dieser Frage wollten sie ihn auf die Probe stellen, um einen Grund zu haben, ihn zu verklagen. Jesus aber bückte sich und schrieb mit dem Finger auf die Erde. 7 Als sie hartnäckig weiterfragten, richtete er sich auf und sagte zu ihnen: Wer von euch ohne Sünde ist, werfe als Erster einen Stein auf sie. 8 Und er bückte sich wieder und schrieb auf die Erde. 9 Als sie seine Antwort gehört hatten, ging einer nach dem anderen fort, zuerst die Ältesten. Jesus blieb allein zurück mit der Frau, die noch in der Mitte stand. 10 Er richtete sich auf und sagte zu ihr: Frau, wo sind sie geblieben? Hat dich keiner verurteilt? 11 Sie antwortete: Keiner, Herr. Da sagte Jesus zu ihr: Auch ich verurteile dich nicht. Geh und sündige von jetzt an nicht mehr!

Joh 8, 3-11

Von der Ehescheidung

Im Judentum war es rechtens, dass ein Mann, wenn er sich scheiden lassen wollte, der Frau auch ohne deren Einwilligung eine Scheidungsurkunde (»Get«; Dtn 24, 1) ausstellte, in der er ihre Entlassung aussprach und die Rechte der Frau (Versorgung usw.) geregelt wurden.

³¹ Ferner ist gesagt worden: Wer seine Frau aus der Ehe entlässt, muss ihr eine Scheidungsurkunde geben.

³² **Ich aber sage euch**: Wer seine Frau entlässt, obwohl kein Fall von Unzucht vorliegt, liefert sie dem Ehebruch aus; und wer eine Frau heiratet, die aus der Ehe entlassen worden ist, begeht Ehebruch.

Mt 5, 31-32

1 Zum **Text Joh 8, 3-11**: → M 2; zu dem **Bild von Max Beckmann**: → S. 19.
2 Wie wurde im **Judentum** die Möglichkeit einer Ehescheidung begründet? Wie hat **Jesus** die Unauflöslichkeit der **Ehe** theologisch begründet? Welche Gründe werden **heute** für eine Ehescheidung genannt?
3 Warum verweigert die katholische Kirche auch heute die **kirchliche Ehescheidung**? Welche **Probleme** ergeben sich dabei?

Marc Chagall (1887–1985),
Die Hochzeit, 1918

5. Vergebung und Versöhnung

Für **Jesus** war nach dem Zeugnis der Evangelien von seinen Anfängen bis zu seinem Tod und auch nach seiner Auferstehung Vergebung und Versöhnung ein zentrales Thema.

❖ Jesus hat **im Namen Gottes und aus eigener Vollmacht Sündern Vergebung zugesprochen**. Er hat ihnen damit einen neuen Zugang zu Gott eröffnet, der gleichsam Anteil an der Auferstehung vom Tod zu neuem Leben ist.

❖ Genauso hat er die, die ihm nachfolgen, ständig **dazu aufgerufen, anderen zu vergeben und sich mit ihnen zu versöhnen.**

❖ Oftmals wird heute sprachlich nicht zwischen Vergebung und Versöhnung unterschieden. Doch lassen sich Unterschiede ausmachen. **Vergebung** bedeutet eher, anderen ihre Schuld nachzusehen; **Versöhnung** bedeutet eher, ein zerrüttetes ehemals gutes Verhältnis wiederherzustellen.

❖ Die Forderung Jesu, anderen ihre Schuld zu vergeben und sich mit ihnen zu versöhnen, ist **nicht leicht**, wenn einem eine schwerwiegende Verletzung zuteil wurde. Sie widerspricht einem naturhaften Gefühl des Nachtragens und Vergeltens (»Rache«), ist aber **sinnvoll**, weil sie dem anderen einen neuen Anfang und ein neues Leben ermöglicht. Vergebung und Versöhnung bewirken ein Gefühl des Glücks und der Befreiung. Vor allem entsprechen sie nach Auskunft der Bibel dem Verhalten Gottes, der schuldig gewordenen Menschen gegenüber zur Vergebung bereit ist.

Vergebung empfangen

Die Heilung eines Gelähmten

[1] Als er einige Tage später nach Kafarnaum zurückkam, wurde bekannt, dass er (wieder) zu Hause war. [2] Und es versammelten sich so viele Menschen, dass nicht einmal mehr vor der Tür Platz war; und er verkündete ihnen das Wort. [3] Da brachte man einen Gelähmten zu ihm; er wurde von vier Männern getragen. [4] Weil sie ihn aber wegen der vielen Leute nicht bis zu Jesus bringen konnten, deckten sie dort, wo Jesus war, das Dach ab, schlugen (die Decke) durch und ließen den Gelähmten auf seiner Tragbahre durch die Öffnung hinab. [5] Als Jesus ihren Glauben sah, sagte er zu dem Gelähmten: Mein Sohn, deine Sünden sind dir vergeben! [6] Einige Schriftgelehrte aber, die dort saßen, dachten im Stillen: [7] Wie kann dieser Mensch so reden? Er lästert Gott. Wer kann Sünden vergeben außer dem einen Gott? [8] Jesus erkannte sofort, was sie dachten, und sagte zu ihnen: Was für Gedanken habt ihr im Herzen? [9] Ist es leichter, zu dem Gelähmten zu sagen: Deine Sünden sind dir vergeben!, oder zu sagen: Steh auf, nimm deine Tragbahre und geh umher? [10] Ihr sollt aber erkennen, dass der Menschensohn die Vollmacht hat, hier auf der Erde Sünden zu vergeben. Und er sagte zu dem Gelähmten: [11] Ich sage dir: Steh auf, nimm deine Tragbahre, und geh nach Hause! [12] Der Mann stand sofort auf, nahm seine Tragbahre und ging vor aller Augen weg. Da gerieten alle außer sich; sie priesen Gott und sagten: So etwas haben wir noch nie gesehen.

Mk 2, 1-12

Die Begegnung Jesu mit der Sünderin

[36] Jesus ging in das Haus eines Pharisäers, der ihn zum Essen eingeladen hatte, und legte sich zu Tisch. [37] Als nun eine Sünderin, die in der Stadt lebte, erfuhr, dass er im Haus des Pharisäers bei Tisch war, kam sie mit einem Alabastergefäß voll wohlriechendem Öl [38] und trat von hinten an ihn heran. Dabei weinte sie und ihre Tränen fielen auf seine Füße. Sie trocknete seine Füße mit ihrem Haar, küsste sie und salbte sie mit dem Öl. [39] Als der Pharisäer, der ihn eingeladen hatte, das sah, dachte er: Wenn er wirklich ein Prophet wäre, müsste er wissen, was das für eine Frau ist, von der er sich berühren lässt; er wüsste, dass sie eine Sünderin ist. [40] Da wandte sich Jesus an ihn und sagte: Simon, ich möchte dir etwas sagen. Er erwiderte: Sprich, Meister! [41] (Jesus sagte:) Ein Geldverleiher hatte zwei Schuldner; der eine war ihm fünfhundert Denare schuldig, der andere fünfzig. [42] Als sie ihre Schulden nicht bezahlen konnten, erließ er sie beiden. Wer von ihnen wird ihn nun mehr lieben? [43] Simon antwortete: Ich nehme an, der, dem er mehr erlassen hat. Jesus sagte zu ihm: Du hast recht. [44] Dann wandte er sich der Frau zu und sagte zu Simon: Siehst du diese Frau? Als ich in dein Haus kam, hast du mir kein Wasser zum Waschen der Füße gegeben; sie aber hat ihre Tränen über meinen Füßen vergossen und sie mit ihrem Haar abgetrocknet. [45] Du hast mir (zur Begrüßung) keinen Kuss gegeben; sie aber hat mir, seit ich hier bin, unaufhörlich die Füße geküsst. [46] Du hast mir nicht das Haar mit Öl gesalbt; sie aber hat mir mit ihrem wohlriechenden Öl die Füße gesalbt.

[47] Deshalb sage ich dir: Ihr sind ihre vielen Sünden vergeben, weil sie (mir) so viel Liebe gezeigt hat. Wem aber nur wenig vergeben wird, der zeigt auch nur wenig Liebe. [48] Dann sagte er zu ihr: Deine Sünden sind dir vergeben. [49] Da dachten die anderen Gäste: Wer ist das, dass er sogar Sünden vergibt? [50] Er aber sagte zu der Frau: Dein Glaube hat dir geholfen. Geh in Frieden!

Lk 7, 36-50

Vergebung schenken

Siebenundsiebzig mal

²¹ Da trat Petrus zu ihm und fragte: Herr, wie oft muss ich meinem Bruder vergeben, wenn er sich gegen mich versündigt? Siebenmal?
²² Jesus sagte zu ihm: Nicht siebenmal, sondern siebenundsiebzigmal.   *Mt 18, 21-22*

Wenn er sich ändert ...

Wenn dein Bruder sündigt, weise ihn zurecht; und wenn er sich ändert, vergib ihm.   *Lk 17, 3*

Eine Vaterunser-Bitte

Und erlass uns unsere Schulden, wie auch wir sie unseren Schuldnern erlassen haben.   *Mt 6, 12*

Ein Gebet Jesu am Kreuz

Vater, vergib ihnen, denn sie wissen nicht, was sie tun.
Lk 23, 34

Der Auftrag des Auferstandenen

¹⁹ Am Abend dieses ersten Tages der Woche, als die Jünger aus Furcht vor den Juden die Türen verschlossen hatten, kam Jesus, trat in ihre Mitte und sagte zu ihnen: Friede sei mit euch!
²⁰ Nach diesen Worten zeigte er ihnen seine Hände und seine Seite. Da freuten sich die Jünger, dass sie den Herrn sahen.
²¹ Jesus sagte noch einmal zu ihnen: Friede sei mit euch! Wie mich der Vater gesandt hat, so sende ich euch.
²² Nachdem er das gesagt hatte, hauchte er sie an und sprach zu ihnen: Empfangt den Heiligen Geist!
²³ Wem ihr die Sünden vergebt, dem sind sie vergeben; wem ihr die Vergebung verweigert, dem ist sie verweigert.
Joh 20, 19-23

Jean Béraud (1849–1935), Die Sünderin im Haus des Pharisäers (Lk 7, 36–50); 1891

1 Mit seinem Glauben an den Gott, der Vergebung schenkt, steht Jesus in der Tradition des **Alten Testaments**. Lesen sie dazu: → Ps 25, 11.18; 32, 1; 51; 103, 3-4; Jes 57, 5 u. v. a.

2 Formulieren Sie aufgrund der Beschäftigung mit den o. a. Bibelstellen einige Sätze zum Thema: **Vergebung empfangen – Vergebung schenken**. Beziehen Sie dabei auch die Worte Jesu beim Abendmahl ein: Mt 26, 27-28.

3 Zeigen sie an einem Beispiel aus Ihrem **Erfahrungsbereich**, was Vergebung und Versöhnung bewirken können.

4 **Meditieren** Sie über die Vaterunser-Bitte oder einen anderen Text zum Thema: → M 5.

6. »Wenn du vollkommen sein willst ...«

Die **Perikope vom »reichen jungen Mann«,** die in der literarischen Form der Steigerung aufgebaut ist, zeigt deutlich, welchen **Lebensweg** Jesus für richtig hält und empfiehlt.

❖ Wer das ewige Leben erlangen will, soll die **Gebote Gottes** – den Dekalog und das Liebesgebot – halten.

❖ Wer vollkommen sein und mehr tun möchte, wer Jesus in besonderer Weise nachfolgen will, der soll **freiwillig auf seinen Besitz verzichten** und das, was er hat, den Armen geben.

❖ Die Jünger reagierten schon damals auf diese radikale Weisung mit **Unverständnis und Erschrecken.**

❖ In der **Geschichte der Christenheit** gab es und gibt es bis heute immer wieder Männer und Frauen, die diesem Rat Jesu ihr ganzes Leben lang gefolgt sind.

Allen Besitz verkaufen

[16] Es kam ein Mann zu Jesus und fragte: Meister, was muss ich Gutes tun, um das ewige Leben zu gewinnen?

[17] Er antwortete: Was fragst du mich nach dem Guten? Nur einer ist »der Gute«. Wenn du aber das Leben erlangen willst, halte die Gebote!

[18] Darauf fragte er ihn: Welche? Jesus antwortete: Du sollst nicht töten, du sollst nicht die Ehe brechen, du sollst nicht stehlen, du sollst nicht falsch aussagen;

[19] ehre Vater und Mutter! Und: Du sollst deinen Nächsten lieben wie dich selbst!

[20] Der junge Mann erwiderte ihm: Alle diese Gebote habe ich befolgt. Was fehlt mir jetzt noch?

[21] Jesus antwortete ihm: Wenn du vollkommen sein willst, geh, verkauf deinen Besitz und gib das Geld den Armen; so wirst du einen bleibenden Schatz im Himmel haben; dann komm und folge mir nach.

[22] Als der junge Mann das hörte, ging er traurig weg; denn er hatte ein großes Vermögen.

[23] Da sagte Jesus zu seinen Jüngern: Amen, das sage ich euch: Ein Reicher wird nur schwer in das Himmelreich kommen.

[24] Nochmals sage ich euch: Eher geht ein Kamel durch ein Nadelöhr, als dass ein Reicher in das Reich Gottes gelangt.

[25] Als die Jünger das hörten, erschraken sie sehr und sagten: Wer kann dann noch gerettet werden?

[26] Jesus sah sie an und sagte zu ihnen: Für Menschen ist das unmöglich, für Gott aber ist alles möglich.

Mt 19, 16-26

Kreuzesnachfolge

Wer mein Jünger sein will, der verleugne sich selbst,
nehme täglich sein Kreuz auf sich und folge mir nach.

Lk 9, 23

Und trotzdem – keine schwere Last

Kommt alle zu mir, die ihr euch plagt und schwere Lasten zu tragen habt. Ich werde euch Ruhe verschaffen. – Mein Joch drückt nicht, und meine Last ist leicht.

Mt 11, 28.30

1 Schildern Sie das Verhalten des **reichen Mannes, der Jünger und Jesu.**

2 Warum macht Jesus einen Unterschied zwischen »Leben erlangen« und »vollkommen sein«?

3 Deuten Sie das Bildwort von **Kamel** und **Nadelöhr.**

4 Wie erklärt Jesus die **Möglichkeit** dieses Lebenswegs?

5 Suchen Sie andere Worte Jesu über **Reichtum, Besitz und Geld.**

6 Erzählen Sie von einem **Menschen,** der diesem Rat Jesu **früher oder heute** gefolgt ist.

7 Zum Problem des Reichtums im **Alten Testament:** Koh 5, 9-16; Hld 8, 7; Mi 2, 1-2.

8 Warum nennt man die Anregungen Jesu zu Armut und Eheverzicht »evangelische Räte«? Wo und wie werden sie bis heute befolgt?

9 Was bedeutet es, wenn ein Mensch **freiwillig** arm, ehelos und gehorsam lebt? Was **gibt er dabei auf?** Was **gewinnt** er?

10 Warum sind **Armut, Ehelosigkeit** und **Gehorsam** gerade auch heute markante Zeichen des Christlichen in einer Welt, die völlig andere Wertsetzungen kennt? Welche gegensätzlichen Einstellungen dominieren hier?

11 Erklären Sie, wie **Güte und Radikalität** bei Jesus zusammengehen.

Armut

Wenn du vollkommen sein willst, geh, verkaufe deinen Besitz
und gib das Geld den Armen;
so wirst du einen bleibenden Schatz im Himmel haben;
dann komm und folge mir nach.

Mt 19, 21

Verzicht auf Ehe und Familie

Jeder, der um des Reiches Gottes willen Haus oder Frau,
Brüder, Eltern oder Kinder verlassen hat,
wird dafür in dieser Zeit das Vielfache erhalten
und in der kommenden Welt das ewige Leben.

Lk 18, 29-30

Das **Bild Jesu in den Evangelien** weist viele unterschiedliche Züge auf, die manchmal sogar widersprüchlich erscheinen.

❖ Einerseits **hilft und tröstet er,** spricht **Mut und Hoffnung** zu, so dass es leicht ist, ihm nachzufolgen.

❖ Andererseits stellt er **Forderungen von äußerster Radikalität** auf. Ihm nachzufolgen heißt nichts anderes als Kreuzesnachfolge. In letzter Konsequenz und konkret bedeutet dies: **Armut und Verzicht auf die Ehe** »um des Reiches Gottes willen«.

❖ Zusammen mit dem **Gehorsam**, den die Kirche vor allem für Ordensleute fordert, nennt man diese drei Forderungen »evangelische Räte«. Sie sind nur mit einer besonderen **Berufung** lebbar und beruhen auf Freiwilligkeit.

Masaccio (1401–1428), Jesus und der Zwölferkreis (Ausschnitt), um 1428

7. Gerecht aus Glauben

❖ **Paulus** war ursprünglich ein radikaler Jude von ausgezeichneter theologischer Bildung, der die frühe christliche Gemeinschaft scharf bekämpfte. Durch eine Lichtvision Christi vor Damaskus wurde er zu einem Jünger Jesu. In seinem tiefsinnigen Denken insbesondere über den Tod und die Auferstehung Christi kam er zu Einsichten, die er in seinen Briefen an die ersten Christengemeinden im Römischen Reich dargelegt hat und die zu den frühesten Schriften des Neuen Testaments zählen. Darin äußert er die Überzeugung, dass der Mensch **nicht durch die Befolgung der Thora** (»Werke des Gesetzes«) vor Gott sein Heil findet (»gerechtfertigt wird«), sondern allein durch den **Glauben an Jesus Christus**, der durch **Gottes Gnade** geschenkt wird. In diesem Glauben sind wir zur Freiheit berufen. Gerettet werden wir also nicht kraft eigener ethischer Leistung, sondern durch die Gnade Jesu Christi.

❖ Die Gebote werden dadurch nicht überflüssig und dürfen erst recht nicht vernachlässigt werden. Aber der Glaube aus Gnade ist die notwendige Voraussetzung dafür, dass wir die **Gebote Gottes** in rechter Weise **erfüllen** können. Wertvoll sind die Handlungen (»Werke«) nicht auf Grund der eigenen Leistung, sondern als Frucht des Glaubens.

Gottes Gebot – Freude und Last

❖ Von der jüdischen Grundeinstellung gegenüber Gottes Gesetz hat das Christentum viel lernen können. Das Judentum lebt aus der **Freude** an der Thora. Es ist der Überzeugung, dass Gott den Menschen nicht überfordert und dass der Mensch – abgesehen von Grenzfällen – Gottes Gebote auch erfüllen kann. Rigider Leistungsdruck geht von der Thora nicht aus, zumal die Rabbinen die Thora für die konkreten Situationen meist so auslegen, dass sie lebbar ist und den Menschen nützlich erscheint. Darum wird sie als Gottes Gnadengabe von den jüdischen Frommen in der Regel gern akzeptiert. Viele Christen sehen es nicht anders. Sie dürfen in der »**Freiheit der Kinder Gottes**« leben. 10

❖ Doch betont das Christentum, vor allem soweit es sich auf die Briefe des Paulus stützt, auch die **Belastung**, die das Gesetz für den Menschen bedeuten kann. Wenn der Mensch merkt, dass er den Ansprüchen des Gesetzes aus eigener Kraft nicht gewachsen ist, bringt ihm das Gesetz seine **Schwachheit und Sündhaftigkeit** zum Bewusstsein. 15

❖ Die Kraft, die der Mensch für die Befolgung des Gesetzes braucht, hat er nach Paulus nicht aus sich. Sie wird ihm von Gott gegeben. **Gottes Gnade**, die ihm im Glauben an Jesus Christus zuteil wird, ermöglicht ihm den richtigen Lebensweg zu gehen. Mit ihrer Hilfe kann er gute Werke tun. Darum verdankt der Mensch sein Heil und seine Gerechtigkeit nicht seinen Leistungen. So ist auch dem Christentum ethischer Rigorismus fremd. Christen brauchen sich nicht permanent unter moralischem Leistungsdruck zu fühlen. 20

Der aus Glauben Gerechte wird leben

16 Denn ich schäme mich des Evangeliums nicht: Es ist eine Kraft Gottes, die jeden rettet, der glaubt, zuerst den Juden, aber ebenso den Griechen.
17 Denn im Evangelium wird die Gerechtigkeit Gottes offenbart aus Glauben zum Glauben, wie es in der Schrift heißt: Der aus Glauben Gerechte wird leben.

Röm 1, 16-17

Denn durch Werke des Gesetzes wird niemand vor ihm gerecht werden; durch das Gesetz kommt es vielmehr zur Erkenntnis der Sünde.

Röm 3, 20

Aus Gnade, nicht aus eigener Kraft

7 Dadurch, dass Gott in Christus Jesus gütig an uns handelte, wollte er den kommenden Zeiten den überfließenden Reichtum seiner Gnade zeigen. 8 Denn aus Gnade seid ihr durch den Glauben gerettet, nicht aus eigener Kraft – Gott hat es geschenkt –, 9 nicht aufgrund eurer Werke, damit keiner sich rühmen kann. 10 Seine Geschöpfe sind wir, in Christus Jesus dazu geschaffen, in unserem Leben die guten Werke zu tun, die Gott im Voraus bereitet hat.

Eph 2, 7-10

El Greco (1541–1614), Paulus, um 1590

Die neue Gerechtigkeit

[21] Jetzt aber ist unabhängig vom Gesetz die Gerechtigkeit Gottes offenbart worden, bezeugt vom Gesetz und von den Propheten: [22] die Gerechtigkeit Gottes aus dem Glauben an Jesus Christus, offenbart für alle, die glauben. Denn es gibt keinen Unterschied: [23] Alle haben gesündigt und die Herrlichkeit Gottes verloren. [24] Ohne es verdient zu haben, werden sie gerecht, dank seiner Gnade, durch die Erlösung in Christus Jesus.   *Röm 3, 21-24*

Zur Freiheit berufen

[1] Zur Freiheit hat uns Christus befreit. Bleibt daher fest und lasst euch nicht von neuem das Joch der Knechtschaft auflegen. ... [13] Ihr seid zur Freiheit berufen, Brüder. Nur nehmt die Freiheit nicht zum Vorwand für das Fleisch, sondern dient einander in Liebe.   *Gal 5, 1.13*

---

1   Stellen Sie zusammenhängend dar, was nach Paulus **Glaube – Gnade – Werke – Freiheit** miteinander zu tun haben.

2   Diskutieren Sie die **beiden gegensätzlichen Positionen**:
    ❖ (1) Das **Christentum** ist eine **Religion der Gebote**, die zu viel verbietet und darum das menschliche Leben unzulässig beschränkt.
    ❖ (2) Das Christentum ist eine **Religion der Freiheit**, die das menschliche Leben achtet und fördert.

3   Wie ist der paulinische Gedankengang, dass Gottes Gnade und nicht menschliche Leistung die Menschen vor Gott rechtfertigt, später von **Luther und Calvin** aufgenommen und verarbeitet worden? (→ M 1)

4   Zur **Diskussion: Kant** (→ S. 11, 40 u. ö.) hat am Ende seiner Schrift »Die Religion innerhalb der bloßen Vernunft« (1793) gesagt, der Mensch brauche zur Erfüllung seiner Pflichten keine Gnade. Der gute Lebenswandel selbst mache ihn vor Gott wohlgefällig. Wenn er auf seine Vernunft (und sein Gewissen) höre, wisse er, was er zu tun habe.

Das höchste Gebot

1. Altes Testament – Gottesliebe und Nächstenliebe

❖ »Liebe« ist das zentrale ethische Thema der Bibel. Es hat seinen Grund im biblischen Gottesglauben. Sowohl im Alten wie im Neuen Testament ist das Liebesgebot das Hauptgebot. Es gilt für Judentum und Christentum. Dieses Gebot hat letztlich **drei Dimensionen**, die zuerst in unterschiedlichen Kontexten vorkamen, allmählich zusammengewachsen sind und seitdem untrennbar zusammengehören.

(1) An erster Stelle nennt das Hauptgebot die **Gottesliebe**. Es ist die menschliche Antwort auf den Glauben, dass Gott seine Liebe den Menschen zuerst geschenkt hat.

(2) Sodann wird die **Nächstenliebe** genannt. Sie bezieht sich zunächst auf den Stammesgenossen, ist aber dann universal geboten, weil alle Menschen von Gott geschaffen sind und Gott der Vater aller seiner Kinder ist. Sie ist vor allem gegenüber Schwachen, Benachteiligten und Leidenden geboten.

(3) Jeder soll den Nächsten lieben »wie sich selbst«. Nur wer sich selbst liebt, kann auch andere lieben. Nur wer etwas hat, kann es auch weitergeben. **Selbstliebe** ist also nicht nur nicht verboten, sondern wichtiger Bestandteil der Nächstenliebe (→ S. 120).

❖ So kann es – biblisch gesehen – **keine Zuwendung zu Gott geben, die für seine Geschöpfe keinen Platz** hat. Ebenso **unzureichend ist ein Humanismus, der Menschenliebe kennt, aber Gott aus dem Blick verliert.**

Gottesliebe

*Entgegen gängigen Vorurteilen ist auch im Alten Testament die Liebe zu Gott das zentrale Thema. Sie wird ausdrücklich im **Hauptgebot Israels** genannt. Das »Sch'ma Israel« (d. h. »Höre, Israel«) beten fromme Juden jeden Tag (→ S. 103).*

4 שְׁמַע יִשְׂרָאֵל יְהוָה אֱלֹהֵינוּ יְהוָה אֶחָד׃
5 וְאָהַבְתָּ אֵת יְהוָה אֱלֹהֶיךָ בְּכָל־לְבָבְךָ וּבְכָל־נַפְשְׁךָ וּבְכָל־מְאֹדֶךָ׃
6 וְהָיוּ הַדְּבָרִים הָאֵלֶּה אֲשֶׁר אָנֹכִי מְצַוְּךָ הַיּוֹם עַל־לְבָבֶךָ׃
7 וְשִׁנַּנְתָּם לְבָנֶיךָ וְדִבַּרְתָּ בָּם בְּשִׁבְתְּךָ בְּבֵיתֶךָ וּבְלֶכְתְּךָ בַדֶּרֶךְ וּבְשָׁכְבְּךָ וּבְקוּמֶךָ׃
8 וּקְשַׁרְתָּם לְאוֹת עַל־יָדֶךָ וְהָיוּ לְטֹטָפֹת בֵּין עֵינֶיךָ׃
9 וּכְתַבְתָּם עַל־מְזֻזֹת בֵּיתֶךָ וּבִשְׁעָרֶיךָ׃ ס

4 Höre, Israel!
Der Herr, unser Gott, der Herr ist einzig.
5 Darum sollst du den Herrn, deinen Gott lieben mit ganzem Herzen,
mit ganzer Seele und mit ganzer Kraft.
6 Diese Worte, auf die ich dich heute verpflichte,
sollen auf deinem Herzen geschrieben stehen.
7 Du sollst sie deinen Söhnen wiederholen. Du sollst von ihnen reden,
wenn du zu Hause sitzt und wenn du auf der Straße gehst,
wenn du dich schlafen legst und wenn du aufstehst.
8 Du sollst sie als Zeichen um das Handgelenk binden.
Sie sollen zum Schmuck auf deiner Stirn werden.
9 Du sollst sie auf die Türpfosten deines Hauses
und in deine Stadttore schreiben.

Dtn 6, 4-9

Nächstenliebe

Auch die Nächstenliebe hat im Alten Testament einen festen Platz. Sie bezieht sich zuerst auf den Landsmann und Stammesgenossen, wird aber auf Fremde ausgeweitet.

17 לֹא־תִשְׂנָא אֶת־אָחִיךָ בִּלְבָבֶךָ הוֹכֵחַ תּוֹכִיחַ אֶת־עֲמִיתֶךָ וְלֹא־תִשָּׂא עָלָיו חֵטְא׃
18 לֹא־תִקֹּם וְלֹא־תִטֹּר אֶת־בְּנֵי עַמֶּךָ וְאָהַבְתָּ לְרֵעֲךָ כָּמוֹךָ אֲנִי יְהוָה׃

17 Du sollst in deinem Herzen
keinen Hass gegen deinen Bruder tragen.
Weise deinen Stammesgenossen zurecht,
so wirst du seinetwegen keine Schuld auf dich laden.
18 An den Kindern deines Volkes sollst du dich nicht rächen
und ihnen nichts nachtragen.
Du sollst deinen Nächsten lieben wie dich selbst.
Ich bin der Herr.

Lev 19, 17-18

Der Fremde, der sich bei euch aufhält, soll euch wie ein Einheimischer gelten, und du sollst ihn lieben wie dich selbst; denn ihr seid selbst Fremde in Ägypten gewesen.

Lev 19, 34

Konkrete Weisungen

An anderen Stellen sagt das Alte Testament, wie das Verhalten zum Mitmenschen im Alltag konkret aussehen soll:

¹ Du sollst kein leeres Gerücht verbreiten. Biete deine Hand nicht dem, der Unrecht hat, indem du als falscher Zeuge auftrittst.

² Du sollst dich nicht der Mehrheit anschließen, wenn sie im Unrecht ist, und sollst in einem Rechtsverfahren nicht so aussagen, dass du dich der Mehrheit fügst und das Recht beugst.

³ Du sollst auch den Geringen in seinem Rechtsstreit nicht begünstigen.

⁴ Wenn du dem verirrten Rind oder dem Esel deines Feindes begegnest, sollst du ihm das Tier zurückbringen.

⁵ Wenn du siehst, wie der Esel deines Gegners unter der Last zusammenbricht, dann lass ihn nicht im Stich, sondern leiste ihm Hilfe!

⁶ Du sollst das Recht des Armen in seinem Rechtsstreit nicht beugen.

⁷ Von einem unlauteren Verfahren sollst du dich fernhalten.
Wer unschuldig und im Recht ist, den bring nicht um sein Leben; denn ich spreche den Schuldigen nicht frei.

⁸ Du sollst dich nicht bestechen lassen; denn Bestechung macht Sehende blind und verkehrt die Sache derer, die im Recht sind.

Ex 23, 1-8

Liebe statt Opfer

*Zur Zeit des Propheten **Hosea** (ca. 750–720) wurde überall in Israel Baal als der große Herr der Fruchtbarkeit verehrt. Für ihn feierte man ekstatische Feste in der Natur und in den Tempeln. Ihm dankte man für reiche Ernten, gesundes Vieh und zahlreiche Kinder. Viele Israeliten waren dem Zauber des Baalkultes verfallen, weil hier die Sexualität religiöse Qualität hatte. Sinnenhaftes Leben war Teil der Religion, Hosea musste sich gegen die Faszination dieser Religion wenden. Nicht nur in Worten, sondern durch eine unerhörte Symbolhandlung sollte er dem Volk klarmachen, dass es den Liebesbund mit Gott gebrochen hatte und Gott an falscher Stelle suchte. In Gottes Auftrag heiratete er eine Dirne namens Gomer, die ihm drei Kinder gebar. Dieses Verhältnis des Propheten zu einer Dirne sollte das Verhältnis des Volkes Israels zu Gott drastisch sichtbar machen: Baalsdienst = Bundesbruch = Hurerei. So sollten die Israeliten erkennen, was Gott wirklich will: Zuwendung.*

Liebe will ich, nicht Schlachtopfer, Gotteserkenntnis statt Brandopfer! *Hos 6,6*

Bewahre die Liebe und das Recht, und hoffe immer auf deinen Gott. *Hos 12,7b*

³ Ich war es, der Ephraim (Israel) gehen lehrte, ich nahm ihn auf meine Arme. Sie aber haben nicht erkannt, dass ich sie heilen wollte.

⁴ Mit menschlichen Fesseln zog ich sie an mich, mit den Ketten der Liebe. Ich war für sie da wie die Eltern, die den Säugling an ihre Wangen heben. Ich neigte mich ihm zu und gab ihm zu essen. *Hos 11,3-4*

Der Papyrus Nash (2. Jh. vC), benannt nach W. L. Nash, der den Papyrus als Erster erwarb. Der hebräische Text enthält den Dekalog (Ex 20, 2–17) und das Gebot der Gottesliebe (Dtn 6, 1–5).

1 Warum sind auch viele Christen erstaunt, wenn sie erfahren, dass **Gottes- und Nächstenliebe im AT** einen herausragenden Platz einnehmen?

2 Was wird im **Sch'ma Israel** von Gott, was vom Volk Israel, was über den Glauben, was über das Handeln gesagt? Warum hat das Sch'ma Israel im jüdischen Gebet und Leben die allergrößte Bedeutung?

3 Deuten Sie die **Ehe Hoseas mit der Dirne Gomer**. Beziehen Sie auch die Namen der drei Kinder ein (→ Hos 1, 2-3. 5). Zeigen Sie, wie ungewöhnlich in Hos 11, 3-4 **Gottes Liebe** beschrieben wird. Welche Konsequenzen ergeben sich daraus?

4 Warum ist das Liebesgebot nicht von der Pflicht zur **Gerechtigkeit** zu trennen, geht aber weiter als diese? Zur Gerechtigkeit: → S. 104 f, 135 ff.

2. Jesus – Neue Akzente auf bewährtem Grund

Wir unterscheiden in unserer Sprache mehrere Formen der **Liebe**, die nicht identisch sind, aber miteinander zu tun haben (können und sollen):

(1) **Sex, Sexualität** (lat.: »Geschlecht«) ist die körperliche, triebgesteuerte geschlechtliche Liebe, die Lust mit sich bringt und der Fortpflanzung dient.

(2) **Eros, Erotik** (gr.: »Liebe«) ist die sinnliche, seelische und emotionale Liebe, durch die sich jemand zu einem anderen Menschen hingezogen fühlt. Sie kann, muss aber nicht mit sexueller Liebe zusammengehen.

(3) **Sympathie** (gr.: »Mitfühlen«) ist die natürliche **Zuneigung** zu anderen, z. B. zu den Kindern, Eltern und Freunden; es gibt auch diese Liebe zur Natur, zur Musik oder zu den Bergen.

4) **Agape** (gr.) **oder Caritas** (lat.) ist die uneigennützige ethische Liebe zum Nächsten, die nicht primär auf Gefühl beruht, sondern als liebevolle Haltung zum Handeln bewegt. Sie kann, muss aber nicht mit allen anderen Formen der Liebe verbunden sein.

Während die drei ersten Formen auf den persönlichen Bereich bezogen sind, umfasst die Nächstenliebe auch den gesellschaftlichen, sozialen und politischen Bereich (»Strukturen«).

Das Wort des Liebesgebots **»... wie dich selbst«** hat unterschiedliche Deutungen gefunden.

❖ Manche sehen darin einen Hinweis auf den natürlichen **Egoismus** des Menschen, der fast maßlos alles für sich will. Ebenso stark soll die Liebe zum Nächsten sein.

❖ Andere sehen darin die Aufforderung, **die eigene Veranlagung auch mit ihren Schwächen zu akzeptieren** sowie Liebe und Geliebtwerden bei sich zuzulassen. Wer sich nicht selbst liebt, ist moralisch mit der Nächstenliebe überfordert.

❖ Jüdische Gelehrte übersetzen das Wort bisweilen so: **»Denn er ist wie du«.** Dann ist die Liebe zum Nächsten geboten, weil er dieselbe Würde hat wie der, an den sich das Gebot richtet. Es läge hier also ein Vergleich, aber kein Gebot der Selbstliebe vor.

Die neue Zusammenfassung

Jesus zeigt in seinem ganzen Leben, dass die Gebote der Gottes- und Nächstenliebe für ihn den höchsten Rang haben. Aber er erklärt dies auch ausdrücklich, als er danach gefragt wird.

28 Ein Schriftgelehrter hatte ihrem Streit zugehört; und da er bemerkt hatte, wie treffend Jesus ihnen antwortete, ging er zu ihm hin und fragte ihn: Welches Gebot ist das erste von allen?

29 Jesus antwortete: Das erste ist: Höre, Israel, der Herr, unser Gott, ist der einzige Herr.

30 Darum sollst du den Herrn, deinen Gott, lieben mit ganzem Herzen und ganzer Seele, mit all deinen Gedanken und all deiner Kraft (Dtn 6, 5).

31 Als zweites kommt hinzu: Du sollst deinen Nächsten lieben wie dich selbst (Lev 19, 18). Kein anderes Gebot ist größer als diese beiden.

Mk 12, 28-31

Die unerhörte Ausweitung

*Als Radikalisierung und äußerste Erweiterung (»Universalisierung«) der Nächstenliebe fordert Jesus in seiner programmatischen Rede auf dem Berg (→ S. 107) die **Feindesliebe**. Sie bedeutet nicht persönliche Sympathie, sondern die Aufforderung zur »Entfeindung«, d. h. zur Versöhnung.*

43 Ihr habt gehört, dass gesagt worden ist: Du sollst deinen Nächsten lieben und deinen Feind hassen. 44 Ich aber sage euch: Liebt eure Feinde und betet für die, die euch verfolgen, 45 damit ihr Söhne eures Vaters im Himmel werdet; denn er lässt seine Sonne aufgehen über Bösen und Guten, und er lässt regnen über Gerechte und Ungerechte. 46 Wenn ihr nämlich nur die liebt, die euch lieben, welchen Lohn könnt ihr dafür erwarten? Tun das nicht auch die Zöllner? 47 Und wenn ihr nur eure Brüder grüßt, was tut ihr damit Besonderes? Tun das nicht auch die Heiden?

48 Ihr sollt also vollkommen sein, wie es auch euer himmlischer Vater ist.

Mt 5, 43-48

Das neue Gebot

Im **Johannesevangelium** *gibt Jesus seinen Jüngern in seiner Abschiedsrede vor seinem Tod das Liebesgebot als sein neues Gebot. Es ist »neu«, weil es nun noch eine neue Begründung erhält, die sich auf Jesus selbst bezieht.*

34 Ein neues Gebot gebe ich euch: Liebt einander!
Wie ich euch geliebt habe, so sollt auch ihr einander lieben.
35 Daran werden alle erkennen, dass ihr meine Jünger seid:
wenn ihr einander liebt. *Joh 13, 34f*

12 Das ist mein Gebot: Liebt einander, so wie ich euch geliebt habe.
13 Es gibt keine größere Liebe, als wenn einer sein Leben für seine Freunde hingibt. *Joh 15, 12-13*

Zusammenfassung aller Gebote

Paulus (→ S. 116f) fasst in seinen Briefen an die Römer und die Galater alle Gebote im Liebesgebot zusammen.

8 Bleibt niemand etwas schuldig; nur die Liebe schuldet ihr einander immer. Wer den anderen liebt, hat das Gesetz erfüllt. 9 Denn die Gebote: Du sollst nicht die Ehe brechen, du sollst nicht töten, du sollst nicht stehlen, du sollst nicht begehren, und alle anderen Gebote sind in dem einen Satz zusammengefasst: Du sollst deinen Nächsten lieben wie dich selbst. 10 Die Liebe tut dem Nächsten nichts Böses. Also ist die Liebe die Erfüllung des Gesetzes. *Röm 13, 8-10*

Das ganze Gesetz ist in dem einen Wort zusammengefasst:
Du sollst deinen Nächsten lieben wie dich selbst. *Gal 5, 14*

Das Hohelied der Liebe

Paulus hat in seinen Briefen nie einen Zweifel daran gelassen, dass die Liebe das besondere Kennzeichen des christlichen Lebens ist. Das Hohelied der Liebe ist der **Höhepunkt seiner theologischen Ethik** *– auch ein Höhepunkt der Weltliteratur.*

1 Wenn ich in den Sprachen der Menschen und Engel redete, hätte aber die Liebe nicht, wäre ich dröhnendes Erz oder eine lärmende Pauke.
2 Und wenn ich prophetisch reden könnte und alle Geheimnisse wüsste und alle Erkenntnis hätte; wenn ich alle Glaubenskraft besäße und Berge damit versetzen könnte, hätte aber die Liebe nicht, wäre ich nichts.
3 Und wenn ich meine ganze Habe verschenkte, und wenn ich meinen Leib dem Feuer übergäbe, hätte aber die Liebe nicht, nützte es mir nichts.
4 Die Liebe ist langmütig, die Liebe ist gütig. Sie ereifert sich nicht, sie prahlt nicht, sie bläht sich nicht auf.
5 Sie handelt nicht ungehörig, sucht nicht ihren Vorteil, lässt sich nicht zum Zorn reizen, trägt das Böse nicht nach.
6 Sie freut sich nicht über das Unrecht, sondern freut sich an der Wahrheit.
7 Sie erträgt alles, glaubt alles, hofft alles, hält allem stand.
8 Die Liebe hört niemals auf.
13 Für jetzt bleiben Glaube, Hoffnung, Liebe, diese drei;
doch am größten unter ihnen ist die Liebe. *1 Kor 13, 1-8.13*

Linke Seite: Egon Wilden (1894–1931), Die Bergpredigt, 1919

1 Beschreiben Sie, wie es **in unserer Welt** aussähe, wenn Menschen überall das Liebesgebot beachteten.

2 Zeigen Sie den **Zusammenhang von Gottes-, Nächsten- und Selbstliebe** auf. Warum darf man diesen Zusammenhang weder theoretisch noch praktisch auflösen, ohne den Sinn des Hauptgebotes zu verfälschen?

3 Warum wird auch die **Liebe zu sich selbst** im Hauptgebot genannt? Wie unterscheidet sie sich von Egoismus (→ S. 66)?

4 Die Liebe, die das biblische Gebot fordert, kann **nicht Verliebtheit** oder das **Gefühl der Sympathie** bedeuten, da sich Gefühle nicht gebieten lassen. Die Liebe des Gebots ist **Tat und Handlung**. Was bedeutet das?

5 Das Hauptgebot ist im NT in **drei Fassungen** überliefert: Mk 12, 28-34; Mt 22, 34–40; Lk 10, 25-28. Stellen Sie einen **synoptischen** Vergleich an. Welche unterschiedlichen Nuancen finden Sie?

6 Auch **viele andere Worte Jesu** weisen auf das Hauptgebot hin: Mt 25,31-46 (der Maßstab beim letzten Gericht); Lk 10, 29-37 (der barmherzige Samariter); Lk 15, 11-34 (der gute Vater).

7 Das Thema »Liebe« bestimmt den **ersten Johannesbrief**. Es empfiehlt sich eine Ganzlektüre dieses kurzen biblischen Buches. Besonders wichtige Stellen: 2, 7-11; 3, 11-18; 4, 8.

8 **Meditieren** Sie über ein biblisches Wort zur Liebe: → M 5.

9 Zur Gottesliebe im **Hinduismus**: → S. 144.

3. Perspektiven und Deutungen

1 Das **Wort »Liebe«** wird oft inflationär in der Sprache der Unterhaltung, der Werbung und in anderen Bereichen »verwertet«. Sammeln Sie Beispiele dafür. Wie ist dieser Sprachgebrauch zu beurteilen? Welche Folge hat er für das biblische Ethos der Liebe?

2 Mutterliebe, Kindesliebe, erotische Liebe, Freundesliebe … Beschreiben Sie, wie das Wort »Liebe« jeweils gebraucht wird. Vergleichen Sie diesen Befund mit dem biblischen Sprachgebrauch.

3 **Sympathie, Zuneigung, Zärtlichkeit, sexuelle Lust, erotische Anziehung, Freundschaft** – Was haben diese Phänomene mit der biblischen Liebe zu tun?

4 Was ist in **anderen Religionen** das höchste Gebot bzw. die wichtigste Aufgabe des Menschen?

5 Wie lässt sich erklären, dass heute das Gebot der **Nächstenliebe** von vielen Menschen **bejaht** wird, das der **Gottesliebe nicht**?

6 Erzählen Sie Beispiele aus der **Kirchengeschichte**, wo Christen dem biblischen Hauptgebot eindrucksvoll (nicht) gefolgt sind. Was bedeutet Lieblosigkeit der Christen für sie selbst und für Nichtchristen?

7 Vor welche **konkreten Aufgaben** stellt das Liebesgebot die Christen heute in der Welt und in der Kirche? Was erfordert die persönliche, gesellschaftliche und politische Dimension des Liebesgebotes?

8 Schreiben Sie selbst eine (kritische) **Würdigung** der biblischen Liebesethik.

9 **»Ama et fac quod vis«** (lat.: »Liebe, und tu, was du willst«). Deuten Sie dieses Wort des Kirchenvaters Augustinus.

10 **Meditieren** Sie über einen Text oder einen Aphorismus Ihrer Wahl: → M 5.

EXEGESE

Das Neue am Liebesgebot Jesu

Karl Hermann Schelkle, Professor für neutestamentliche Exegese in Tübingen, war ein bedeutender katholischer Bibelwissenschaftler, der die historisch-kritische Erforschung des Neuen Testaments, die bis dahin in der Kirche unterdrückt wurde, etablierte und für die Praxis fruchtbar machte. Nach anfänglicher Ablehnung fand er große Zustimmung.

Wiewohl das neutestamentliche Gebot der Liebe das alttestamentliche aufnimmt, wird das Alte nicht einfachhin fortgesetzt. Auch hier ist Neues. Drei Erwägungen können geltend gemacht werden:

(1) Unterscheidend und neu ist die eindrückliche Heraushebung und **Verbindung des Doppelgebotes der Gottes- und Nächstenliebe**. Im Alten Testament stehen beide Gebote zwischen vielen anderen und weit auseinander. Die neutestamentliche Verbindung besagt, dass beide Gebote eine Einheit bilden. Der Gottesglaube und die Gottesliebe sind Grund und Ursprung der Nächstenliebe. Der Glaube sagt, dass die Welt Gottes Schöpfung und der Mensch Gottes Kind und beide darum der Liebe wert sind. Das zweite Gebot aber bestimmt den Sinn des ersten. In der Liebe gegen den Nächsten bewähren sich Gehorsam und Liebe gegen Gott. Es ist nicht möglich, Gott zu opfern und mit dem Bruder in Unfrieden zu leben (Mt 5, 23 f, Mk 11, 25). Jesus wiederholt den Spruch des Propheten: »Erbarmen will ich und nicht Opfer« (Mt 9, 13 = Hos 6, 6). Der Zusatz zur Nächstenliebe: »wie dich selbst« ist – im Alten wie im Neuen Testament – nicht eine Beschränkung des Gebotes, als ob die Selbstliebe das Maß der Liebe wäre (wie christliche Moraltheologie wohl bisweilen gelehrt hat). Nicht Beschränkung, sondern Entschränkung ist der Sinn des Wortes. So ohne Grenzen, wie der egoistische Mensch um sich und seine Dinge sorgen will, so soll er vielmehr um den anderen besorgt sein.

(2) Neu ist die unabdingbare **Ausdehnung des Gebotes der Liebe auf jeden Menschen ohne Unterschied**, auch auf den Feind. Auch das Judentum dehnte das Gebot der Liebe aus über den engsten Kreis der Volksgemeinschaft hinaus und empfahl auch Feindesliebe. Die Wirklichkeit mag in Israel – so wie überall – hinter dem Ideal zurückgeblieben sein, so dass ein neuer Anruf durchaus berechtigt war. Jesus hat die Liebe in ausdrücklicher Forderung (Mt 5, 43-47) **auch auf den Feind** ausgedehnt. Jesus weiß sich mit dieser Forderung im Gegensatz zur geltenden Auffassung und Übung. …

Da Jesus seinen Zuhörern sagt, sie seien gelehrt worden, den Feind zu hassen, ein solches Gebot sich aber jedenfalls im Alten Testament nicht findet, in Qumran (Ort am Toten Meer, wo kostbare Funde zur Bibel gemacht wurden) jedoch der Hass der Feinde verlangt wurde, erwägt die Exegese, ob Jesus seine Forderung der Feindesliebe mit Bezug auf Qumran formuliert haben könnte.

(3) Neu ist die **Begründung des Liebesgebotes**. Sie lautet: »Liebet eure Feinde … , damit ihr Söhne seid eures Vaters in den Himmeln, der seine Sonne aufgehen lässt über Böse und Gute« (Mt 5, 44f). »Seid barmherzig wie euer Vater barmherzig ist« (Lk 6, 36). Die Botschaft vom schenkenden und barmherzigen Vater ist neue Botschaft.

Karl Hermann Schelkle (1908–1988)

JUDAISTIK

Wer geht vor?

*Zum **Talmud**: → S. 140. Hier diskutieren zwei Talmud-
lehrer die schwierige Frage, ob man in einer Extremsitu-
ation den Tod eines Menschen zulassen darf, um das
eigene Leben zu retten.*

Zwei Reisende hatten sich in einer Wüste verirrt. Einem allein
war noch, als einziger Rest aller ihrer Lebensmittel, eine Flasche Wassers übrig geblieben. Geteilt, würden sie beide sterben; einem allein gelassen, würde sie hinreichen, ihm Kraft
5 zu geben, um aus der Wüste herauszukommen. Was schreibt
die Pflicht dem vor, der der Besitzer der Flasche ist?
Es erhob sich *Ben Petora* und sprach: »Es sterben lieber beide,
als dass der eine Zuschauer des Todes seines Genossen sei.«
Es widersetzte sich *Rabbi Akiba* (50/55–135) und sprach: »Die
10 Erhaltung des eigenen Lebens geht dem des anderen vor.«

aus dem Talmud

Entfeindung

*Pinchas Lapide, jüdischer Theo-
loge, hat sich intensiv mit dem
Neuen Testament befasst und sich
schon früh in Deutschland im
jüdisch-christlichen Dialog engagiert. In seiner Schrift »Die Bergpredigt. Utopie oder Programm?«
äußert er sich so:*

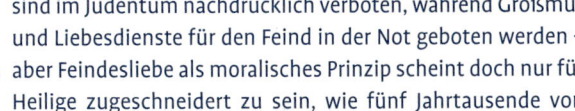

Schadenfreude, Feindeshass und
Vergeltung des Bösen mit Bösem
sind im Judentum nachdrücklich verboten, während Großmut
und Liebesdienste für den Feind in der Not geboten werden –
5 aber Feindesliebe als moralisches Prinzip scheint doch nur für
Heilige zugeschnitten zu sein, wie fünf Jahrtausende von
Weltgeschichte einhellig beweisen. ...
Ist also die Feindesliebe eine sittliche Utopie? Ist das nicht
eine Illusion? Die Antwort, die erst bei der Rückübersetzung
10 ins Hebräische zutage tritt, verneint diese Fragen, indem sie
deutlich besagt: Hier wird weder Sympathie noch Gefühlsdu-
selei, Rührseligkeit oder gar Selbstaufgabe gefordert, denn
weder Gefühle noch das Martyrium können befohlen werden,
sondern einzig und allein »das Tun« – eine der häufigsten
15 Vokabeln im jesuanischen Sprachschatz. Und in der Tat steht
im Gebot der Nächstenliebe, das Jesus hier zitiert (Lev 19,18),
nicht: »Liebe deinen Nächsten« im Akkusativ, sondern im
Dativus Ethicus, eine Wortfolge, die im Deutschen nur
umschrieben werden kann: Wende dich ihm liebend zu! Oder:
20 Erweise ihm Liebestaten! Oder: Tu ihm Liebe an! Mit einem
Wort: Leb ihm zuliebe, nicht zuleid! ...
Jesu Forderung ist ein Aufruf zum versöhnlichen Umgang mit
dem Gegner, der letzten Endes seine *Entfeindung* bezweckt.
Feindesliebe, jesuanisch verstanden, heißt also viel mehr als

gute Miene zu bösem Spiel zu machen, indem man den Feind 25
erträgt oder ihn sich durch Höflichkeit vom Leibe hält, sondern es geht um ein redliches Sich-Bemühen, ein Werben und
ein Ringen um den anderen, auf dass er sich ändere, seinen
Hass aufgebe und zum Bruder werde. Kurzum – eine Theopo-
litik der kleinen Liebesschritte, die darauf zielt, dass der Feind 30
aufhört, dein Feind zu sein.   *Pinchas Lapide (1922–1997)*

THEOLOGIE

Kein partikuläres Gebot

*Karl Rahner aus dem Jesuitenor-
den hat der Theologie des 20.
Jahrhunderts wesentliche Impul-
se zu ihrer Erneuerung gegeben.*

Das Wesen der Gottesliebe ist fast
unvermeidlich bereits missverstanden, wenn sie als die Erfüllung
eines einzelnen partikulären
Gebotes neben anderen gedacht 5
wird. So wenig Gott richtig ver-
standen wird, wenn er einfach als eine partikuläre Wirklichkeit, eine Teilwirklichkeit in der Summe aller Wirklichkeiten gedacht wird, so wenig darf die Gottesliebe als eine
partikuläre Leistung neben vielen anderen in der mensch- 10
lichen Existenz abgewertet werden. Sie ist das Ganze des
freien Vollzugs der menschlichen Existenz. Sie ist im Letzten kein Inhalt eines einzelnen Gebotes, sondern sowohl
Grund als auch Ziel aller einzelnen Gebote. Und sie ist das,
was sie sein muss, nur dann, wenn Gott um seiner selbst 15
willen geliebt wird, wenn also Liebe nicht geliebt wird,
damit sich der Mensch innerhalb der Erfüllungen von Ein-
zelleistungen, die er sich abverlangt, selber behauptet und
in sich vollendet, sondern wenn in dieser Liebe der Mensch
– ohne sich letztlich selber zu suchen – aus sich herausgeht, 20
sich über Gott vergisst, sich wirklich selber in dem unsag-
baren Geheimnis verliert, dem er sich willig ergibt.

Karl Rahner (1904–1984)

APHORISMEN

Meister Eckhart (1260–1328): Die wichtigste Stunde ist
immer die Gegenwart, der bedeutendste Mensch ist gerade
der, der dir gerade gegenüber sitzt, das notwendigste Werk
ist stets die Liebe.

Blaise Pascal (1623–1662): Ein Tropfen Liebe ist mehr als
ein Ozean Verstand.

Sören Kierkegaard (1813–1855): Das Höchste ist ja nicht,
das Höchste zu verstehen, sondern es zu tun.

PHILOSOPHIE

Ein kostbares Erbe für die Moderne

*Zu **Jürgen Habermas:*** → S. 17

Das Christentum ist für das normative Selbstverständnis der Moderne nicht nur Katalysator gewesen. Der egalitäre Universalismus, aus dem die Ideen von Freiheit und solidarischem Zusammenleben entsprungen sind, ist unmittelbar ein Erbe der jüdischen Gerechtigkeit und der christlichen Liebesethik. In der Substanz unverändert, ist dieses Erbe immer wieder kritisch angeeignet und neu interpretiert worden. Dazu gibt es bis heute keine Alternative.

Jürgen Habermas (geb. 1929)

DICHTUNG

Gäbe es dich

Rose Ausländer, jüdische Lyrikerin, starb nach leidvollem Leben in Düsseldorf.

Gäbe es dich
Gott der Liebe
wir lebten noch heute
im Eden
Volk an Volk
du an du

Gäbe es dich nicht
o Liebesgott
wir wären nicht

nichts wäre

Rose Ausländer (1901–1988)

LEBENDIGES BEISPIEL

Nur die Liebe soll zählen

Leo Baeck, ein führender deutscher Rabbiner im 20. Jahrhundert, beschrieb in seinen Schriften das Judentum als die Religion des ethischen Monotheismus. In der Nazizeit wurde er nach Theresienstadt gebracht, wo er die jüdischen Lagerhäftlinge durch Wort und Tat stärkte. Er konnte überleben, ging nach London, hat aber später nie ein abfälliges Urteil über die Deutschen geäußert. Nach seiner Befreiung aus dem KZ (1945) hat er folgendes Gebet verfasst:

Friede sei den Menschen die bösen Willens sind,
und ein Ende sei gesetzt aller Rache und allem Reden von Strafe.
Die Gräueltaten stehen jenseits aller Grenzen menschlicher Fassungskraft, und der Blutzeugen sind gar zu viele. [5]
Darum, o Gott, wäge nicht mit der Waage der Gerechtigkeit ihre Leiden, dass Du sie ihren Henkern zurechnest und von ihnen Rechenschaft forderst, sondern lass es anders gelten. Und rechne ihnen an: all den Mut und die Seelenkraft der andern, ihr Sichbescheiden, ihr stilles Mühen, die Hoffnung, [10] die sich nicht besiegt gab, und das tapfere Lächeln, das die Tränen versiegen ließ, und alle Liebe und alle Opfer, alle die gequälten Herzen, die dennoch stark blieben angesichts des Todes und im Tod. Alles das, o mein Gott, soll zählen für eine Auferstehung der Gerechtigkeit – und nicht das Böse. [15]

Leo Baeck (1873–1956)

Pablo Picasso
(1881–1973),
Wissenschaft
und Nächstenliebe,
um 1890

4. Missverständnisse

Fernstenliebe statt Nächstenliebe

Zu Friedrich Nietzsche: → *S. 51. In seinem Werk »Also sprach Zarathustra«
lässt er die Titelfigur, deren Namen von einem alten persischen Religionsstifter
stammt, feierlich Worte verkünden, die ein neues Ethos von dem alten biblischen
Ethos abgrenzen. Es soll für den Übermenschen Maßstab sein.*

Ihr drängt euch um den Nächsten und habt schöne Worte dafür. Aber ich sage euch:
eure Nächstenliebe ist eure schlechte Liebe zu euch selber.

Ihr flüchtet zum Nächsten vor euch selber und möchtet daraus eine Tugend
machen: aber ich durchschaue euer »Selbstloses«.

5 Das Du ist älter als das Ich: das Du ist heiliggesprochen, aber noch nicht das Ich:
so drängt sich der Mensch hin zum Nächsten.

Rate ich euch zur Nächstenliebe? Lieber noch rate ich euch zur Nächsten-Flucht und
zur Fernsten-Liebe!

Höher als die Liebe zum Nächsten steht die Liebe zum Fernsten und Künftigen;
10 höher noch als die Liebe zu Menschen gilt mir die Liebe zu Sachen und Ge-
spenstern.

Dies Gespenst, das vor dir herläuft, mein Bruder, ist schöner als du; warum gibst
du ihm nicht dein Fleisch und deine Knochen? Aber du fürchtest dich und läufst zu
deinem Nächsten.

15 Ihr haltet es mit euch selber nicht aus und liebt euch nicht genug: nun wollt ihr
den Nächsten zur Liebe verführen und euch mit seinem Irrtum vergolden.

Ich wollte, ihr hieltet es nicht aus mit allerlei Nächsten und deren Nachbarn; so
müsstet ihr aus euch selber euren Freund und sein überwallendes Herz schaffen.

...

20 Der eine geht zum Nächsten, weil er sich sucht, und der andre, weil er sich verlieren möchte. Eure schlechte Liebe zu euch selber macht euch aus der Einsamkeit
ein Gefängnis.

Die Ferneren sind es, welche eure Liebe zum Nächsten bezahlen; und schon wenn
ihr zu fünfen miteinander seid, muss immer ein sechster sterben.

25 Ich liebe auch eure Feste nicht: zu viel Schauspieler fand ich dabei, und auch die
Zuschauer gebärdeten sich oft gleich Schauspielern.

Nicht den Nächsten lehre ich euch, sondern den Freund. Der Freund sei euch das
Fest der Erde und ein Vorgefühl des Übermenschen.

Ich lehre euch den Freund und sein übervolles Herz. Aber man muss verstehn, ein
30 Schwamm zu sein, wenn man von übervollen Herzen geliebt sein will.

Ich lehre euch den Freund, in dem die Welt fertig dasteht, eine Schale des Guten,
– den schaffenden Freund, der immer eine fertige Welt zu verschenken hat.

Und wie ihm die Welt auseinanderrollte, so rollt sie ihm wieder in Ringen zusammen, als das Werden des Guten durch das Böse, als das Werden der Zwecke aus
35 dem Zufalle.

Die Zukunft und das Fernste sei dir die Ursache deines Heute: in deinem Freunde
sollst du den Übermenschen als deine Ursache lieben.

Meine Brüder, zur Nächstenliebe rate ich euch nicht: ich rate euch zur Fernsten-
Liebe.

40 Also sprach Zarathustra.

Friedrich Nietzsche (1844–1900)

❖ Das biblische Liebesethos hat auch **außerhalb der Christenheit große Zustimmung** gefunden. Es zählt zu dem, was man »Hochethos« nennt.

❖ Doch hat es auch heftige **Kritik** an diesem biblischen Hauptgebot ge-geben. Die beiden bedeutendsten Kritiker sind **Friedrich Nietzsche** und **Sigmund Freud**, die auch sonst er-hebliche Vorbehalte gegenüber dem Christentum haben. Nietzsche for-dert anstelle der Nächstenliebe die Fernstenliebe, weil er in der Näch-stenliebe eine verkappte Form der Eigenliebe sieht. Freud hält aus tiefenpsychologischen Gründen das Liebesgebot für eine Überforderung des Menschen.

❖ Die Einwände sind ernst zu neh-men. Allerdings ist zu prüfen, inwie-weit ihnen **Missverständnisse** zu-grunde liegen und ob die Kritik den Wortlaut und Sinn des biblischen Hauptgebots tatsächlich trifft.

Der erste Satz

Die Schwachen und Missratenen sollen zugrunde gehen: erster Satz unserer Menschenliebe. Was ist schädlicher als das Laster? – Das Mitleid der Tat mit allen Missratenen und Schwachen – das Christentum.

Friedrich Nietzsche (1844–1900)

Das Gebot ist undurchführbar

Sigmund Freud, der Begründer der Psychoanalyse, hat die Religion hart kritisiert und ein psychologisch orientiertes Menschenbild (Über-Ich, Ich, Es; → S. 42) entworfen. In seinen Überlegungen zur Ethik kritisiert er das biblische Liebesgebot als undurchführbar. Dafür stellt er mehrere Begründungen vor.

Das Kultur-Über-Ich hat seine Ideale ausgebildet und erhebt seine Forderungen. Unter letzteren werden die, welche die Beziehungen der Menschen zueinander betreffen, als Ethik zusammengefasst. Zu allen Zeiten wurde auf diese Ethik der größte Wert gelegt, als ob man gerade von ihr besonders wichtige Leistungen erwartete. Und wirklich wendet sich die Ethik jenem Punkt zu, der als die wundeste 5
Stelle jeder Kultur leicht erkenntlich ist. Die Ethik ist also als ein therapeutischer Versuch aufzufassen, als Bemühung, durch ein Gebot des Über-Ichs zu erreichen, was bisher durch sonstige Kulturarbeit nicht zu erreichen war. Wir wissen bereits, es fragt sich hier, wie das größte Hindernis der Kultur, die konstitutionelle Neigung der Menschen zur Aggression gegeneinander, wegzuräumen ist, und gerade darum 10
wird uns das wahrscheinlich jüngste der kulturellen Über-Ich-Gebote besonders interessant, das Gebot: Liebe deinen Nächsten wie dich selbst.

In der Neurosenforschung und Neurosentherapie kommen wir dazu, zwei Vorwürfe gegen das Über-ich des Einzelnen zu erheben: Es kümmert sich in der Strenge seiner Gebote und Verbote zu wenig um das Glück des Ichs, indem es die Widerstände 15
gegen die Befolgung, die Triebstärke des Es und die Schwierigkeiten der realen Umwelt nicht genügend in Rechnung bringt. Wir sind daher in therapeutischer Absicht sehr oft genötigt, das Über-Ich zu bekämpfen, und bemühen uns, seine Ansprüche zu erniedrigen. Ganz ähnliche Einwendungen können wir gegen die ethischen Forderungen des Kultur-Über-Ichs erheben. Auch dies kümmert sich 20
nicht genug um die Tatsachen der seelischen Konstitution des Menschen, es erlässt ein Gebot und fragt nicht, ob es dem Menschen möglich ist, es zu befolgen. Vielmehr, es nimmt an, dass dem Ich des Menschen alles psychologisch möglich ist, was man ihm aufträgt, dass dem Ich die unumschränkte Herrschaft über sein Es zusteht. Das ist ein Irrtum, und auch bei den sogenannt normalen Men- 25
schen lässt sich die Beherrschung des Es nicht über bestimmte Grenzen steigern. Fordert man mehr, so erzeugt man beim Einzelnen Auflehnung oder Neurose oder macht ihn unglücklich. Das Gebot »Liebe deinen Nächsten wie dich selbst« ist die stärkste Abwehr der menschlichen Aggression und ein ausgezeichnetes Beispiel für das unpsychologische Vorgehen des Kultur-Über-Ichs. Das Gebot ist undurchführ- 30
bar; eine so großartige Inflation der Liebe kann nur deren Wert herabsetzen, nicht die Not beseitigen. Die Kultur vernachlässigt all das; sie mahnt nur; je schwerer die Befolgung der Vorschrift ist, desto verdienstvoller ist sie. Allein wer in der gegenwärtigen Kultur eine solche Vorschrift einhält, setzt sich nur in Nachteil gegen den, der sich über sie hinaussetzt. Wie gewaltig muss das Kulturhindernis der Aggres- 35
sion sein, wenn die Abwehr derselben ebenso unglücklich machen kann wie die Aggression selbst! Die sogenannte natürliche Ethik hat hier nichts zu bieten außer der narzisstischen Befriedigung, sich für besser halten zu dürfen, als die anderen sind. Die Ethik, die sich an die Religion anlehnt, lässt hier ihre Versprechungen eines besseren Jenseits eingreifen. Ich meine, solange sich die Tugend nicht schon 40
auf Erden lohnt, wird die Ethik vergeblich predigen.

Sigmund Freud (1856–1939)

1 Zu Nietzsche und Freud: → M 1.

2 Beschreiben Sie das Verhältnis von **Nächstenliebe, Selbstliebe, Freundesliebe und Fernstenliebe** bei Nietzsche.

3 Wie ist aus **biblischer Sicht** die Kritik Nietzsches zu bewerten?

4 Beschreiben Sie das Verhältnis von **Über-Ich, Ich und Es bei Freud:** → S. 42. Was ist das »**Kultur-Über-Ich**«? Welche Aufgabe weist Freud der **Ethik** zu?

5 Warum hält Freud das **Gebot der Nächstenliebe** für undurchführbar? Was lässt sich zu diesem Einwand sagen?

STRIZZ von V. Reiche

WARUM DIESER TRÜBE BLICK, MÜLLER?

HABE PROBLEME MIT MEINEM FRAUCHEN, VEREHRTER HERR PAUL!

SIE HAT *LIEBESKUMMER* UND – ICH SAG'S NICHT GERN! – *VERNACHLÄSSIGT* MICH INFOLGEDESSEN EIN WENIG! KEIN *STÖCKCHEN-WERFEN*, DAS *FÜTTERN* WIRD VERGESSEN ...

EIN *WENIG*? DAS NENNEN SIE EIN *WENIG*?!! JAGEN UND NAHRUNG SIND *GRUNDBEDÜRFNISSE*, LIEBER MÜLLER!

DAS TÄGLICHE FUTTER SOLL NICHT ERSTRITTEN ODER ERBETEN WERDEN, DAS HAT EINFACH *DA* ZU SEIN! EIN *BASISRECHT* JEDES ABHÄNGIGEN!

IST SELBSTVERSTÄNDLICH AUCH EINE FRAGE DER *NÄCHSTENLIEBE*! WER HAT, DER GEBE!

ICH BIN FROH, DASS SIE SO DENKEN! HABE MÄCHTIGEN KOHLDAMPF! WENN ICH EINEN NAPF KATZENFUTTER HABEN KÖNNTE ...?

KATZENFUTTER? WIESO *KATZENFUTTER*?!

VERTRAGE ICH PROBLEMLOS! IST VIELLEICHT SOGAR LECKERER ALS HUNDEFUTTER!

ANDERERSEITS GILT ES NATÜRLICH DEN KEINESFALLS ZU UNTERSCHÄTZENDEN ASPEKT DER *EIGENVERANTWORTUNG* ZU BEACHTEN! ICH WARNE *SEHR* DAVOR, SOZIALE WOHLTATEN JEDEM SCHEINBAR BEDÜRFTIGEN ANGEDEIHEN ZU LASSEN! WIE SCHNELL MACHT DA AN SICH VORHANDENE *EINSATZFREUDE* EINEM TRÄGEN *ANSPRUCHSDENKEN* PLATZ! *WEHRET DEN ANFÄNGEN* IST HIER MEIN UNBEDINGTES CREDO!

Aktuelle Problemfelder

1. Der Verbrauch embryonaler Stammzellen

❖ Seit dem Ende des vergangenen Jahrhunderts findet die **Forschung mit embryonalen Stammzellen** (ES) hohe öffentliche Aufmerksamkeit. Fasziniert wird registriert, was sie vermag, und kontrovers diskutiert, wie sie ethisch zu bewerten und gesetzlich zu verankern ist.

❖ Die Erwartungen an die Stammzellenforschung sind hoch. Man erhofft von ihr die Heilung schwerer, bislang nicht heilbarer **Krankheiten** und die Herstellung von Körpergewebe ganzer **Organe.**

❖ Das **ethische Problem**, das diese Forschung aufwirft, besteht in der Frage, ob man menschliche Embryonen (gr.: »Leibesfrucht«) »verbrauchen«, d.h. vernichten darf, um Material zur Heilung schwerer Krankheiten zu gewinnen.

❖ Die Stammzellenforschung steht im **Schnittpunkt** von **Forschungsfreiheit, wirtschaftlichen Interessen, Zukunftshoffnungen vieler Kranker** und vor allem auch der **Ethik**.

Zum Stand der Forschung

❖ **Embryonale Stammzellen** (**ES**) sind Körperzellen, die noch nicht für ihre Verwendung im Organismus (Herz, Nerven, Blut, Haut, Niere u.a.) ausdifferenziert, also dafür noch offen sind. Wissenschaftlich nennt man sie bis zum 8-Zell-Stadium »**totipotent**«, danach »**pluripotent**«. Sie sind wahre biologisch-chemische Wunderwerke, weil sie sich auf vielfache Weise in organ- 5 spezifische Zellen entwickeln können und die Vorläufer aller differenzierten Körperzellen sind. Man vermag heute ihre natürliche Entwicklung zu stoppen, so dass sie sich vermehren können, ohne ihre Pluripotenz zu verlieren. ES werden gewonnen

(1) aus einer künstlichen Befruchtung, bei der Embryonen überzählig blei- 10 ben, die meist zuerst tiefgefroren gelagert und später vernichtet werden

(2) aus eigens durch Ei- und Samenspende gezeugten Embryonen.

Die Wissenschaft hofft, ES gezielt zu verschiedenen Zelltypen, z.B. für Nerven-, Haut-, Nierenzellen oder Rückenmark, ausdifferenzieren zu können, um diese für Zellersatztherapien einzusetzen. Organe/Gewebe des Körpers 15 sollen ersetzt und bisher unheilbare Krankheiten wie Krebs, Diabetes, Parkinson und Multiple Sklerose geheilt werden können. Man spricht von »**Stammzellentherapie**«. Wie weit diese Hoffnungen berechtigt sind, ist zur Zeit umstritten. Gewisse Erfolge bei Tierversuchen sind wohl schon erzielt worden, während eine klinische Anwendung bei Menschen zur Zeit noch in 20 weiter Ferne liegt und ein extremes Tumorrisiko nicht auszuschließen ist.

❖ Neuere Forschungen scheinen es möglich zu machen, ES aus entwickelten Körperzellen, z.B. der Haut, zu gewinnen und mit ihnen zu arbeiten, ohne dass dabei ES verbraucht werden. Das könnte z.B. dadurch geschehen, dass ausgewachsene Körperzellen in frische, unverbrauchte Stammzellen zurück- 25 verwandelt werden (»**Reprogrammierung**«). Allerdings ist heute noch nicht abzusehen, wie weit sich diese Zellen medizinisch bewähren und welche Risiken sie bei einer Behandlung mit sich bringen. Auch andere Verfahren werden wohl schon erprobt.

❖ Unumstritten ist, dass mit Hilfe von **adulten Stammzellen**, die aus Haut, 30 Körpergewebe entnommen werden, neue spezialisierte Zellen gewonnen werden können. Sie sind nicht so ausdifferenzierbar wie ES, sondern können nur Zellen entsprechend ihrer Herkunft erneuern. Neuronale Stammzellen können sich also nur zu Zelltypen des Nervengewebes entwickeln. Mit Hilfe von adulten Stammzellen sind schon viele Patienten von schweren 35 Krankheiten, z.B. von Leukämie und Immundefekten, geheilt worden. Immunologisch vorteilhaft ist auch, dass Abwehrreaktionen des Körpers nicht zu erwarten sind.

Zur ethischen Bewertung

❖ Gegen den Verbrauch von **ES** oder der Herstellung von Hybrid-Embryonen richten sich schwerwiegende ethische Bedenken. Im Kern geht es um die 40 Frage, ob Embryonen **Menschenwürde** zugesprochen werden kann. Diese Frage hängt auch von der Antwort auf die Frage ab, ab **wann der Embryo ein menschliches Wesen ist**.

❖ **Biologisch:** Die auch biologisch am besten fundierte Auffassung setzt den
45 Beginn des individuellen menschlichen Lebens mit der **Befruchtung**, d. h.
mit der Verschmelzung von Ei- und Samenzelle, an, wobei es gleichgültig ist,
ob sie im Körper der Frau (»in vivo«) oder im Reagenzglas (»in vitro«) statt-
findet. Von diesem Zeitpunkt an entwickelt sich der Embryo nicht zum Menschen, sondern als Mensch. Alle **Termine**, die den Beginn menschlichen
50 Lebens anders ansetzen, lassen das Lebensrecht des Menschen von willkür-
lichen Definitionen abhängen. Folgende Termine werden genannt:
• die **Nidation** (lat.: »Einnistung«) des befruchteten Eis in der Gebärmutter
am 5. oder 6. Entwicklungstag nach der Empfängnis
• keine Möglichkeit der **Zwillingsbildung** mehr nach dem 14. Tag
55 • der erste **Herzschlag** nach 23 oder 24 Tagen
• das Ende der **Organbildung** nach etwa 8 Wochen
• **nach drei Monaten**
• **bei der Geburt**
• **nach dem zweiten Lebensjahr.**
60 Bei diesen Terminen wird immer übersehen, dass der Embryo von Anfang
an eindeutige menschliche Merkmale hat.
❖ **Philosophisch:** Viele **Philosophen** haben Maximen entwickelt, die den
»Verbrauch« von ES nicht zulassen, so Immanuel Kant (→ S. 58 f), der lehrt,
wir müssten alles von Menschen Gezeugte von Anfang an als Person betrach-
65 ten. Der Mensch dürfe nie zum Objekt gemacht oder für Zwecke anderer
benutzt werden.
❖ **Theologisch:** Erst recht lehnt eine **christliche Ethik** aufgrund ihres Bildes
vom Menschen (→ S. 24) den Verbrauch von ES mehrheitlich ab. Sie verteidigt damit das Lebensrecht aller Menschen, das unabhängig von Entwick-
70 lung und Fähigkeiten ist. An diesem Lebensrecht findet auch die Freiheit der
Wissenschaften ihre Grenzen.
❖ Weil weder **reprogrammierte Zellen** noch **adulte Stammzellen** aus dem
Verbrauch von Embryonen gewonnen werden, bestehen bei ihrer Verwendung keine ethischen Bedenken. Neueste Forschungen zeigen, dass adulte
75 Stammzellen bald in noch größerem Umfang medizinisch erfolgreich eingesetzt werden können und vielleicht sogar den Verbrauch von Embryonen
überflüssig machen.

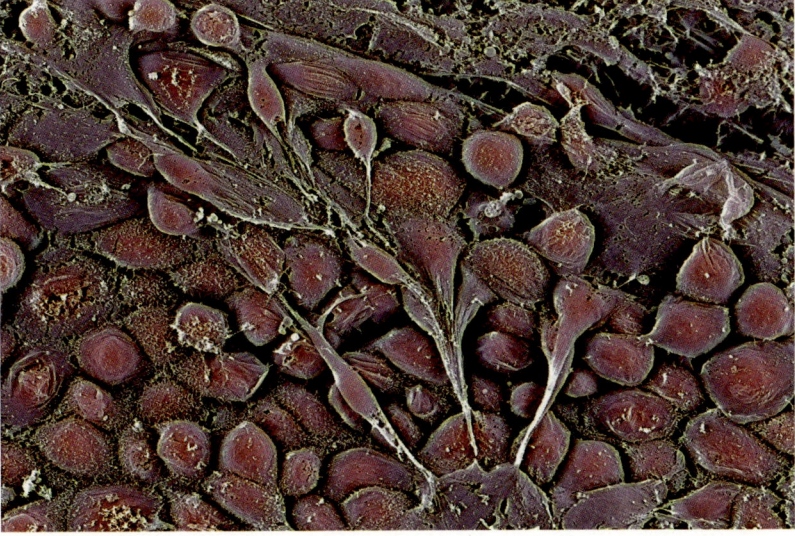

Embryonale Stammzellen unter dem Elektronenmikroskop

1 Wer kann über den **gegenwärtigen Stand der Forschung** mit ES ein kurzes Referat halten? → M 1: Informationen im Internet: www.deinestammzellenheilen.de

2 Wer informiert über die **Rechtslage** in Deutschland und Europa? Was ist zur Zeit erlaubt, was ist verboten? → M 1 Beachten Sie dabei auch den Artikel 1 des Grundgesetzes und das Urteil des Bundesverfassungsgerichts vom 25. 2. 1975, wonach der Schutz menschlichen Lebens von Anfang an für den Staat verpflichtend ist. Diskutieren Sie den Satz: »Wir brauchten keinen Rechtsschutz für menschliche Embryonen, wenn diese keine menschlichen Wesen wären.«

3 Diskutieren Sie das **Dilemma**: Wenn der Embryo ein Mensch ist, selbst wenn er noch nicht vollständig entwickelt ist, dann hat er ein unantastbares Recht auf Leben. Wenn er kein Mensch ist, sondern ein »biologisch Ding«, dann ist sein »Verbrauch« ethisch unbedenklich, ähnlich wie in der Forschung auch Tiere verwendet werden.

4 Was hat die Stammzellforschung mit **Wissenschaftsfreiheit** und **wirtschaftlichen Interessen** zu tun?

5 Inwiefern hängt die ethische Einstellung zur Stammzellforschung untrennbar vom jeweiligen **Menschenbild** (→ S. 24, 76 f, 133) ab?

6 Warum ist für eine **philosophische Ethik**, die von der Würde der menschlichen Person überzeugt ist, und für eine **christliche Ethik**, die den Menschen als ein Geschöpf Gottes ansieht, der »Verbrauch« von ES nicht erlaubt?

PRO...

Die **Befürworter** des Verbrauchs von ES durch die deutsche Forschung verteidigen ihre Sicht mit folgenden Argumenten, unter denen Nützlichkeitserwägungen (→ S. 67) einen wichtigen Platz einnehmen:

❖ **Biologisch:** Zellen sind keine Menschen und ES sind keine Föten (Embryonen nach Entwicklung der Organe ab etwa der 8. Schwangerschaftswoche). Ihren Menschencharakter gewinnen ES erst nach der Nidation, d. h. Einnistung des befruchteten Eis in die Gebärmutter. Die ES werden aber von der Wissenschaft vor der Nidation »verbraucht«. Außerdem verbraucht die Natur ständig Embryonen.

❖ **Ethisch:** Es ist unmoralisch und unmenschlich, eine Forschung zu verbieten, die wichtige Mittel gegen Krankheiten wie Krebs oder Parkinson zu entwickeln verspricht.

❖ **Politisch:** Die verbrauchende Embryonenforschung in Deutschland zu verbieten, aber gleichzeitig zu gestatten, ES aus dem Ausland zu wissenschaftlichen Zwecken zu importieren, ist Heuchelei.

❖ **Juristisch:** Wenn in Deutschland die Abtreibung (→ S. 131 ff) unter bestimmten Bedingungen straffrei ist, sollte erst recht die Verwertung von ES erlaubt sein. Das Leben des Fötus im Uterus der Mutter ist weiter fortgeschritten als das Leben des Embryo im Reagenzglas.

❖ **Wissenschaftlich:** Wer auf die Nutzung von Embryonen für wissenschaftliche Zwecke verzichtet, verliert den Anschluss an die internationale Biotechnologie, die sich in anderen Ländern freier entwickeln kann.

... et CONTRA

Die **Gegner** des Verbrauchs von Embryonen durch die deutsche Forschung stützen sich vor allem auf ethische Argumente. Sie gehen davon aus, dass das grundlegende Menschenrecht das Recht auf Leben ist und dass darum der Verbrauch von ES **gegen die Menschenrechte** verstößt (→ S. 58 f, 70 f). Sie argumentieren so:

❖ Selbst wenn die ES noch kein Fötus sind, haben die ES doch schon im ersten Moment ihrer Existenz die Möglichkeit zu einem vollständigen Menschen zu werden (**Potentialität**). Sie ist immer schon die Person, die sie später sein wird (**Identität**). Ihre Entwicklung verläuft beständig, ohne dass moralrelevante Wesensveränderungen vorkommen (**Kontinuität**).

❖ Der **gute Zweck heiligt nicht ethisch unvertretbare Mittel**, zumal zu hoffen ist, dass die Heilung dieser Krankheiten in absehbarer Zeit auch anders möglich sein wird, z. B. mit Hilfe adulter Stammzellen.

❖ Wenn schon die **Bereitstellung von Embryonen für Forschungszwecke** im Ausland nicht zu verhindern ist, so muss es nicht unmoralisch sein, deren Ergebnisse zu guten Zwecken zu nutzen. Das, was sich aus Bösem ergibt, muss nicht in jedem Fall selber böse sein. So lassen sich z. B. aus den Verfahren zur Herstellung gefährlicher Massenvernichtungswaffen Erkenntnisse gewinnen, die friedlichen Zwecken dienen.

❖ Wenn die **Abtreibung** selbst moralisch bedenklich ist, kann man sich zur Rechtfertigung der Stammzellenforschung nicht auf sie beziehen. Daher sollte auch die Abtreibung gesetzlich anders geregelt werden.

❖ Dass es im **Ausland** anders gehalten wird als bei uns, kann nicht maßgeblich sein. Wir plädieren auch nicht für die Einführung der Todesstrafe, nur weil sie in den USA zulässig ist.

❖ **Abtreibung** ist die Beendigung des embryonalen Lebens im Mutterschoß. Dabei wird der Embryo (→ S. 128) oder Fötus, d. h. die Leibesfrucht ab der 8. Woche, entweder chirurgisch aus der Gebärmutter abgesaugt oder medikamentös durch die Einnahme eines Mittels ausgestoßen oder – heute seltener – durch Abschabung der Gebärmutter entfernt.

❖ Das **gesundheitliche Risiko** ist heute nicht groß, wenn der Eingriff medizinisch korrekt ausgeführt wird, während große Gefahren für das Leben der Mutter bestehen, wenn er dilettantisch vorgenommen wird.

❖ Die **psychischen Folgen** sind unterschiedlich. Manchmal haben die Frauen nach einer Abtreibung das Gefühl der Befreiung. Oft überwiegen für lange Zeit Ängste, Selbstvorwürfe, Sorgen und Anklagen des Gewissens (→ S. 38 ff). Bedrückend ist vor allem die Einsicht, das Geschehen nicht rückgängig machen zu können.

❖ Abtreibung ist **nicht** eine Form der **Geburtenregelung**, sondern **Tötung** menschlichen Lebens.

2. Das Problem der Abtreibung

Die Rechtslage in Deutschland

In **Deutschland** steht das menschliche Leben unter dem Schutz des Grundgesetzes. Darum ist die Abtreibung grundsätzlich verboten. Das Bundesverfassungsgericht (1993) geht davon aus, dass aufgrund der Lebenseinheit von Mutter und Kind in der Schwangerschaft (»Zweiheit in Einheit«) bei einer Not- und Konfliktlage ein wirksamer Lebensschutz nur im Zusammenwirken mit der Mutter erreicht werden kann. Die jetzige Regelung (§ 218 ff) enthält nur noch die medizinische Indikation. Sie verzichtet auf die soziale Indikation zugunsten einer **Beratungsregelung**. Demnach können zwar Frauen einen Schwangerschaftsabbruch bis zum dritten Monat straffrei vornehmen lassen, jedoch nur dann, wenn sie vorher mit einer staatlich zugelassenen Beratungsstelle Kontakt aufgenommen haben (**Beratungspflicht**). Die Schwangerschaftskonfliktberatung ist zielorientiert auf die Überwindung der Notlage im Sinne des Lebensschutzes hin orientiert.

Das Gesetz schreibt vor, dass die Frauen dort ermuntert werden sollen, das Kind auszutragen, und dass ihnen Perspektiven für ein Leben mit Kind zu eröffnen sind, wenn die Beratung auch »ergebnisoffen« sein muss. Sie werden zu eigener Verantwortung ermutigt, in medizinischen, juristischen, sozialen und finanziellen Fragen beraten und über die Folgen einer Abtreibung informiert. Mögliche Hilfen in ihrer jetzigen und zukünftigen Situation werden angeboten. Auch der Vater des Kindes sollte an der Beratung teilnehmen. Ein Arzt darf die Abtreibung nur vornehmen, wenn die Frau durch einen »Schein« den Nachweis der Beratung erbringt. Eine Abtreibung ist in diesem Fall zwar **straffrei**, bleibt aber **rechtswidrig**.

Das ethische Problem der Abtreibung

❖ Das **prinzipielle ethische Problem der Abtreibung** besteht darin, dass die Menschenwürde der Frau und ihr Recht auf Selbstbestimmung und die Menschenwürde des Ungeborenen und sein Recht auf Leben gegeneinanderstehen. Hier stoßen zwei hochrangige Werte aufeinander, die nicht gleichrangig sind. Bei der Frau geht es um die Wahl zwischen ihrem Leben mit dem Kind und ihrem Leben ohne das Kind, also zwischen zwei verschiedenen Lebensmöglichkeiten. Bei dem Kind geht es nicht um verschiedene Lebensmöglichkeiten, sondern um Leben und Tod, also um sein grundlegendes Menschenrecht. Darum ist das Leben des Kindes der höhere Wert gegenüber dem Selbstbestimmungsrecht der Frau.

❖ Die **konkreten ethischen Probleme der Abtreibung** sind oft höchst komplex. Wenn sich eine Frau in einer **ungewollten Schwangerschaft** befindet, erlebt sie diese oft als Unglück oder sogar Katastrophe. Sie sieht sich in einer **Not- und Konfliktsituation**, in der sie sich fragt, was sie tun soll. Nun muss sie sich rasch zwischen zwei Möglichkeiten entscheiden, die sie eigentlich beide nicht will.

❖ **Einerseits möchte sie das Kind**, weil dies ihrem natürlichen Gefühl entspricht.

❖ **Andererseits will sie das Kind nicht**, weil es ihre Bedürfnisse empfindlich stört und ihre Lebensmöglichkeiten stark verändert. Häufig kommt der Druck des Vaters oder der Eltern hinzu. Da kann sich die Frau veranlasst sehen, das Kind nicht auszutragen. Ihre aus Not kommende Entscheidung ist zu achten. Niemand hat das Recht, eine Frau, die sich für eine Abtreibung entschieden hat, zu **verurteilen** (Mt 7, 1; → S. 114 f). Sie hat Anspruch auf jede Hilfe.

Die christliche Position

❖ In der **Bibel** wird die **Abtreibung** nicht erwähnt, wohl aber das Tötungsverbot. In der **Geschichte** der Christenheit spielt das Thema schon früh eine Rolle. Die »Lehrschrift der Zwölf Apostel« (griech.: »Didache«; um 100 nC) sagt, dass alle, die das »Bild Gottes im Mutterleib umbringen«, »Menschen auf dem Weg des Todes« sind. Die Christen im alten Rom fielen dadurch auf, dass sie – anders als viele nichtchristliche Römer – die Abtreibung ablehnten. Das **kirchliche Recht** betrachtet die Abtreibung als unerlaubte Tötung.

❖ In unserer Gesellschaft sind es heute vor allem die **Kirchen**, die auf dem **Lebensrecht jedes Kindes** bestehen, es nicht den Rechten der Mutter unterordnen und auf die Pflichten der Väter hinweisen. Die katholische Kirche fordert die Politiker in Deutschland auf, die heutige Gesetzgebung zu ändern und alles für den Schutz des ungeborenen Lebens zu tun. Mit ihrer klaren Position befindet sich die Kirche im **Gegensatz zu weit verbreiteten Auffassungen in unserer Gesellschaft**. Aber sie findet auch in nichtkirchlichen Kreisen Zustimmung, weil das Verbot der Abtreibung kein christliches Sondergut ist.

Quellen und Dokumente

Die Bibel

¹³ Denn du hast mein Inneres geschaffen,
mich gewoben im Schoß meiner Mutter.
¹⁴ Ich danke dir, dass du mich so wunderbar gestaltet hast.
Ich weiß: Staunenswert sind deine Werke.
¹⁵ Als ich geformt wurde im Dunkeln,
kunstvoll gewirkt in den Tiefen der Erde,
waren meine Glieder dir nicht verborgen.
¹⁶ Deine Augen sahen, wie ich entstand,
in deinem Buch war schon alles verzeichnet;
meine Tage waren schon gebildet,
als noch keiner von ihnen da war.

Psalm 139, 12-16

Ein Arzt – Der Eid des Hippokrates

*Den folgenden Eid mussten die Schüler des griechischen Arztes **Hippokrates** schwören. Er ist bis heute weithin die Grundlage des medizinischen Ethos.*
Ich schwöre, dass ich niemandem ein tödlich wirkendes Gift verabreichen werde, auch nicht auf Verlangen. Ich werde auch keinen solch verwerflichen Rat erteilen. Ebenso wenig werde ich einer Frau ein Mittel zur Vernichtung keimenden Lebens geben.

Hippokrates (460–375 vC)

Der Papst – Religiöse Ablehnung

*Im Jahr 1995 erschien die Enzyklika »**Evangelium vitae**« (lat.: »Die Frohbotschaft des Lebens«), in der **Papst Johannes Paul II**. die kirchliche Ablehnung der Abtreibung begründet.*
Mit der Autorität, die Christus Petrus und seinen Nachfolgern übertragen hat, erkläre ich deshalb in Gemeinschaft mit den Bischöfen – die mehrfach die Abtreibung verurteilt und, obwohl sie über die Welt verstreut sind, bei der ein-
5 gangs erwähnten Konsultation dieser Lehre einhellig zugestimmt haben — dass die direkte, das heißt als Ziel oder Mittel gewollte Abtreibung immer ein schweres sittliches Vergehen darstellt, nämlich die vorsätzliche Tötung eines unschuldigen Menschen. Diese Lehre ist auf dem Natur-
10 recht und auf dem geschriebenen Wort Gottes begründet, von der Tradition der Kirche überliefert und vom ordentlichen und allgemeinen Lehramt der Kirche gelehrt.
Kein Umstand, kein Zweck, kein Gesetz wird jemals eine Handlung für die Welt statthaft machen können, die in sich
15 unerlaubt ist, weil sie dem Gesetz Gottes widerspricht, das jedem Menschen ins Herz geschrieben, mit Hilfe der Vernunft selbst erkennbar und von der Kirche verkündet worden ist.

Johannes Paul II. (1978–2005)

Indikationen

Es gibt verschiedene **Indikationen** (lat.: »Anzeigen«), die zur Rechtfertigung einer Abtreibung angeführt werden:

❖ die **medizinische** Indikation: das Leben der Mutter ist durch das Kind bedroht.
❖ die **genetische** Indikation: eine schwere Krankheit bzw. ein genetischer Defekt ist für das Kind zu befürchten. Sie wird heute auch zur medizinischen Indikation gezählt.
❖ die **soziale** Indikation: das Kind ist eine physisch, wirtschaftlich oder psychisch unzumutbare Belastung für die Mutter bzw. die Eltern.
❖ die **kriminologische** Indikation: die Schwangerschaft ist nach einer Vergewaltigung eingetreten.
❖ die **kosmetische** Indikation: die Mutter fürchtet um ihr Aussehen. Sie ist juristisch nicht relevant.

Statistik

In den Jahren 2006–2008 wurden bei uns jährlich ca. 120 000 Schwangerschaftsabbrüche statistisch registriert. Jedes sechste ungeborene Kind wurde abgetrieben. Die Zahlen sind seit 2000 auch bei Minderjährigen leicht rückläufig. Ca. vier Prozent der betroffenen Frauen sind minderjährig. Die Frauen sind zur Hälfte verheiratet oder ledig.

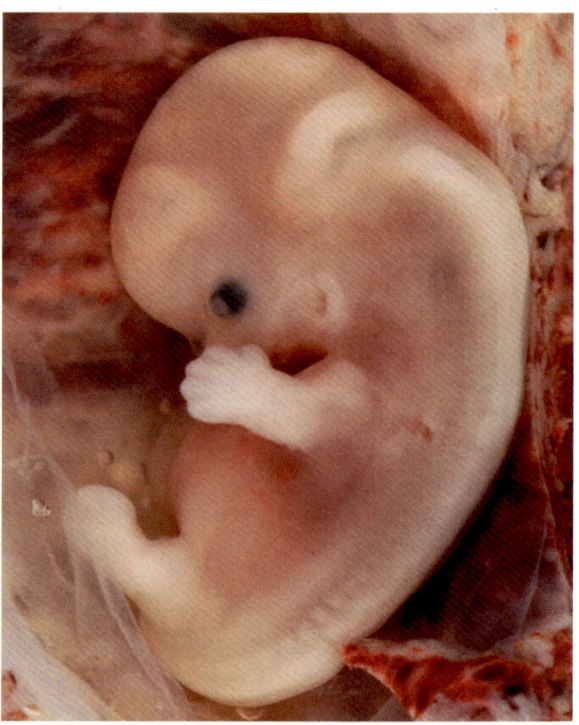

9 Wochen alter Embryo. Die Länge entspricht etwa dem Durchmesser einer 2 Eurocent-Münze (18,75 mm).

Ein Philosoph – Fötus ohne Lebensrecht

Der australische Philosoph **Peter Singer** *hat weltweites Aufsehen und Widerspruch mit seinen utilitaristischen Thesen zum Umgang mit Embryonen, Föten, Neugeborenen und Schwerkranken erregt. Für ihn ist die Frage, ob oder ab wann Embryonen (→ S. 128 ff) Menschen sind, unbedeutend. Kriterien für eine Person sind neben der Leidensfähigkeit vor allem Selbstbewusstsein, Rationalität und Autonomie. Diese Kriterien liegen für ihn bei Föten nicht vor, so dass eine Abtreibung jederzeit gerechtfertigt ist. Die Interessen der Mutter überwiegen. Selbst weiterentwickelte Föten und sogar Neugeborene sind für ihn nur Personen mit eingeschränktem Lebensrecht.*

Weit entfernt davon, sich für jedes Leben einzusetzen oder sich einzusetzen in einem Ausmaß, das sich ohne Voreingenommenheit nur nach der Natur des fraglichen Lebens bemisst, zeigen diejenigen, die gegen Abtreibung protestie-
5 ren, jedoch regelmäßig das Fleisch von Hühnern, Schweinen und Kälbern verspeisen, nur ein vordergründiges Interesse am Leben von Wesen, die zu unserer Spezies gehören. Denn bei jedem fairen Vergleich moralisch relevanter Eigenschaften wie Rationalität, Selbstbewusstsein, Bewusstsein, Auto-
10 nomie, Lust- und Schmerzempfindung und so weiter haben das Kalb, das Schwein und das viel verspottete Huhn einen guten Vorsprung vor dem Fötus in jedem Stadium der Schwangerschaft – und wenn wir einen weniger als drei Monate alten Fötus nehmen, so würde sogar ein Fisch, ja eine
15 Garnele mehr Anzeichen von Bewusstsein zeigen.
Ich schlage daher vor, dem Leben eines Fötus keinen größeren Wert zuzubilligen als dem Leben eines nichtmenschlichen Lebewesens auf einer ähnlichen Stufe der Rationalität, des Selbstbewusstseins, der Wahrnehmungsfähigkeit, der
20 Sensibilität etc. Da kein Fötus eine Person ist, hat kein Fötus denselben Anspruch auf Leben wie eine Person. Ferner ist es sehr unwahrscheinlich, dass Föten von weniger als achtzehn Wochen überhaupt fähig sind, etwas zu empfinden, weil ihr Nervensystem allem Anschein nach noch nicht genug ent-
25 wickelt ist. Wenn das so ist, dann beendet eine Abtreibung bis zu diesem Datum eine Existenz, die überhaupt keinen Wert an sich hat. In der Zeit zwischen achtzehn Wochen und der Geburt, wenn der Fötus vielleicht bewusst, aber nicht selbstbewusst ist, beendet die Abtreibung ein Leben, das
30 einen gewissen Wert an sich hat, und somit sollte sie nicht leichtgenommen werden. Aber die schwerwiegenden Interessen einer Frau haben normalerweise den Vorzug gegenüber den rudimentären Interessen des Fötus. In der Tat ist in einer Gesellschaft, in der weit entwickeltere Formen des
35 Lebens um des Geschmacks ihres Fleisches willen abgeschlachtet werden, eine Abtreibung selbst dann noch, wenn sie bei schon fortgeschrittener Schwangerschaft und aus ganz oberflächlichen Gründen vorgenommen wird, schwerlich zu verurteilen. *Peter Singer (geb. 1948)*

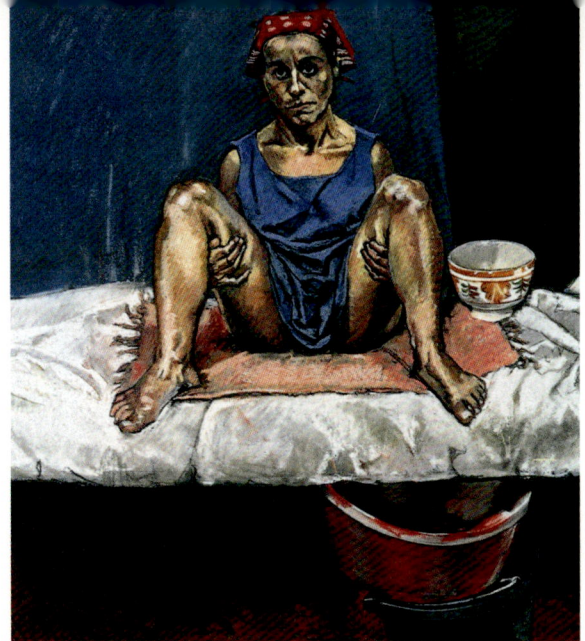

Paula Rego (geb. 1935), Untitled No. 1, 1998/99

Ein Philosoph – Nichtreligiöse Ablehnung

Im Jahr 1989 veröffentlichte der US-amerikanische Philosoph **Don Marquis** (voller Name: Donald Bagley Marquis) den Essay »**Why Abortion is Immoral**«, der seitdem vielfach diskutiert wird. Er geht davon aus, dass alle bisherigen Argumente nur ein »Patt« zwischen den 5 Auffassungen »schon Mensch« und »noch nicht Mensch« erbrächten. Ihm liegt an einer nicht religiös begründeten Ablehnung der Abtreibung, die er heute eher für konsensfähig hält. Dabei geht er in Anlehnung an die Goldene Regel (→ S. 45) davon aus, dass jeder 10 Mensch es intuitiv für falsch hält, wenn er selbst getötet wird, weil ihm die Zukunft genommen wird. Die Tötung des Embryos bzw. des Fötus hat – unabhängig davon, ob er Mensch ist oder nicht – die unkorrigierbare Wirkung, dass diesem die Zukunft genommen wird. Darum ist die 15 Abtreibung unmoralisch.

Ein Arzt – Die letzten Augenblicke

Wenn man wie ich erlebt hat, dass der intakte, etwa vier bis fünf Zentimeter lange Körper des Ungeborenen mit einem Teil der Gebärmutter-Hautschicht ans Tageslicht befördert wird und plötzlich in der Nierenschale vor einem liegt, so weiß man, dass es sich bei diesem Tun um die Tötung eines 5 Menschen handelt. Der Embryo, dem man auch im zweiten und dritten Schwangerschaftsmonat schon deutlich ansieht, dass er ein Menschlein ist, schlägt für einige Sekunden voller Verzweiflung über das ihm widerfahrene Schicksal mit seinen Gliedern um sich, macht mit der 10 Mundspalte vergebliche Atmungsversuche, ehe sein eben noch rosiger Körper leichenblass wird, ein Zittern über ihn geht, sein Herz aufhört zu schlagen und er seine Ärmchen und Beinchen zum letzten Male ausstreckt. *Georg Pessel*

Mara

Ich habe mein Kind mit 18 bekommen und dies nie gewollt, ich hoffte, ich verliere es, ich habe die Schwangerschaft in der 10. Woche bemerkt, der Freund drohte mich umzubringen, wenn ich es nicht abtreibe, ich erlitt die Hölle. Ich ging
5 noch zur Schule, die ganze Familie explodierte, als sie davon erfuhr, dann kam ich durch viele Umwege in ein Mutter-Kind-Heim. Ich war nicht bereit für ein Kind, träumte, ich vergesse das Kind irgendwo, ich denke, dies war die innere Angst. Mein Kind kam zur Welt und ich hatte keine Gefühle
10 dafür, ich hasste es irgendwie und irgendwie tat es mir leid, ich konnte meinem Baby nicht in die Augen schauen, denn ich sah immer meinen Ex, der mich so schlecht behandelt hat und den ich abgrundtief hasste. Ich liebte dieses Kind nicht, ich pflegte es zwar und versorgte es, aber es lag eine
15 Spannung zwischen uns. Mit zehn Monaten wollte ich es weggeben, irgendwie wurde ich nicht so ernst genommen von der Adoptionsberatung, und dann hat mir meine Schwester zugesichert, dass sie das Kind nimmt, wenn sie vom Ausland zurückkommt, das tat sie dann nicht. Ich gewöhnte mich daran, aber ich musste Antidepressiva neh-20 men, psychische Behandlung, weil ich den Vater des Kindes so seeehhhr hasste, zwei Jahre liebte ich mein Kind nicht, dann wurde es langsam besser, ich fing an, sie zu lieben, mehr und mehr, ich habe oft geweint, dass ich sie früher nicht liebte. Mein Kind weiß von früher nichts und hat auch 25 keinen Schaden davongetragen, denn sie war noch zu klein, ich liebe sie inzwischen seeehr, dieses Gefühl ist unglaublich schön, ich hätte nie gedacht, dass ich einmal mein Kind so lieben werde, sogar der Ex hat sich nach drei Jahren gemeldet und bereute es plötzlich, aber mit dem habe ich 30 nichts mehr zu tun.   *aus dem Internet*

Projekt
Abtreibung – eine ethische Fallstudie

In dieses **Projekt** können **fächerverbindend** die Kurse evangelische Religionslehre, Philosophie (Ethik), Sozialwissenschaften, Politik u. a. einbezogen werden.

Ziel des Projektes ist es, ein Bewusstsein für die Komplexität des Problems zu schaffen und eine ethische Stellungnahme (Arbeitsbuch) dazu zu erarbeiten.

Hilfen und Anregungen zusätzlich zu den Quellen dieses Kapitels: → M 1, M 4

Mögliche **Schwerpunkte**, die exemplarisch behandelt werden sollen, ergänzt werden können und unter denen je nach Zeit und Interessenlage eine Auswahl zu treffen ist:

1. Einen **Fragebogen** zum Beginn der Projektarbeit entwerfen, verteilen und auswerten, in dem die Einstellung der Projektgruppe zur Abtreibung untersucht wird, z. B. Fragen, Kenntnisse, Stellungnahmen.

2. **Situationen** beschreiben, in denen ein Mädchen/eine Frau vor der Frage steht, ihre Schwangerschaft fortzuführen oder nicht. Dabei darf auch die Rolle des Vaters nicht vergessen werden. Dazu Erfahrungsberichte sammeln, die zur Fortsetzung oder zum Abbruch der Schwangerschaft geführt haben.

3. **Indikationen** kennenlernen, die zur Begründung der Ablehnung einer Schwangerschaft genannt werden; dabei die psychologische (innere Verfasstheit der Frau), soziale (Einstellung des Vaters und der Umwelt), medizinische/genetische (Gesundheit von Mutter und Kind) und ökonomische (Geld, Wohnung, Ausbildung) Dimension des Problems analysieren.

4. Die **rechtliche Situation** – »Fristenberatungsmodell« – in Deutschland kennen und verstehen lernen. Der Entstehungsgeschichte und der unterschiedlichen Bewertung der heutigen Gesetzeslage nachgehen.

5. Die **gesellschaftliche** Situation beschreiben, in der Abtreibung vorkommt; die neuesten Statistiken suchen (Zahl, Alter der Frauen, verheiratet oder nicht, Kinderzahl u. a.); sich fragen, was sich in einer Gesellschaft ändern müsste, um die Zahl der Abtreibungen zu reduzieren.

6. Die **philosophisch-ethische** Sicht des Problems herausarbeiten und verstehen. Die einzelnen Argumente zum Lebensrecht des Kindes und die zugrunde liegende Anthropologie (→ S. 76) prüfen. Hinweise dazu auch in dem Abschnitt über embryonale Stammzellen: → S. 128 ff

7. Die **religiöse und kirchliche** Einstellung zur Abtreibung klären und verstehen: »Geschöpf Gottes«, das 5. Gebot, die dreifache Liebe (→ S. 118 ff), die päpstlichen Äußerungen; die christliche Anthropologie einbeziehen: → S. 24.

8. Die **Beratungsstellen** »Caritas«, »Sozialdienst katholischer Frauen« und »Esperanza« (Köln) sind kirchliche Vereine, die beraten und helfen, aber keinen Schein ausstellen; »Donum vitae« ist ein bürgerlicher Verein, in dem katholische Frauen beraten, helfen und einen Schein ausstellen; diese Stellen um Material bitten; den jahrelangen innerkirchlichen Konflikt um den Schein und »Donum vitae« in Grundzügen darstellen und die Gründe der Befürworter und Gegner der Ausstellung eines Scheins würdigen; Adressen im Internet: »www.wir-helfen-und-beraten-weiter.de« und »www.donumvitae.org«

9. Planungen entwerfen, wie man ggfs einer betroffenen **Mitschülerin** während der Schwangerschaft und nach der Geburt des Kindes helfen kann.

10. **Gäste** zu einer **Diskussion** über das Thema »Ungewollt schwanger – Was nun?« einladen, z. B. eine betroffene Frau, Arzt/Ärztin, Politiker/in, Mitarbeiter/innen einer Beratungsstelle, die Eltern eines behinderten Kindes u. a.

3. Dimensionen der Gerechtigkeit

Ein universales ethisches Prinzip

Ungerechtigkeit und damit die Frage nach Gerechtigkeit gibt es überall da, wo Menschen miteinander zu tun haben, wo es also soziale Beziehungen gibt, z. B.

❖ in der **Familie**, wenn ein Vater ein Kind gegen-
5 über dem anderen absichtlich bevorzugt (»personale Gerechtigkeit«)

❖ in der **Schule**, wenn eine Lehrerin eine Schülerin absichtlich benachteiligt (»berufliche Gerechtigkeit«)

❖ im **Sport**, wenn ein Athlet um den Sieg kommt, weil
10 der Sieger gedopt ist (»Gerechtigkeit als Fairness«)

❖ auf dem **Markt**, wenn eine Händlerin das Obst falsch abwiegt, um mehr zu verdienen als ihr zusteht (»ökonomische Gerechtigkeit«)

❖ im **Arbeitsleben**, wenn Frauen für die gleiche Arbeit
15 weniger Lohn erhalten als Männer oder wenn die Chefs großer Unternehmen das Tausendfache des Lohns vieler ihrer Beschäftigten erhalten (»soziale Gerechtigkeit«)

❖ vor **Gericht**, wenn ein Richter einen Mächtigen weni-
20 ger streng bestraft als einen Schwachen (»legale Gerechtigkeit«)

❖ im Verhalten zur **Umwelt**, wenn heute Kohlenstoffdioxyde ausgestoßen werden, die morgen zur Klimakatastrophe führen (»ökologische Gerechtigkeit«)

25 ❖ in der **Politik**, wenn ein Staat heute riesige Schulden macht, die die Kinder und Enkel später bezahlen müssen (»politische Gerechtigkeit«; »Generationengerechtigkeit«)

❖ in der **Kirche**, wenn den einzelnen Christinnen und
30 Christen ihre Grundrechte verwehrt werden, wenn Christen sich nicht für Gerechtigkeit in allen Lebensbereichen aktiv einsetzen oder wenn die reichen Kirchen die armen Kirchen nicht unterstützen (»kirchliche Gerechtigkeit«)

35 ❖ im Prozess der **Globalisierung**, wenn die Kluft zwischen reichen und mächtigen Nationen oder Unternehmen auf Kosten der Armen überall in der Welt immer größer wird oder wenn begangenes Unrecht wie Kolonialisierung, Rassismus oder Kriegsfolgen nicht
40 wieder gutgemacht wird (»globale Gerechtigkeit«).

Der eine fragt: Was kommt danach?
Der andre fragt nur: Ist es recht?
Und also unterscheidet sich
der Freie von dem Knecht.

Theodor Storm (1817–1888)

❖ Die Frage nach **Recht und Gerechtigkeit** stellt sich wohl jedem Menschen, gleichgültig in welcher Zeit und in welcher Gesellschaft er lebt, gleichgültig auch, ob er definieren kann, was Recht und Gerechtigkeit ist oder nicht. Überall machen Menschen **Erfahrungen** von Recht und Unrecht. Überall sind Erfahrungen mit der Gerechtigkeit beglückend, Erfahrungen des Unrechts bedrückend.

❖ Darum ist Recht und Gerechtigkeit überall da ein großes Thema, wo über die Situation des Menschen nachgedacht wird: in **Religion, Philosophie, Wissenschaft, Jurisprudenz, Politik und Literatur.**

❖ In der **Bibel** nimmt das Problem der Gerechtigkeit im Alten und im Neuen Testament eine zentrale Stellung ein. Gott zeigt sich da als Gott der Gerechtigkeit, der von den Menschen fordert, dass sie gerecht handeln, für Gerechtigkeit eintreten und gegen alle Formen von Ungerechtigkeit kämpfen (→ S. 104 f, 116 f).

❖ In der europäischen **Philosophie** ist Gerechtigkeit seit Platon und Aristoteles ein zentrales Thema. Als eine der vier Kardinaltugenden (→ S. 46) kommt sie von daher über das christliche Mittelalter z. B. bei Thomas von Aquin bis in die Philosophie der Neuzeit, wo sie immer neu bedacht und kontrovers diskutiert wird. Auch in den letzten Jahren sind wichtige Theorien der Gerechtigkeit entwickelt worden, z. B. in den USA von John Rawls (1921–2002) oder Michael Walzer (geb. 1935).

Die Gerechtigkeit wird oft allegorisch als Frau dargestellt, die in der einen Hand eine Waage hält, mit der sie die Taten abwägt, und in der anderen Hand ein Schwert hat, mit dem sie strafen kann. Ihre verbundenen Augen weisen darauf hin, dass sie ohne Ansehen der Person entscheidet.

Gerechtigkeit – Tugend und Zustand

Gerechtigkeit (gr.: δικαιοσύνη; lat.: iustitia) ist ein ethischer/religiöser Wert und zugleich ein universaler Maßstab für das richtige Zusammenleben der Menschen. Sie hat auf zwei Ebenen Bedeutung:

❖ Im **subjektiven** (**personalen**) Sinn ist Gerechtigkeit mit der Haltung und den Handlungen einer Person gegeben. Sie ist eine Tugend oder – modern ausge- 5
drückt – die faire Lebenshaltung eines Menschen im Verhältnis zu den Mit-menschen und auch zur Umwelt. Gerecht handelt, wer jedem das Seine gibt und andere nicht übervorteilt, obwohl er vielleicht die Macht und die Intelli-genz dazu hat. Kant betont, dass der Mensch vor allem dann gerecht ist, wenn er nicht nur aus »Legalität« (aus Angst vor einer Strafe oder Opportunismus), 10
sondern aus »Moralität« (aus innerer Überzeugung) richtig handelt.

❖ Im **objektiven** (**institutionellen**) Sinn ist Gerechtigkeit ein Zustand von Objekten, vor allem von Institutionen. Sie zeigt sich z. B. in der Gesetzgebung, in den Steuersätzen, in den Bildungschancen oder im Rentensystem.

❖ Wo es in einer Gesellschaft oder im Staat an der subjektiven und objektiven 15
Gerechtigkeit fehlt, wird das menschliche Zusammenleben unerträglich.

Theologische Begründung der Gerechtigkeit

Im **Judentum** und **Christentum** ist die Gerechtigkeit nicht nur eine nützli-che Regel für den Alltag, eine Forderung an die Politik oder eine hohe philo-sophische Idee, sondern ein Gebot Gottes. Damit erhält die Gerechtigkeit einen transzendenten Rang. Gott selbst ist gerecht und fordert auch von sei- 20
nen Geschöpfen Gerechtigkeit. Er verbietet vor allem den Mächtigen, unge-recht zu handeln, und gebietet allen, gerecht zu handeln und gegen das Unrecht zu kämpfen. Propheten wie Nathan, Elija oder Amos klagen immer wieder das Unrecht der Könige und Mächtigen an (→ S. 104 f). Im Dekalog hängen die Gebote vier bis zehn (→ S. 96 ff) direkt mit der Gerechtigkeit 25
zusammen. Das Neue Testament nennt den durch Christus geheilten und erlösten Menschen »gerechtfertigt«, d. h. »gerecht gemacht« (→ S. 116). Am Ende der Tage wird sich Gottes Gerechtigkeit endgültig durchsetzen, wenn er als gerechter und zugleich gütiger Richter die Menschen nach ihren Taten beurteilt. Das apokalyptische Wort vom »letzten Gericht« weist nachdrück- 30
lich darauf hin, dass für den Menschen ungerechtes Handeln zerstörerisch und gerechtes Handeln lebensschaffend ist.

Philosophische und politische Begründung der Gerechtigkeit

❖ Für eine vernünftige, humane **Philosophie** ist die Gerechtigkeit ein grundle-gendes Ordnungsprinzip der Gesellschaft. Sie besagt, dass jedem das Seine, d. h. dass jedem sein Recht zukommt, als Person anerkannt zu werden und ein men- 35
schenwürdiges Dasein zu führen. Die Pflicht zur Gerechtigkeit beruht auf der Gleichwertigkeit aller Menschen. Diese Pflicht findet ihren einfachsten ethi-schen Ausdruck in der »Goldenen Regel« (→ S. 45). Wo gegen die Gleichwer-tigkeit aller Menschen verstoßen wird, liegt ein Verstoß auch gegen die Men-schenwürde vor, die oberster ethischer Maßstab der Philosophie (→ S. 58) ist. 40

❖ Eine **politische** Verfassung ist gerecht, wenn, wie in Deutschland, der Gleichheitsgrundsatz für die Legislative, Exekutive und Judikative, also für die drei Gewalten des Staates, Verfassungsrang hat. Darum zählt der Artikel 3 des Grundgesetzes für die Bundesrepublik Deutschland den Gleichheits-grundsatz zu den unveräußerlichen Grundrechten aller Bürger. Kein einzel- 45
nes Gesetz darf dagegen verstoßen. Wo dies doch der Fall ist, ist ein Gesetz verfassungswidrig und daher nicht bindend.

❖ Es gibt auf der Welt **keine einheit-liche Auffassung** darüber, was **ge-recht** ist. Deutschland, USA, Kuba, China, Saudi-Arabien, Vietnam, Feu-erland oder der Vatikanstaat unter-scheiden sich hier deutlich. In keiner Gesellschaft und in keinem Staat ist die Gerechtigkeit so ideal entwickelt, dass sie nicht **verbessert** werden könnte oder ständig neuen Verhält-nissen **angepasst** werden müsste.

❖ Die **Gerechtigkeit** verpflichtet dazu, innerhalb einer Gesellschaft eine Ordnung zu wahren, herbeizu-führen oder wiederherzustellen, die dem Wohl aller, besonders der Schwa-chen, dient und den Menschenrech-ten und den Geboten Gottes ent-spricht.

❖ Eine der wichtigsten Aufgaben der **Politik** ist es, das Wohl aller (»lat.: »bonum commune«) im Blick zu ha-ben, sich in allen Entscheidungen an den Leitideen von Recht und Gerech-tigkeit zu orientieren und sie auf Ge-bieten wie Bildung, Verteilung der Ar-beit, Vorsorge für Krankheit und Alter, Armut und Schutz der Bevölkerung durchzusetzen. Wo sich in einem Staat oder in einer Gesellschaft Un-gerechtigkeit entfalten kann, breitet sich Schrecken und Unglück aus. In den modernen Demokratien ist Poli-tik in allen ihren Handlungen zualler-erst den Menschen- bzw. Grundrech-ten verpflichtet (»Rechtsstaat«).

❖ Die **Künstler** aller Zeiten haben sich für eine gerechte Gesellschaft eingesetzt und an konkreten Gestal-ten gezeigt, dass Ungerechtigkeit das Leben zerstört.

Wo keine Gerechtigkeit ist,
ist keine Freiheit.
Wo keine Freiheit ist,
ist keine Gerechtigkeit.

Gerechtigkeit werde geübt, auch
wenn die Welt dabei zugrunde geht.

Da herrscht das Recht des Stärkeren.

Größtes Recht ist oft größtes Unrecht.

James Ensor (1860–1949),
Die guten Richter, 1891

Unterschiedliche Formen der Gerechtigkeit

Es gibt mehrere Formen der Gerechtigkeit, die man unterscheiden muss, wenn man Fehleinschätzungen vermeiden will.

50 (1) Die **gesetzliche** (»**legale**«) **Gerechtigkeit** verlangt, dass die Grundrechte für alle gleich gelten und dass die Gesetze von allen in gleicher Weise beachtet werden. Vor dem Gesetz sind alle gleich. Beispiele: Alle haben das Recht auf Meinungsfreiheit. Keiner darf einen Meineid schwören.

(2) Die **austeilende** (»**distributive**«) **Gerechtigkeit** verlangt, dass die Rechte 55 und Pflichten, die Güter und Lasten nicht gleich, sondern entsprechend den Fähigkeiten, Leistungen und Bedürfnissen der Einzelnen verteilt werden. Beispiele: Kinderreiche Familien zahlen weniger Steuern als kinderlose Paare. Ein hochqualifizierter Informatiker wird anders entlohnt als ein Arbeiter ohne berufliche Vorbildung.

60 (3) Die **Tauschgerechtigkeit** (»**commutative G.**«) verlangt, dass niemand einen anderen beim Tausch einer Ware oder einer Leistung übervorteilt. Beispiele: Beim Verkauf eines Motorrades darf ein verborgener Schaden nicht verschwiegen werden. Eine Arbeitskraft darf nicht unter Wert entlohnt werden.

Gerechtigkeit ohne Barmherzigkeit oder Liebe ist ungerecht.

Ohne Gerechtigkeit sind Staaten große Räuberbanden.

Gerechtigkeit ohne Macht ist ohnmächtig.
Macht ohne Gerechtigkeit ist grausam.

Gerechtigkeit ist ein Konstrukt.

Mosaiksteine zur Gerechtigkeit

1 Suchen Sie sich jeweils – in Gruppen- oder Partnerarbeit – das eine oder andere **Bibelwort** über die Gerechtigkeit aus, stellen Sie es in seinen Kontext und zeigen Sie, was es heute konkret verlangt. Sie können auch andere **biblische** Texte zum Thema Gerechtigkeit wählen, z. B.: 1 Kön 21; Ps 72, 12-14; Koh 4, 1; Am 8, 4-7; Jes 1, 16 f; Mt 3, 15 (das erste Wort Jesu bei Mt).

2 Rekapitulieren und definieren Sie Begriffe wie **subjektive, objektive, legale, distributive und commutative Gerechtigkeit**. Was versteht man seit Kant unter **Legalität** und **Moralität**?

3 Gerechtigkeit bei **Platon**: → S. 46; im **Judentum**: → S. 140.

4 Suchen Sie **Beispiele**, in denen Personen und Institutionen gerecht oder ungerecht handeln. Versuchen Sie zu erklären, warum sie so handeln. Woher beziehen Sie Ihre Auffassung von Gerechtigkeit?

5 Stellen Sie eine Rangfolge auf, in der Sie 5 oder 10 Personen aus Geschichte und/oder Gegenwart nennen, die Sie für besonders (un)gerecht halten. Vergleichen Sie Ihre Ergebnisse.

6 Was halten Sie vom »**Recht des Stärkeren**« (Platons »Gorgias«)?

7 Was unterscheidet Gerechtigkeit von **Freundschaft, Sympathie und Wohltätigkeit**?

8 In welchem Verhältnis steht die Forderung nach **Gerechtigkeit** zum biblischen Liebesgebot (→ S. 118 ff)?

9 Es gibt **viele aktuelle ethische Probleme**, z. B.:
❖ Fremdenfeindlichkeit und Rassismus
❖ Sterbehilfe
❖ Wahrhaftigkeit und Wahrheit
❖ Gewalt und Terror
❖ Bekämpfung des Hungers und vermeidbarer Krankheiten. Sprechen Sie darüber, dass täglich ca. 24 000 Kinder unter 5 Jahren an Hunger oder leicht heilbarer Krankheit sterben.
Besorgen Sie sich dazu **neuere Informationen** (→ M 1) und geben Sie eine argumentativ begründete Wertung.

Die Bibel – Gerechtigkeit als Forderung Gottes

Gerechtigkeit ist ein Schlüsselbegriff der Bibel, der alles umfasst, was eine heile Existenz des Menschen ausmacht. Er steht in Verbindung mit Frieden, Freiheit, Erlösung, Gnade, Heil.

❖ Er ist ein unbeirrbar treuer Gott, er ist gerecht und gerade (Dtn 32, 4).
❖ Wer gerecht über die Menschen herrscht, ..., der ist wie das Licht am Morgen (2 Sam 23, 3f).
❖ Ist wohl ein Mensch vor Gott gerecht? (Ijob 4, 7).
❖ Gott steht auf Seiten der Gerechten (Ps 14, 5).
❖ Der Gerechte muss viel leiden (Ps 34, 20).
❖ Gerechtigkeit und Frieden küssen sich (Ps 85, 11).
❖ Der Gerechte weiß, was sein Vieh braucht (Spr 12, 10).
❖ Gerechtigkeit erhöht ein Volk (Spr 14, 34).
❖ Selig, die hungern und dürsten nach der Gerechtigkeit; denn sie werden satt werden (Mt 5, 6).
❖ Selig, die um der Gerechtigkeit willen verfolgt werden, denn ihnen gehört das Himmelreich (Mt 5, 10).
❖ Euch muss es zuerst um Gottes Reich und um seine Gerechtigkeit gehen (Mt 6, 33).
❖ Ich bin gekommen, die Sünder zu rufen, nicht die Gerechten (Mk 2, 17).
❖ Es gibt keinen, der gerecht ist, auch nicht einen (Röm 3, 10).
❖ Wir sind gerecht gemacht aus Glauben, darum haben wir Frieden mit Gott (Röm 5, 1).
❖ Das Reich Gottes ist nicht Essen und Trinken; es ist Gerechtigkeit, Frieden und Freude im Herrn (Röm 14, 17).

Ein Philosoph – Das Recht des Stärkeren

Platon hat schon im 5. Jh. vC sowohl in seiner Schrift »Politeia« (d. h. »Staat«, »Staatswesen«; → S. 46) als auch in seinem Dialog »Gorgias«, der nach einem berühmten Redner aus Athen benannt ist, das Problem der Gerechtigkeit originell und intensiv bedacht. Dabei lässt er seinen Lehrer Sokrates Auffassungen vortragen, die im damaligen politischen Athen provozierend klangen. Im »Gorgias« setzt er sich mit der verbreiteten Ansicht der Sophisten auseinander, dass der Starke das tue, was ihm nützt. Das sei sein Recht und entspreche der Natur des Menschen. Dem widerspricht Sokrates entschieden. Er meint, dass das Unrecht-Tun in Wirklichkeit jedem Menschen schade. Denn durch das Tun des Ungerechten werde man selber ungerecht, durch das Erleiden aber nicht. In Wahrheit sei es darum besser, wenn auch nicht wünschenswert, Unrecht zu erleiden als Unrecht zu tun. Das wahre Recht des Stärkeren bestehe gerade darin, gerecht zu handeln. Dazu habe dieser mehr Möglichkeiten als der Schwache, weil er eher von seinen eigenen Interessen absehen könne. Darum sei die Gerechtigkeit gerade die Tugend der Mächtigen.

Ein Dichter – Gerechtigkeitsgefühl

Herrn K.s Gastgeber hatten einen Hund, und eines Tages kam dieser mit allen Anzeichen des Schuldgefühls angekrochen. »Er hat etwas angestellt, reden Sie sofort streng und traurig mit ihm«, riet Herr K. »Aber ich weiß doch nicht, was er angestellt hat«, wehrte sich der Gastgeber. »Das kann der Hund nicht wissen«, sagte Herr K. dringlich. »Zeigen Sie schnell Ihre betroffene Mißbilligung, sonst leidet sein Gerechtigkeitsgefühl.«

Bertolt Brecht (1898–1956)

gerecht?

Ein Psychologe – Was ist die gerechte Strafe?

Jean Piaget (1896–1980) war ein Schweizer Wissen-schaftstheoretiker und Psychologe, der sich mit der Ent-wicklung des moralischen Urteils beim Kind befasst hat. Er stellt einmal folgendes Problem zur Diskussion:
Eine vielbeschäftigte Mutter bittet ihren achtjährigen Sohn, noch rasch ein Brot zum Abendessen einzukaufen, da der Vorrat nicht mehr für alle reicht. Der Junge geht trotz mehr-facher Aufforderungen nicht, weil er lieber eine Radiosen-
5 dung hört. Der Vater ärgert sich über seinen Sohn und denkt darüber nach, was die richtige Reaktion sein könnte. Er erwägt drei Varianten:
1. Der Junge bekommt von dem Brot, das gerade für die anderen reicht, nichts ab und soll hungrig zu Bett gehen.
10 2. Der Junge darf morgen nicht mit zur Kirmes, obwohl ihn der Vater vor dem Vorfall dazu eingeladen hatte.
3. Der Vater kündigt dem Jungen an, dass er ihm bei nächs-ter Gelegenheit auch eine Bitte abschlagen wird.
Was ist die gerechte Strafe? Oder sollte man gar nicht stra-
15 fen?   *nach Jean Piaget (1896–1980)*

Das Grundgesetz – Gerechtigkeit im Staat

(1) Alle Menschen sind vor dem Gesetz gleich.
(2) Männer und Frauen sind gleichberechtigt. Der Staat för-dert die tatsächliche Durchsetzung der Gleichberechtigung von Frauen und Männern und wirkt auf die Beseitigung bestehender Nachteile hin.
(3) Niemand darf wegen seines Geschlechtes, seiner Abstammung, seiner Rasse, seiner Sprache, seiner Heimat und Herkunft, seines Glaubens, seiner religiösen oder poli-tischen Anschauungen benachteiligt oder bevorzugt wer-den. Niemand darf wegen seiner Behinderung benachteiligt werden.   *Grundgesetz für die Bundesrepublik*

Ein Verfassungsrichter – Gerechtigkeit und Barmherzigkeit

Ist Gerechtigkeit das Alpha und Omega für das Leben in einer politischen Gemeinschaft? Reicht die Suche nach und die Verwirklichung von Gerechtigkeit in jedem Fall aus, oder kann es sein, dass Gerechtigkeit überschritten werden muss?
5 Im Leben des Einzelnen gibt es Situationen, wo ein Verfah-ren nach Recht und Gerechtigkeit, das Bestehen auf der Her-stellung von Gerechtigkeit, die Lebenschancen zerstört. In solchen Situationen bedarf es der Verzeihung, religiös gese-hen der Vergebung, ist ein Verzicht auf die Einforderung des
10 Rechts nötig, um dadurch neuen Boden zu gewinnen. Bei-spiele sind etwa eine gravierende Verfehlung in der ehe-lichen Partnerschaft oder die massive Überschuldung im Geschäftsleben.   *Ernst-Wolfgang Böckenförde (geb. 1930)*

Das Ethos anderer Religionen

1. Judentum – Weisungen zum Leben

Das Judentum ist eine **ethische Religion**. Die Autoren der biblischen Bücher, die Lehrer des Talmud und die Rabbinen halten meist von einer lehrhaften Theologie nicht viel. Von metaphysischen Spekulationen über das Gute und Böse sehen sie eher ab. Sie konzentrieren ihre Aufmerksamkeit lieber darauf, was Juden tun und wie sie leben sollen. Dabei gilt für das religiöse Judentum das ethische **Grundprinzip**: Die Weisungen (»**Thora«**), die der Gott Israels durch Mose dem Volk auf dem Sinai (→ S. 96) gegeben hat, sind Richtschnur allen jüdischen Handelns. Sie zielen auf ein gutes, glückliches und gottgefälliges Leben.

Die Thora

❖ In der Thora finden sich **613 Vorschriften**, davon 248 Verbote und 365 Gebote. In diesen Zahlen haben die Rabbinen eine symbolische Bedeutung entdeckt. Der Mensch hat nach damaliger Kenntnis 248 Knochen bzw. Glieder. Jedes Jahr hat 365 Tage. Das bedeutet: Jeder Jude soll sich mit seinem ganzen Leib und seiner ganzen Seele alle Tage des Jahres an die Thora halten. 5

❖ Die Thora – wie der später entstandene Talmud – bezieht sich auf **alle Lebensbereiche**. Viele Weisungen sind im engeren Sinn religiöser Art. Sie haben zu tun mit Gott, Bund, Gebet, Reinheitsvorschriften, Sabbat, Festen, Beschneidung, Speisen. Viele Weisungen haben den Menschen im Blick: 10 Eltern, Kinder, Landsleute, Fremde (Ausländer), Frauen, Männer, Kranke und Alte. Wichtige Bereiche sind Volk, Ehe, Familie, Liebe, Sexualität, Arbeit, Ruhe, Essen, Krankheit, Tod. Auch Tiere kommen in den Weisungen oft vor.

❖ **Die wichtigsten Weisungen** in der Thora und in anderen ethischen Schriften sind 15

❖ der **Dekalog**: → S. 96 f,

❖ die Gebote der **Gottesliebe und Nächstenliebe**: → S. 118 ff, 123 f,

❖ die Forderung nach **Gerechtigkeit**: → S. 104, 135 ff.

Unterschiedliche Einstellungen

❖ Die Achtung vor der Thora bestimmt das ganze Leben der **orthodoxen und konservativen** Juden. Sie bewahren im Alltag und an den jüdischen Feiertagen die alten Traditionen. So halten sie den Sabbat und essen koscher, was 20 nicht ausschließt, dass es gelegentlich auch Übertretungen oder Anpassungen an die moderne Welt gibt.

❖ **Ultraorthodoxe** Juden sind besonders fromm und thoratreu. Manchmal orientieren sie sich in überkorrekter Haltung am Wortlaut der Gesetze, miss- 25 achten dabei aber die Belange der Menschen. Für sie gilt der Wortlaut des Gesetzes unabhängig davon, welche Folgen seine Beobachtung mit sich bringt. Diese Einstellung kann sich bei manchen bis zum Fanatismus steigern, wenn sie z. B. am Sabbat Steine auf Leute werfen, die in ihrer Gegend rauchen, weil durch das Anzünden der Zigarette das Gebot der Sabbatruhe 30 verletzt wird.

❖ **Liberale** Juden, die es seit Beginn der Neuzeit gibt, fühlen sich nicht mehr in jeder Hinsicht an die Thora gebunden und akzeptieren **säkulare Begründungen** für ihr ethisches Handeln, z. B. Autonomie, Verantwortungsethik, Utilitarismus u. Ä. Sie halten sich nicht mehr unbedingt an das Sabbatgebot 35 oder die Gesetze für koschere Speisen, weil ihr Sinn nicht mehr eingesehen wird.

Kapsel mit Thorarolle, Osmanisches Reich, 1860.

Im Hintergrund die Menora, ein siebenarmiger Leuchter.

Texte zur jüdischen Ethik

Eine biblische Kurzformel

Es ist dir gesagt worden, Mensch, was gut ist und was der Herr von dir erwartet: Nichts anderes als dies: Recht tun, Güte und Treue lieben, in Ehrfurcht den Weg gehen mit deinem Gott.

Mi 6, 8

Die Weisung ganz und gar

Einmal bestimmen die höchst unterschiedlichen Lehrer **Schammai** *und* **Hillel** *(1. Jh. vC) den Sinn der Thora.*

Wiederum geschah es, dass einer aus den Völkern vor Schammai kam und zu ihm sagte: Mache mich zum Proselyten (d. h. Nimm mich in das Judentum auf) unter der Bedingung, dass du mich die Thora ganz und gar lehrst,
5 während ich auf einem Bein stehe! Da stieß er ihn mit dem Messbrett weg, das er gerade in der Hand hatte.
Er kam vor Hillel, der machte ihn zum Proselyten und sagte zu ihm: Was dir verhasst ist, das tue deinem Genossen nicht an. Das ist die Thora ganz und gar, alles andere ist Ausle-
10 gung. Geh und lerne! *Babylonischer Talmud, Schabbat 31 a*

Die sieben noachidischen Gebote

Die Erwählung Israels geht nicht zu Lasten aller anderen Völker. Die Bibel (Gen 9,1-17) erzählt von einem Noach-Bund, den Gott nach der Sintflut mit den Geretteten geschlossen hat. Kein Volk ist aus der Liebe Gottes ausgeschlossen. Alle Menschen können Anteil an der Herrlichkeit der kommenden Welt haben. Für sie gibt es nur eine Verpflichtung: die 7 noachidischen Gebote. Sie sind eine Art »Naturrecht« und ein Ethos für die ganze Menschheit.

Unsere Meister lehrten: Sieben Gebote wurden den Nachkommen Noachs geboten: In Bezug auf Rechtspflege (d. h. Einrichtung von Gerichtsbarkeit, damit das Recht gewahrt bleibt), Lästerung des (Gottes-)Namens, Götzendienst (d. h.
5 Vielgötterei), Unzucht, Blutvergießen, Raub und ein Stück von einem Tier (d. h. Genuss eines Gliedes von einem lebendigen Tier; Verbot der Grausamkeit gegenüber der Tierwelt).

Talmud, Traktat Sanhedrin 56 a

Es ist wahr, ...

Elie Wiesel ist Überlebender des Holocaust. Über seine Erfahrungen im Konzentrationslager und in der Nachkriegszeit hat er bewegende Bücher geschrieben. 1986 erhielt er den Friedensnobelpreis.

Es ist wahr, wir sind oft zu schwach, um Ungerechtigkeit zu beenden; aber wir können wenigstens gegen sie protestieren. Es ist wahr, wir sind zu hilflos, um den Hunger auszutilgen; aber wenn wir einem einzigen Kind zu essen geben, bieten wir dem Hunger die Stirn. Es ist wahr, wir sind zu
5 ängstlich und zu machtlos, um gegen alle Wärter aller politischen Gefängnisse der Welt anzutreten; aber wenn wir einem einzigen Gefangenen unsere Solidarität anbieten, prangern wir alle Peiniger an. Es ist wahr, wir haben keine Macht gegen den Tod; aber so lange wir einem Mann, einer
10 Frau, einem Kind helfen, eine Stunde länger in Sicherheit und Würde zu leben, bestärken wir das menschliche Recht auf Leben.

Elie Wiesel (geb. 1928)

Die Gleichheit der Frau

Jeshajahu Leibowitz, bedeutender Naturwissenschaftler und Religionsphilosoph, hat seine Landsleute oft mit seinen kritischen Äußerungen zur Politik des Staates Israel schockiert. Er war ein religiöser Jude, der alle Gebote hielt. In diesem Text packt er dennoch ein religiöses Tabu an.

Die religiöse Einstellung zum Status der Frau in unserer Gesellschaft ... ist eine lebenswichtige Angelegenheit für die Zukunft des Judentums, noch wichtiger als die Einstellung zum Staat. ... Hier geht es um das Problem, dass das Volk der Thora in der Vergangenheit nur ein männliches Volk war.
5 Die Frau hatte am jüdischen Volk als Volk der Thora keinen Anteil. ... Die Gleichheit muss in Bezug auf das Thorastudium bestehen. *Jeshajahu Leibowitz (1903–1994)*

Glauben und Tun

Moses Mendelssohn, bedeutender jüdischer Philosoph in Berlin, hat Gedanken der Aufklärung für das Judentum erarbeitet.

Unter allen Vorschriften und Verordnungen des mosaischen Gesetzes lautet kein einziges: Du sollst glauben oder nicht glauben! Alle heißen: Du sollst tun oder nicht tun! Dem Glauben wird nicht befohlen; denn er nimmt keine anderen Befehle an, als die, die auf dem Weg der Überzeugung zu
5 ihm kommen. Alle Befehle des göttlichen Gesetzes sind an den Willen, an die Tatkraft des Menschen gerichtet.

Moses Mendelssohn (1729–1786)

---

1 **Wiederholen** Sie, was Sie vom Judentum gelernt haben: Verbreitung, Thora, Talmud, Fest- und Feiertage, Sabbat, koscher essen, Richtungen im heutigen Judentum, große Lehrer u. a.

2 Beziehen Sie auch die folgenden **Darlegungen zum Judentum** ein: → S. 32, 45, 52, 80, 82, 84, 86.

3 Was sagt das **2. Vatikanische Konzil** (1962–1965) über das Verhältnis der Kirche zum Judentum? Was wissen Sie über den gegenwärtigen Stand des jüdisch-christlichen Dialogs?

4 Besorgen Sie sich die Erlaubnis, mit dem Kurs an einem **Sabbatgottesdienst in einer Synagoge** teilzunehmen. Wer übernimmt die Organisation und inhaltliche Vorbereitung? Vielleicht können Sie dort mit Juden ein Gespräch über jüdisches Ethos führen.

5 Orientieren Sie sich darüber, welche Ziele und Aufgaben die **Christlich-Jüdische Gesellschaft** in Ihrer Nähe hat.

2. Islam – Gehorsam gegenüber Gott

Die fünf Säulen

❖ **Fünf Pflichten** sind für den Islam kennzeichnend. Als Weisungen Gottes im Koran gebührt ihnen besonderer Gehorsam. In ihnen realisieren die Muslime die Hingabe (»Islam«), die Gott von ihnen verlangt. Man nennt diese Pflichten die »Säulen« des Islam:

(1) das **Glaubensbekenntnis** – arab.: Schahada

(2) das **Pflichtgebet** – arab.: Salat

(3) die **Almosensteuer** – arab.: Zakat

(4) das **Fasten im Monat Ramadan** – arab.: Saum

(5) die **Pilgerfahrt nach Mekka** – arab.: Hadsch

❖ Diese fünf Pflichten haben **gemeinschaftsbildende Kraft**. Wo immer Muslime Gottes Einheit bekennen, gegen Mekka gewandt beten, von ihrem Hab und Gut den Armen einen Teil abgeben, im Ramadan fasten oder nach Mekka pilgern, da ist der Islam als Gemeinschaft (»Umma«) lebendig. Wer sich diesen Pflichten in der Öffentlichkeit entzieht, gehört nicht mehr zur Gemeinschaft des Islam.

Die Scharia – Recht und Gesetz

❖ Die **Scharia** ist das islamische Recht. Das Wort bedeutet ursprünglich »der Weg, der zur Oase führt«. Wer der Scharia gehorsam ist, kommt aus den Gefahren der trockenen Wüste zur Oase, wo er lebendiges Wasser findet. Für manche islamische Theologen hat die Scharia wie der Koran ein überzeitliches Dasein (»**Präexistenz**«) und ist damit unantastbare Autorität. Manche Bestimmungen der Scharia sind allerdings mit unserem **Rechtssystem unvereinbar** und dürfen deshalb hier nicht toleriert werden.

❖ Der öffentliche **Abfall vom Glauben** (gr.: »Apostasie«) kann, wenn er zur Gefahr für die Gemeinschaft wird – das ist bei geheimer Apostasie wohl nicht der Fall – mit dem Tod bestraft werden. Für die, die ungläubig werden, gilt dann der Satz des Korans: »So ergreift sie und schlagt sie tot, wo immer ihr sie findet« (4, 91). Auf Religionsfreiheit können sich Abtrünnige nicht berufen.

❖ **Mord** kann, wenn er rechtskräftig festgestellt ist, von den Verwandten des Ermordeten mit dem Tod des Mörders geahndet werden. Sie müssen diese Strafe aber nicht vollziehen, sondern können auch eine Entschädigung fordern (2, 173). Wenn sie auf die Todesstrafe verzichten, kann der Staat den Mörder in Haft nehmen. Sippenhaft soll es nicht geben.

❖ Die **Frau** ist in Ehe, Beruf und Rechtsprechung nicht gleichberechtigt. Ein Mann darf seine Frau schlagen und entlassen. Er kann bis zu vier Frauen haben, die

❖ Die Muslime leben aus der Überzeugung, dass das Bekenntnis zu Gott zwar die Grundlage der Religion ist, dass es aber unwirksam bleibt, wenn es nicht zur lebensbestimmenden Praxis wird. Dabei gibt es für sie letztlich nur einen Grund, weshalb sie die Pflichten erfüllen: **Gehorsam gegenüber Gott** (arab.: **»Allah«**).

❖ Im Koran finden sich **viele konkrete Anweisungen**, die in gleicher oder ähnlicher Weise in anderen Religionen vorkommen. So darf der Muslim nicht morden, lügen und betrügen. Kinder sollen die Eltern achten und für sie im Alter sorgen. Die Sexualität darf nur in der Ehe ausgeübt werden. Das Zinsnehmen ist verboten. Einbildung, Geiz und Zorn sind zu meiden. Auf Sauberkeit ist zu achten. Die Speisegesetze verbieten den Genuss von Schweinefleisch und Alkohol. Alle Drogen sind unerlaubt. Dringend empfohlene Tugenden sind Nachsicht, Gastfreundschaft, Gerechtigkeit und Barmherzigkeit.

❖ Für die islamische Ethik kennzeichnend sind die **fünf Säulen** und die Scharia, das Rechtssystem der Muslime.

Frau aber nicht vier Männer. Im Zeugenstand zählen zwei Stimmen einer Frau so viel wie eine Männerstimme. Nur die Frau soll einen Schleier tragen u. a.

❖ **Unzucht und Ehebruch** können, wenn sie zweifelsfrei durch mehrere Zeugen festgestellt sind, mit Auspeitschung oder mit Steinigung (34,2) bestraft werden.

❖ Für einen **Diebstahl** soll die Hand abgeschlagen werden (5, 42), wenn der Täter voll verantwortlich ist und nicht aus Not gehandelt hat.

❖ **Weingenuss (Alkohol) und Glücksspiele** sind verboten (2, 116; 5, 92). Wer das Weinverbot übertritt, muss mit 40 Peitschenhieben rechnen.

Mohammed empfiehlt gegenüber dem reuigen Täter Milde und Verzeihung. Er stellt hohe Anforderungen an die Beweissicherung. **Heute** werden diese Strafen in den islamischen Staaten z. T. nicht mehr angewandt.

Gegenwärtige Probleme

❖ **Christen** sind in islamischen Ländern in der Ausübung ihrer Religion erheblich eingeschränkt. Sie haben keine volle Berufsfreiheit, sie dürfen keine Kirchen und keine eigenen Schulen bauen, keinen Gottesdienst feiern und keine Bibel ins Land einführen.

❖ Heute verbreiten extremistische **Ideologien, fundamentalistische Gruppen** und **blutige Aktionen** von Muslimen (»Märtyrer«) weltweit Schrecken. Der islamische Fundamentalismus ist bald nach dem Untergang anderer terroristischer Regime des 20. Jahrhunderts zu einer neuen Weltgefahr geworden. Er beruft sich wohl fälschlicherweise auf die Lehre der Scharia vom gerechten Krieg (»Dschihad«).

Islamischer Intoleranz und Gewalt ist entschieden entgegenzutreten. Aber ein **Islambild**, das allein von daher gewonnen wird, tut dem Islam und den **meisten Muslimen Unrech**t, die friedliebend sind und selbst
80 den mörderischen Islamismus ablehnen. Es versperrt den Zugang zu einer Religion, die ihre eigene Würde und Schönheit auch heute hat.

Dschihad – Anstrengung und Krieg

❖ Zu den Pflichten der Muslime gehört der »**Dschihad**«, der bei uns fast nur in der Bedeutung »heiliger Krieg«
85 bekannt ist. Bei uns wird oft unterstellt, die Muslime seien seit den Tagen Mohammeds verpflichtet, den Islam mit kriegerischen Mitteln zu verbreiten. Einige Aussagen des Koran und der Scharia scheinen diese Sicht zu bestätigen. Die schrecklichen Gewalttaten islamischer
90 Fundamentalisten, die sich auf den Dschihad berufen, tragen heute zur Festigung dieser Auffassung bei.

❖ »Dschihad« ist richtig mit »**Bemühung**« oder »**Anstrengung**« auf dem Weg Gottes oder für die Sache Gottes zu übersetzen, wobei der Einsatz von Gut und
95 Leben eingeschlossen ist. In dem Wort schwingen Bedeutungen wie diese mit: Förderung des Islam, Bemühungen um Ungläubige (Mission), Aufruhr gegen menschenunwürdige Zustände wie Ignoranz, Armut, Krankheit und Leiden. »Dschihad« kann auch
100 Anstrengung für den Islam in Politik und Wirtschaft bedeuten. In der islamischen Mystik ist er der Kampf gegen die Süchte und Triebe des Menschen. Für viele Muslime ist »Dschihad« der Kampf des Menschen gegen seine eigenen Schwächen.

105 ❖ Der »Dschihad« kann auch eine Sache der **Gewalt** sein. Im Extremfall ist er eine Verpflichtung zum Krieg. Mohammed ist in Medina zu einem bewaffneten Kampf gegen die Mekkaner angetreten, die sich dem Islam widersetzten. Einen solchen Kampf hat er als
110 gutes Werk bezeichnet. In der Hitze der Auseinandersetzung hat er sogar dazu aufgerufen, die Polytheisten zu erschlagen, wenn sie nicht bereuen (9, 5). Auch die ersten Kalifen und spätere Herrscher des Islam haben zum »Dschihad« aufgerufen und den Islam mit kriege-
115 rischen Mitteln verbreitet. Die Geschichte des Islam ist auch eine lange Geschichte des Krieges.

❖ Die Lehre vom »Dschihad« wird gegenwärtig nicht selten **politisch missbraucht**. Ideologisch verblendete Machthaber rufen den »Dschihad« aus, um ihre natio-
120 nalen, ökonomischen oder auch persönlichen Interessen durchzusetzen. Der Kampf gegen Israel, die Kolonialmächte oder die USA wird als »Dschihad« ausgetragen. Terroristische und fundamentalistische Gruppierungen setzen immer wieder einzelne Muslime
125 zu Todeskommandos ein, indem sie ihnen suggerieren,

Junge Muslime mit Imam in der Essener Moschee

Im Hintergrund Halbmond und Stern. Wie diese Himmelskörper nachts den Weg weisen, so erleuchtet der Islam den Weg der Muslime.

einen »heiligen Krieg« zu führen und als Märtyrer sofort einen Platz im Paradies zu erhalten.

❖ Heute mehren sich die Stimmen islamischer Autoritäten, die die islamische Tradition in Übereinstimmung mit dem Völkerrecht sehen, den Krieg nur als 130 Abwehrreaktion bei Bedrohung der islamischen Gemeinschaft (2, 191-193) gestatten und für eine dauerhafte **Friedensordnung** eintreten. Sie haben wohl die Mehrheit der Muslime in aller Welt auf ihrer Seite.

1 **Wiederholen** Sie, was Sie bislang vom Islam gelernt und gehört haben: Verbreitung, Allah, Monotheismus, Koran, Mohammed, Moschee, Festtage, Scharia, Richtungen, heutige Probleme u. a.: → M 1.

2 Wer trägt Details (Sinn, heutige Form, Probleme) über die **fünf Säulen** vor? Wie sind die fünf Säulen mit heutigen Lebens- und Arbeitsbedingungen vereinbar?

3 Nennen Sie Beispiele, wie **Muslime** in unserer Welt **vorbildlich** nach ihren Geboten leben.

4 Gewalttätiger **islamischer Fundamentalismus** und islamische **Intoleranz** gegenüber Christen – Wo sind sie in letzter Zeit in Erscheinung getreten? Was haben sie angerichtet? Welche Stellungnahmen von Muslimen sind Ihnen dazu bekannt?

5 Was sagt das **2. Vatikanische Konzil** (1962–1965) über das Verhältnis der Kirche zum Islam? Was wissen Sie über das heutige Verhältnis (→ S. 16 f)?

3. Hinduismus – Wege zur Erlösung

❖ Der **Hinduismus** hat völlig andere Grundvorstellungen von Gott, Welt und Mensch als die monotheistischen Religionen. Alle Hindus sind davon überzeugt, dass sich die Welt unaufhörlich in einem ewigen Kreislauf (»**Samsara**«) befindet. Der Mensch, der in diesem Kreislauf wiedergeboren wird, ist in seiner biologischen, geistigen und sozialen Grundverfassung der Lohn seiner früheren Taten (»**Karma**«). Ob er Mann oder Frau, Weiser oder Dummkopf, Brahmane, Krieger oder Kaufmann, Angehöriger einer Kaste oder Kastenloser ist, hängt von den guten und bösen Taten seines früheren Lebens ab. So ist die **ganze** Ordnung der Welt moralisch fundiert.

❖ Aber so sehr der Mensch auch durch die Vergangenheit bestimmt ist, so wenig ist sein Schicksal für die Zukunft vorbestimmt. Von seinen freien Taten hängt ab, was er sein wird. Er kann nur richtig leben, wenn er auf den »**Dharma**« achtet, d.h. auf das oberste Gesetz der Welt, das für das Universum und für alle Menschen gilt. Dieses ist nicht auf allen Lebensstufen und nicht für alle Kasten gleich.

❖ Die **Ethik** des Hinduismus trägt überall Spuren des Religiösen. Sie ist ganz von der Sehnsucht nach **Erlösung** (»**Moksha**«) bestimmt, die das wichtigste Ziel aller Hindus ist. Sie besteht darin, zuerst in ein gutes neues Dasein wiedergeboren zu werden und am Ende mit dem Göttlichen eins zu werden.

❖ Die Weisen Indiens haben vor allem **drei Wege** zur Erlösung gewiesen, die sich nicht widersprechen und sich in der Lebenspraxis ergänzen können:
(1) den Weg der **Erkenntnis**,
(2) den Weg des **Handelns** und
(3) den Weg der **Gottesliebe**.

❖ Da der Hinduismus in höchst **unterschiedlichen** Gruppen und Richtungen existiert, gibt es auch verschiedene ethische Konzepte. In der »Goldenen Regel« (→ S. 45) stimmt er mit anderen Religionen überein.

Drei Wege

Jnana – Erlösung durch Erkenntnis

❖ Der schwierigste Weg zur Erlösung ist für die Hindus der **Weg der Erkenntnis** (»**Jnana-Marga**«). Mit »Jnana« ist kein rationales oder technisches Wissen gemeint. Vielwisserei und hohe IQ-Werte führen nicht zur Erlösung. Die Erlösung bringende Erkenntnis kann nur in einem mühevollen Prozess geistiger Konzentration und Meditation gewonnen werden. Dazu muss man sich zuerst von Begierde, Reichtum und Macht lösen. Ohne **Askese** ist die erlösende Erkenntnis nicht zu gewinnen. Nur wer den eigenen Trieben misstraut, nicht nach Besitz strebt und seinen Körper beherrscht, kann die Unwissenheit überwinden. 5

❖ Die **Upanishaden**, die ältesten Weisheitsschriften Indiens, lehren: Nur wer alle Wesen in seinem Selbst (»**Atman**«) und sein Selbst in allen Wesen erkennt, vor dem wird sich auch das Eine und Absolute (»**Brahman**«) nicht verbergen. Die 10 höchste Form der Erkenntnis ist das »**tat tvam asi**« (»Das bist du«), d.h. die Erkenntnis, dass Atman und Brahman identisch sind. Nur sie trägt den Menschen aus der schlechten Wirklichkeit des Scheins in die gute Wirklichkeit des Seins hinaus. Wer sie gewonnen hat, hat Distanz zur Welt gefunden und ist mit 15 dem Absoluten, dem Ewig-Unveränderlichen eins geworden. Seine Erkenntnis hat ihm Erlösung gebracht.

Karma – Erlösung durch Handeln

❖ Der **Weg des Handelns** (»**Karma-Marga**«) ist einfacher als der Weg der Erkenntnis. Gebete, Opfer, Riten, Mantras, Wallfahrten, das Schmücken der Götterbilder mit Blatt und Blüte sowie der Besuch der Tempel beeinflussen das 20 **Karma** und haben erlösende Wirkung. Wer die alten Lieder singt und die Gebete der heiligen Texte anhört oder spricht, auch wenn er ihren Sinn nicht ganz versteht, verrichtet gute Taten und ist damit auf dem Weg zur Erlösung.

❖ Der Alltag vieler Inder ist bis auf den heutigen Tag religiös geprägt. Jeder Tag, fast jede Stunde und jede Handlung ist in ein Netz religiöser Bestimmungen eingespannt. Bei Geburt, Hochzeit und Tod, am Morgen, Mittag und Abend, im 25 Frühjahr, Herbst, Sommer und Winter sind je eigene Zeremonien zu beachten. Die tägliche Speisung und Waschung der Götterbilder oder das gelegentliche Baden im Gangesfluss in Benares bzw. in anderen heiligen Gewässern, selbst Magie und Esoterik haben erlösende Wirkung. 30

Bhakti – Erlösung durch Gottesliebe

In der **Bhagavadgita** (ind.: »Gesang Gottes«; 3./2. Jh. vC), einer der beliebtesten Schriften Indiens, wird der **Weg der Gottesliebe** (»**Bhakti-Marga**«) als der Weg zur Erlösung aufgezeigt, der besser ist als Erkenntnis und Handeln. Das Wort »**Bhakti**« kommt von einer Verbalwurzel, die »teilen«, »zuteilen« und vor allem auch »liebend dienen« bedeutet. Es hat einen vielfachen Sinn. Die Inder meinen 35 damit Hingabe an Gott, Liebe zu Gott, Anhänglichkeit, Verehrung, liebevolle Zuneigung, aber auch die Liebe Gottes zu den Menschen. Der Weg der Gottesliebe steht jedermann offen. Männer und Frauen, Reiche und Arme, Gebildete und Ungebildete, Menschen aus allen Kasten und sogar Kastenlose können ihn gehen. Sie vertrauen darauf, dass ihre Zuwendung zu Gott von Gott erwidert 40 wird. Diese wechselseitige Liebe überwindet auf andere Weise, als es Erkenntnis und Opfer tun, die Differenz von Seele (»Atman«) und Unendlichem (»Brahman«). Bhakti bewirkt für den einzelnen Menschen Erlösung.

Zeugnisse indischer Ethik

Das Gayatri-Mantra

Das Gayatri-Mantra (s. u.) ist das heiligste Gebet Indiens. Die meisten Hindus kennen den Text auswendig und beten ihn täglich. Sein Name leitet sich von Gayatri, der Gattin Brahmas und der Mutter der Brahmanen, ab.

Lasst uns meditieren über die Herrlichkeit des göttlichen Lichts. Es möge unseren Geist erleuchten. *Rigveda III 62, 10*

Schutz der Kuh

Mahatma Gandhi, ein frommer Hindu, der viel dazu bei-getragen hat, dass Indien seine politische Selbständigkeit gewinnen konnte, hat einmal erklärt, warum der Schutz der Kuh für Indien bedeutsam ist.

Im Mittelpunkt des Hinduismus steht der Schutz der Kuh. Für mich ist der Schutz der Kuh eine der wunderbarsten Erscheinungen in der menschlichen Entwicklung. Er führt den Menschen über seine eigene Spezies hinaus. Für mich
5 bedeutet die Kuh die gesamte nichtmenschliche Schöpfung. Durch die Kuh ergeht an den Menschen der Auftrag, seine Einheit mit allem, was lebt, zu verwirklichen. Es ist für mich klar, warum die Kuh für diese Apotheose gewählt wurde. In Indien ist die Kuh der beste Freund, sie war das Füllhorn. Sie
10 gab nicht nur Milch, sie machte die Landwirtschaft erst möglich. Die Kuh ist ein Gedicht des Mitleids. Man kann Mit-leid an dem freundlichen Tier lernen. In Indien ist sie die Mutter von Millionen. Schutz der Kuh heißt Schutz der gan-zen stummen Kreatur Gottes. Dies ist das Geschenk des Hin-
15 duismus an die Welt. Und der Hinduismus wird leben, solange es Hindus gibt, die die Kuh beschützen.

Mahatma Gandhi (1869–1948)

Im Hintergrund das Zeichen OM.

Eine Frau bringt in Benares der Göttin Ganga ein Blumenopfer dar. Die Farben und Düfte der Blumen haben rituelle Bedeu-tung. Götterbilder, Menschen und auch Tote werden mit Blu-men geschmückt. In die Luft geworfene Blüten symbolisieren die Befreiung der Seele vom Körper.

OM

Mantras (Sanskrit: »Instrument des Denkens«) spielen im religiösen Leben Indiens eine wichtige Rolle. Ein Mantra ist eine heilige Silbe oder ein übernatürlicher Spruch, die Meditation, Gefühl und Denken anregen. Das bekannteste und höchste Mantra ist »OM« (richtiger in der Umschrift »AUM«), das aus den drei Buchstaben A-U-M zusammen-gesetzt ist. Bei der Betrachtung beginnt man bei dem »A« mit dem Einatmen, wodurch man sich für alles Gegenwär-tige öffnet. Das Ausatmen bei dem »U« bedeutet Hingabe an das Göttliche. Das »M« versetzt in die Stille und bringt die Fülle der Welt nahe. Das Wort ist im persönlichen Gespräch tabu. Es hat keine profane Bedeutung, ist aber die konzentrierteste Kurzformel für den Hinduismus in all sei-nen vielen Formen. Es bezeichnet den Odem des Mundes und die Strahlkraft der Sonne. Der Atem als Prinzip des Ich und die Sonne als die Lebenskraft des Universums sind in dem Wort eins. In »OM« fallen auf mystische Weise die drei Zeitdimensionen Vergangenheit, Gegenwart und Zukunft zusammen. Es bezeichnet Entstehen (Geburt), Bestehen (Leben) und Vergehen (Tod).

Wer unentwegt den OM-Laut murmelt
– er sei selbst unrein oder rein –
Wird wie das Lotosblatt von Wasser
Nicht mehr befleckt von Sündenpein. *Ein Dichter (13. Jh.)*

1 **Wiederholen** Sie, was Sie vom Hinduismus gelernt haben oder wissen: Verbreitung, Ursprung, religiöse Schriften, Samsara, Karma, Moksha, Wiedergeburt, Göt-ter und Göttinnen, Kastenwesen, heutige Situation, Gandhi u. a.: → M 1.

2 In unserer Gesellschaft hat die Lehre von der **Wiederge-burt/Seelenwanderung** hohe Konjunktur, obwohl den meisten Menschen der indische Kontext dieser Lehre nicht bekannt ist. Oft liegt diesem Glauben bei uns der Wunsch zugrunde, in einem späteren Leben das nach-holen zu können, was man im jetzigen Leben verpasst hat. Kritiker sprechen dabei von »Hedonismus über den Tod hinaus« und »Recycling des Lebens«. In welchem Verhältnis steht die europäische zu der indischen Vor-stellung?

3 **Vergleichen** Sie die indischen ethischen Vorstellungen mit dem **christlichen Ethos.**

4. Buddhismus – Überwindung des Leidens

❖ Vor ca. 2500 Jahren verließ in Indien ein junger Adeliger namens Gautama Siddhartha sein Elternhaus und gab seine Sicherheit und seinen Reichtum auf. Die Religion der Brahmanen, in der er aufgewachsen war, konnte seine Lebensfragen nicht mehr beantworten. Er ging auf die Suche nach neuen Erfahrungen. Auf diesem Weg wurde ihm eine wunderbare Erleuchtung zuteil, die ihm den Titel »**Buddha**« (d. h. »Erwachter«) einbrachte. Seine Einsichten fasste er in einer tiefsinnigen Lehre zusammen, die er seinen Zeitgenossen Jahrzehnte lang auf seinen Wanderungen durch Nordindien bis zu seinem Tod darlegte. Diejenigen, die seine Lehre von der Überwindung des Leids überzeugte, bildeten eine neue Gemeinde. Er vollendete sein Leben im Kreis seiner Schüler. Seitdem sind ihm bis heute unzählige Menschen gefolgt.

❖ Im Zentrum der **Lehre des Buddha** steht nicht die Frage nach Gott, nicht die Frage nach der Welt, nicht die Frage nach dem Menschen, nicht die Frage nach der Liebe, nicht die Frage nach der Wahrheit, nicht die Frage nach der sozialen Gerechtigkeit. Sein ganzes Denken und Empfinden kreist um die Frage, was das **Leiden** aller Wesen ist, woher es kommt, wie es überwunden werden kann. Diese Lehre ist nicht ein Zeichen pessimistischer Seelenstimmung des Buddha, da er auch einen Weg zur **Leidüberwindung/Erlösung** gefunden hat. Dieser Weg ist der Kern seiner **Ethik**.

Die vier edlen Wahrheiten vom Leid

*Den Kern der Lehre des Buddha bilden seit seiner ersten große Rede nach seiner Erleuchtung in Benares »**die vier edlen Wahrheiten vom Leid**«. Er hat sie wie ein Arzt formuliert, der mit einer Krankheit zu tun bekommt: (1) die **Symptome**; (2) die **Diagnose**; (3) die **Therapie** und (4) die **Medikamente**.*

(1) Wahrlich, ihr Mönche, das ist **die edle Wahrheit vom Leiden**: Geburt ist leidvoll, Krankheit ist leidvoll, der Tod ist leidvoll, mit Unlieben vereint, von Lieben getrennt sein ist leidvoll, nicht erlangen, was man begehrt, ist leidvoll, kurz: das ganze Dasein, das Hängen an der Welt ist leidvoll.

(2) Dies, ihr Mönche, ist **die edle Wahrheit vom Entstehen des Leidens**: Es ist der Lebensdurst, welcher zur Wiedergeburt führt, der vereint mit Leidenschaft und Begehren sich hier und dort an diesem ergötzt, der Durst nach dem Werden, der Durst nach Vernichtung. 5

(3) Dies, ihr Mönche, ist **die edle Wahrheit von der Aufhebung des Leides**: Jene Aufhebung durch das restlose Aufgeben der Leidenschaft; die Entsagung, das Verlassen, das Freiwerden, das sich Abwenden von dem Lebensdurst. 10

(4) Dies, ihr Mönche, ist **die edle Wahrheit vom Wege, der zur Vernichtung des Leides führt**: Es ist der achtteilige Pfad, der da heißt: rechte Ansicht, rechtes Wollen, rechte Rede, rechtes Handeln, rechtes Leben, rechte Anstrengung, rechte Achtsamkeit, rechte Meditation. 15

Aus dem 1. Korb des Pali-Kanon: Mahavagga I, 6,17 ff

Der mittlere Weg – Der achtteilige Pfad

*Der **achtteilige Pfad** bildet einen **mittleren Weg** zwischen zügellosem Hedonismus und ruinöser Askese. Er will weder Ausschweifung noch Selbstkasteiung.*

❖ *Er ist **kein religiöser Weg**. Keines seiner acht Glieder begründet einen Gottesdienst, Kult oder Liturgie. Auch die Liebe hat hier keinen Ort.*

❖ *Er ist auch **kein Weg der Logik oder der philosophischen Reflexion**. Er strebt nicht Begriffsklarheit an und entwickelt kein metaphysisches System.*

❖ *Er hat am ehesten **ethischen** Charakter, weil er die Schritte nennt, die zur endgültigen **Erlösung vom Leid führen**. Man kann die einzelnen Weisungen aber nur mit Einschränkung als Gebote oder Imperative ansehen. Der Buddha gebietet niemandem und und droht niemandem Strafen an, der diesen Pfad nicht geht. Da es einem Laien kaum möglich ist, im alltäglichen Leben alle acht Stationen des Pfades zu gehen, richtet er sich vor allem an Mönche und Nonnen, die die Welt verlassen haben.*

Zwei gegensätzliche Verhaltensweisen gibt es, ihr Mönche, nach denen sich ein Asket, der der Welt entsagte, nicht richten soll. Welche zwei?

Die eine, die bei den Begierden sich der Lust und der Freude hingibt, die niedrige, von hässlicher Art, die dem gewöhnlichen Menschen angemessen, unedel, zu keinem Ziel führt. Und es ist jene, die sich der Selbstpeinigung hingibt, die leidvolle, 5 unedle, die keinen Zweck hat.

Diese beiden Gegensätze vermeidend führt der durch den Vollendeten (Buddha) offenbar gewordene mittlere Pfad, der Schau und Erkenntnis bewirkt, zur Ruhe, zum Wissen, zur Erleuchtung, zum Verlöschen (zum Nirwana).

Aus dem 1. Korb des Pali-Kanon: Mahavagga I, 6,17 ff

Im Hintergrund ein Rad mit acht Speichen – das Symbol für den achtteiligen Pfad.

Buddhistische Mönche in der Versammlungshalle eines thailändischen Tempels bei Gebet und Meditation. Typisch für die Szene ist der Farbenreichtum, die flackernden Kerzen oder Butterlämpchen, der reiche Blumenschmuck, Weihrauch und der gleichmäßige Klang der Gebete.

Die Gebote für Mönche und Laien

Wer in den Orden eintreten will, muss sich zur Einhaltung von zehn Geboten verpflichten. Die ersten fünf gelten auch für die Laien. Der Novize verspricht:

1. Kein Leben zerstören
2. Keine Dinge nehmen, die nicht gegeben werden
3. Enthaltung von unkeuschem Wandel
4. Vermeidung von Lüge
5. Verbot von Rausch durch den Genuss berauschender Getränke

6. Verzicht auf alles Essen nach Mittag
7. Abstinenz von Tanz, Gesang, Musik und Schauspielen
8. Verzicht auf Körperschmuck durch Blumenkränze, Wohlgerüche, Schminke und Salben
9. Nichtbenutzung hoher und üppiger Betten
10. Kein Gold und Silber annehmen

Die Lotosblume ist ein Symbol für die buddhistische Lehre von der Erlösung. Sie kommt aus dem Schlamm und hat eine schöne Blüte – so zeigt sie den Weg aus der Dunkelheit zum Licht.

Gier, Hass und Verblendung

In der Lehre des Buddha wird der »Durst, welcher zur Wiedergeburt führt« oft als Gier bezeichnet. Zusammen mit den beiden anderen Triebkräften Hass und Verblendung bewirken sie alles Karma, das das entscheidende Hindernis für den Eingang ins Nirwana ist. Nur wer sie in sich besiegt, erlangt die Erlösung.

Welche Tat, Mönche, ohne Gier, ohne Hass und ohne Verblendung getan worden ist, nachdem man (jene drei Affekte) vernichtet hat, diese Tat ist aufgehoben, an der Wurzel abgeschnitten, einer entwurzelten Palme gleichgemacht, am Werden (d. h. karmischen Reifen) gehindert, zukünftig nicht dem Gesetz des Werdens unterworfen.

Aus dem 2. Korb des Pali-Kanon: Anguttara Nikaya 3, 33, 2

---

1 **Wiederholen** Sie, was Sie über den Buddha, seine Lehre, seine Gemeinschaft und sein Fortwirken in den verschiedenen Richtungen (»Fahrzeugen«) gelernt haben: → M 1; zu den **Texten**: → M 2.

2 Was unterscheidet die ursprüngliche Lehre des Buddha von **anderen Religionen**? Vergleichen Sie auch seinen edlen achtteiligen Pfad mit dem **Ethos** anderer Religionen.

3 Warum werden **Gier, Hass und Verblendung** in der Ethik des Buddha oft als gefährliche Grundeinstellungen des Menschen beschrieben? Welche Bedeutung hat diese Einschätzung des Buddha im Blick auf unsere Zeit? → S. 64; zur Einstellung Jesu? → S. 114 f.

4 Vergleichen Sie die **buddhistischen Zehn Gebote** mit dem biblischen **Dekalog**: → S. 96 ff.

5. Toleranz – Respekt vor Anderen

❖ **Toleranz** (von lat. »tolerare«, d. h. »dulden«, »ertragen«) ist zunächst die ethische Haltung, andere Menschen, gerade auch wenn sie anders religiös sind als man selbst, gelten zu lassen und die Verschiedenheiten anderer Konfessionen und Religionen zu respektieren. Sodann bezieht sie sich auch auf andere Weltanschauungen, Völker, Kulturen, Migranten, Ausländer und alltägliche Ansichten.

❖ Toleranz ist **aktiv**, wenn sie entschieden für die Geltung und Rechte der Anderen eintritt.

❖ Toleranz ist **passiv**, wenn sie bei anderen Personen, Religionen und Institutionen nur hinnimmt, was als unabänderlich erscheint.

❖ Heute ist es Aufgabe von Kirchen, Staat, Justiz, Parteien, Schulen und aller großen **Institutionen**, Toleranz im öffentlichen Leben durchzusetzen und zu garantieren. Auch **jeder Einzelne** hat die Pflicht, in seinem persönlichen Umfeld Toleranz zu praktizieren.

❖ Fälschlicherweise spricht man auch da von Toleranz, wo **Standpunktlosigkeit** (»Indifferenz«) gegenüber den Anderen vorliegt, so dass es mangels eines religiösen oder ethischen Profils zu keiner Auseinandersetzung kommen kann. Wo alles gleich gültig ist, wird alles gleichgültig. Gleichgültigkeit ist keine Form der Toleranz.

Zur Entwicklung des Begriffs

❖ Der Begriff »Toleranz« kommt in der **Bibel** nicht vor, wohl aber die damit verwandten Begriffe der Nächstenliebe und sogar der Feindesliebe (→ S. 120). Damit ist allerdings mehr gemeint als das, was wir heute »Toleranz« nennen.

❖ Vereinzelt wird in der **alten Geschichte** der Begriff auf **Toleranzedikte** der Römer bezogen. ⁵

❖ Eindrucksvolle Schritte zu tolerantem Verständnis anderer Religionen hat im **späten Mittelalter** der bedeutende Philosoph und Theologe **Kardinal Nikolaus von Kues** (1401–1467) getan. In seiner Schrift »De pace fidei« (lat.: »Vom Frieden des Glaubens«) spricht er von der »einen Religion in verschiedenen Riten« und meint, jede Religion könne nur einen Teil der unendlichen Wahrheit Gottes erfassen. ¹⁰

❖ In und nach der **Reformationszeit** (16./17. Jh.) sahen sich die Herrscher allmählich politisch gezwungen, unterschiedliche Konfessionen in ihrem Gebiet gesetzlich zu dulden und von ihren Untertanen ein Mindestmaß an Toleranz für das Zusammenleben zu fordern. ¹⁵

❖ Die Enttäuschung darüber, dass sich die christlichen Konfessionen trotzdem so hart und blutig bekämpften und friedensunfähig schienen (»Dreißigjähriger Krieg« 1618–1648), führte in der **Aufklärung** (18. Jh.) dazu, dass Philosophen (Spinoza, Locke, Leibniz), Juristen (Jean Bodin) und Dichter ²⁰ (Lessing: »Ringparabel«) nach einem vernünftigen ethischen Prinzip suchten, das die religiösen Unterschiede nicht beseitigte und doch ein friedliches Nebeneinander ermöglichte. Dieses fand man in der Toleranz, die 1789 von einem ethischen Gebot der Vernunft zu einem allgemeinen Menschen- und Bürgerrecht (Artikel 10) avancierte. ²⁵

❖ In der Geschichte der **christlichen Kirche** gab es vorbildliche Toleranz und furchtbare Intoleranz (Inquisition, Hexenverbrennungen, ungerechte Verurteilungen). Wo man die Toleranz ablehnte, meinte man, sie stehe im Widerspruch zur eigenen Wahrheit und dürfe deshalb nicht geduldet werden. Seit dem 2. Vatikanischen Konzil (1962–1965) bekennt sich die katholische Kirche zur Religionsfreiheit (→ S. 43). ³⁰

Überlegungen zu tolerantem Handeln

❖ **Toleranz** wird im **Alltag** durch Dialog, Hilfsbereitschaft, Mut, Widerstand gegen Intoleranz praktiziert. Sie wird durch Gesprächsverweigerung, Druck auf das Gewissen, Aggression, Feigheit, Wegsehen (→ S. 75) verletzt.

❖ **Grenzen der Toleranz** liegen da, wo unmenschliche Praktiken durch religiöse oder kulturelle Traditionen geboten sind, z. B.: Rechtlosigkeit der Frauen, Witwenverbrennung, Mädchenbeschneidung, Unterdrückung von Minderheiten, Blutrache, Todesstrafe für Religionswechsel, Unterlassung von Hilfe in schweren Gefahren usw. Hier ist **Widerstand** geboten, weil Toleranz als Zustimmung zu diesen Verstößen gedeutet werden kann. ⁴⁰

❖ **Gegenüber Intoleranz darf es keine Toleranz geben.** Formen von Intoleranz sind Gewalt, Brutalität, Mobbing, Spott, Beleidigung, Verachtung anderer. Gegenüber ideologischem und politischem Fanatismus, Rechts-und Linksradikalismus, Ausländerhass, Antisemitismus, Rassismus usw. wäre Toleranz nichts anderes als Schwäche, die für das Unrecht (mit)verantwortlich wird. ⁴⁵

Pablo Picasso (1881–1973),
Das Gesicht des Friedens, 1951

1 Suchen Sie Beispiele für **aktive** und **passive** Toleranz und für **Gleichgültigkeit**. Zeigen Sie, was **persönliche** und **institutionelle** Toleranz bewirken können.

2 Toleranz kann man für sich entwickeln, wenn man die **Perspektiven der anderen übernimmt**. Erklären Sie das an einem Beispiel, bei dem Ihnen Toleranz schwer fällt.

3 Warum ist **religiöser Fundamentalismus** (→ S. 142 f) intolerant? Analysieren Sie aktuelle Fälle.

4 Was meinen Sie – Ist **unsere Gesellschaft** heute eher tolerant oder intolerant? Welchen Stellenwert hat Toleranz heute bei uns?

5 Toleranz – »**Respekt vor der Differenz«** – Was heißt das?

6 Wer kann **Lessings Ringparabel** (aus: »Nathan der Weise«) vorlesen, erzählen, interpretieren und ggfs. kritisieren?

7 Was hat das Bild von **Picasso** mit Toleranz zu tun? Zur Deutung: → M 3.

6. Religionsfrieden durch Religionsdialog

Der Religionsdialog ist heute ein **grundlegendes Postulat der Ethik** geworden. Die katholische Kirche betreibt ihn seit dem 2. Vatikanischen Konzil (1962-65) intensiv. Schon ist ein neues Klima in den Beziehungen zu den anderen Religionen entstanden. Aber viele weitere Schritte sind für die Zukunft notwendig.

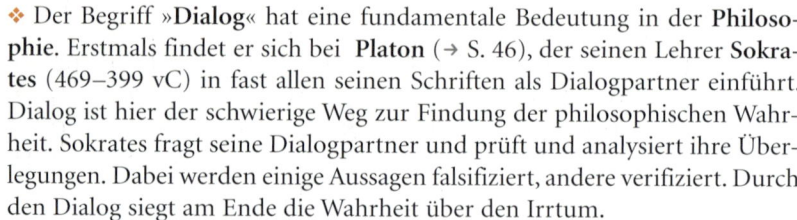

Guido Muer (1927–2000),
Die Weltreligionen

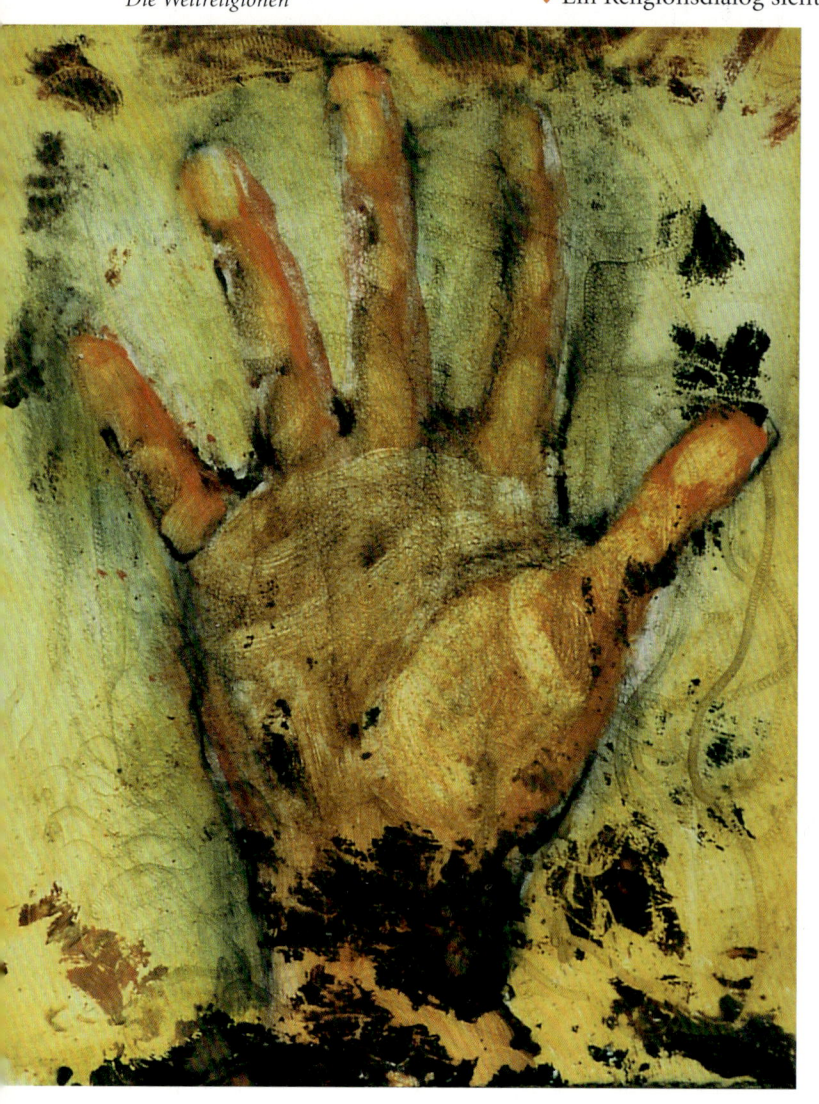

❖ Der Begriff »**Dialog**« hat eine fundamentale Bedeutung in der **Philosophie.** Erstmals findet er sich bei **Platon** (→ S. 46), der seinen Lehrer **Sokrates** (469–399 vC) in fast allen seinen Schriften als Dialogpartner einführt. Dialog ist hier der schwierige Weg zur Findung der philosophischen Wahrheit. Sokrates fragt seine Dialogpartner und prüft und analysiert ihre Überlegungen. Dabei werden einige Aussagen falsifiziert, andere verifiziert. Durch den Dialog siegt am Ende die Wahrheit über den Irrtum.

❖ Der Begriff »**Religionsdialog**« hat in unserer Zeit eine veränderte Bedeutung erhalten. Er dient nicht primär zur Findung einer religiösen Wahrheit, bei der ein Dialogpartner sein religiöses Wahrheitsverständnis aufgeben müsste, weil er durch den Dialog zu einer besseren Erkenntnis der religiösen Wahrheit gekommen wäre. In diesem Sinn wäre der Dialog ein Mittel zur Mission. Jeder Religionsdialog setzt aber Hochachtung und Respekt vor der religiösen Überzeugung des Anderen voraus.

❖ Ein Religionsdialog sieht sich heute vor **drei anderen Aufgaben.**

(1) Der Religionsdialog strebt ein **besseres Verständnis** der anderen Religionen an, weil die Dialogpartner davon überzeugt sind, dass es notwendig ist, sich vom anderen kein Bild zu machen, sondern ihn so zu sehen, wie er sich selbst sieht. So führt ein Religionsdialog zur Korrektur und Bereicherung des Wissens vom anderen. Er kann Vorurteile beseitigen, emotionale Nähe schaffen und Sympathie für den anderen bewirken.

(2) Durch den Religionsdialog lernt sich auch der **Gesprächspartner selbst besser kennen.** Er wird möglicherweise auf Schwachpunkte seines religiösen Verständnisses hingewiesen, erkennt aber auch besser die Stärken der eigenen Religion. So werden die Partner auch selber in ihrem religiösen Verständnis und in ihrer religiösen Lebenspraxis gefördert.

(3) Heute hat der Religionsdialog auch die Aufgabe, die **gemeinsame Verantwortung der Religionen** für eine Welt des Friedens und der Gerechtigkeit aufzuzeigen und zu fördern, gefährliche Ideologien und Trends zu kritisieren und zugleich in einer Welt, die Religion kaum mehr kennt oder ablehnt, das Bewusstsein dafür zu fördern, dass der Glaube an Gott ein Geschenk ist, das das eigene Leben und Handeln bereichert.

Drei Basissätze zum Weltethos

Hans Küng hat das »Projekt Weltethos« (→ S. 23) in drei Basissätzen so zusammengefasst:

❖ Kein menschliches Zusammenleben und Überleben ohne ein Weltethos
❖ Kein Weltfrieden ohne Religionsfrieden
❖ Kein Religionsfrieden ohne Religionsdialog

Zum Weltethos gehören

❖ Die goldene Regel (→ S. 45)
❖ Gewaltlosigkeit
❖ Gerechtigkeit und Fairness
❖ Wahrhaftigkeit
❖ Die Gleichberechtigung von Frau und Mann

Fortschritt in Richtung Humanität

Auch für »die Gebildeten unter den Verächtern der Religion« (Schleiermacher) ist unübersehbar, dass in der Frage nach dem Humanum seit der Moderne in allen Religionen ein Reflexionsprozess in Gang gekommen ist, ein Fortschritt in Richtung Humanität – trotz allen Versagens und trotz aller Ungleichzeitigkeit des Bewusst-
5 seins. Zu denken ist

❖ an die Abschaffung der im römischen **Katholizismus** bis weit in die Neuzeit hinein üblichen Inquisitionspraktiken mit Feuer und Folter und die Humanisierung des katholischen Kirchenrechts;

❖ an die Abschaffung von Menschenopfern und Witwenverbrennung in **Indien**,
10 wie sie – von indischen Buddhisten und Christen von Anfang an abgelehnt – in vereinzelten Gebieten Indiens bis zur englischen Okkupation vollzogen wurden;

❖ an eine humanere Neuinterpretation der Lehre vom »Dschihad« (»heiliger Krieg«) im **Islam**, an Reformen des Strafrechts in fortschrittlichen islamischen
15 Ländern, an die innermuslimische Kritik an der Scharia (→ S. 142), jenem mittelalterlichen Sakralgesetz, das vielfach in eklatantem Widerspruch zur Allgemeinen Menschenrechtserklärung der Vereinten Nationen (1948) steht: insbesondere bezüglich der Rechtsgleichheit für Frauen (Ehe-, Scheidungs-, Erb- und Arbeitsrecht) und für Nichtmuslime (Beispiel: Berufsverbote).
20 Zahlreiche Gespräche im Fernen, Mittleren und Nahen Osten haben mich davon überzeugt, dass in Zukunft in allen großen Religionen ein stark wachsendes Bewusstsein zu beobachten sein dürfte bezüglich folgender zentraler humaner Anliegen:

❖ die Wahrung der Menschenrechte,
25 ❖ die Emanzipation der Frau,
❖ die Verwirklichung der sozialen Gerechtigkeit,
❖ die Immoralität des Krieges.

Dies alles sind keine reinen Utopien. Warum sollte die Menschheit, die in ihrer langen Geschichte bestimmte Bräuche wie Inzest, Kannibalismus und Sklaverei abge-
30 schafft hat, in einer völlig neuen weltgeschichtlichen Konstellation etwa nicht auch die **Kriege** aufgeben können? Kriege gehören ja keineswegs wie Aggressivität und Sexualität zur Menschennatur, sind nicht angeboren, sondern angelernt und können durch krieglose, friedliche Konfliktregelung ersetzt werden. Im Atomzeitalter sind Kriege unter Atommächten selbstmörderisch, und Kriege zwischen klei-
35 nen Ländern mit großen Verbündeten bleiben zu allermeist unentschieden.

Hans Küng (geb. 1928)

1 Suchen Sie ein **Beispiel** für den **Religionsdialog** heute.
2 Nennen Sie ein paar **Voraussetzungen**, die erfüllt sein müssen, damit der Religionsdialog gelingen und zum Religionsfrieden führen kann.
3 Wo finden Sie bei den Weltreligionen **Fortschritte** in Richtung Humanität, wo Rückschritte?
4 Befassen Sie sich mit der **»goldenen Regel«** (→ S. 45) und einem **Einwand gegen Küngs Weltethos**: → S. 23.
5 Legen Sie die Einstellung der **Kirche** in Lehre und Praxis gegenüber anderen Religionen thesenförmig dar.
6 Wie deuten Sie das **Bild** von Guido Muer »Weltreligionen«?

Kleines Lexikon ethischer Fachbegriffe

Altruismus (lat.: der Andere): ethische Lehre bzw. Einstellung, die das Handeln ausschließlich am Nutzen anderer ausrichtet. Gegensatz: → Egoismus

Anthropologie (gr.: Lehre vom Menschen): biologische, philosophische und theologische Lehre vom Menschen; grundlegende Voraussetzung jeder Ethik

Askese: freiwilliger Verzicht auf Güter, die man haben könnte.
– *innerweltliche* A kann geübt werden, um die Erde nicht auszubeuten oder um gesund zu bleiben
– *christliche* A kann begründet werden als Nachfolge Jesu, als Dienst am Reich Gottes.

Autonomie (gr.: Eigengesetzlichkeit): nach Kant soll der Wille nur der Vernunft und damit seiner allgemeinen Gesetzgebung unterworfen sein; allein das Gute bzw. die Pflicht darf Beweggrund für das Handeln sein; alle anderen Motive, z. B. Lohn oder Strafe, Interesse oder Nutzen, staatliche oder göttliche Autorität beeinträchtigen die autonome Vernunft und machen sie abhängig (→ Heteronomie). Kants Lehre führte zu einer radikalen Trennung von philosophischer Ethik und Theologie, da diese auf eine → theonome Begründung des Sittlichen nicht verzichten kann. Heute vermitteln Theologen im Anschluss an alte Traditionen zwischen autonomer und theonomer Ethik, indem sie zeigen, dass sich beide Begriffe ergänzen und bedingen, weil Gottes Gebot und die durch Vernunft und Erfahrung erkennbaren ethischen Forderungen nur unterschiedliche Aspekte derselben Wirklichkeit sind, z. B. das Tötungsverbot. → Schöpfungsordnung

Dekalog (gr.: Zehn Worte): die Zehn Gebote Gottes vom Sinai

deontologisch (gr.: Pflicht): ethische Theorie, die die Richtigkeit bzw. Falschheit einer Handlung nicht nach ihren Folgen, z. B. Lust, Glück, Nutzen, Erkenntnis o. Ä. beurteilt, sondern ausschließlich danach, ob sie der Pflicht (den Geboten, den sittlichen → Werten) entspricht. Danach wäre z. B. eine Falschaussage unter allen Umständen verboten. Gegensatz: → teleologisch

Determinismus (lat.: festlegen, bestimmen): Lehre, dass der Mensch keinen → freien Willen hat, sondern in all seinem Handeln durch äußere oder innere Ursachen festgelegt (= determiniert) ist. Der D macht jede Ethik, die sich auf Verantwortung stützt, unmöglich. Gegensatz: → Indeterminismus

Dilemma (gr.: zweigliedrige Annahme), ethisches: Situation, in der beide Handlungen, die möglich sind, ethisch problematisch sind, z. B. bei einem Verhör in einer Diktatur entweder lügen oder andere gefährden. → Güterabwägung, Epikie

Egoismus (lat.: Ich): ethische Lehre bzw. Einstellung, die das Handeln ausschließlich an den Interessen des Ich ausrichtet. Gegensatz: → Altruismus

Emanzipation (lat.: freikaufen, loslassen, befreien): Streben nach Gleichstellung vor dem Gesetz (juristische E), Gleichrangigkeit und gleichem Einfluss in der Gesellschaft (politische, soziale, Frauen-E), Selbstbestimmung und Unabhängigkeit der Jugendlichen (pädagogische E). Emanzipatorische Ethik kann berechtigte, aber auch unberechtigte Tendenzen fördern. E von Unterdrückung, Unrecht usw. ist vom biblischen Glauben geboten. Totale E von Gott und Menschen widerspricht dem biblischen Glauben.

Epikie (gr.: Billigkeit, Nachsicht): Regel für sittliches Verhalten in außergewöhnlichen Situationen, die der Gesetzgeber nicht vorausgesehen hat, so dass die Gerechtigkeit und der gemeinsame Nutzen ein Abweichen vom Gesetz fordern kann, ohne dass die Idee des Gesetzes aufgehoben wäre. Beispiel: Um einen Schwerverletzten möglichst rasch mit dem Auto ins Krankenhaus zu bringen, überschreitet der Fahrer die zulässige Höchstgeschwindigkeit. E ist nach alter katholischer Tradition eine Tugend, birgt aber auch die Gefahr des Missbrauchs (»schlaues Umgehen der Gesetze«) in sich.

Erbsünde: kirchliche Lehre, nach der jeder Mensch auf Grund der Sünde von Adam und Eva in eine Schuld- und Unheilssituation hineingeboren wird, ohne persönlich dafür verantwortlich zu sein. Durch die E wird sein Verhältnis zu Gott gestört und seine Freiheit beeinträchtigt. Der Mensch kann aus sich selbst der E nicht entrinnen. Durch das Erlösungswerk Christi wird die E in Glaube und Taufe aufgehoben.

Ethik (gr.: das Sittliche und die Wissenschaft vom Sittlichen): Wissenschaft von den sittlichen Sachverhalten
– *philosophische* E: Teildisziplin der Philosophie, die menschliches Handeln, insoweit diesem moralische Qualität zukommt, mit Vernunftgründen analysiert, reflektiert und bewertet.
– *empirische* E: beschreibt die mannigfachen Formen von Moral und Sitte, die sich in Gruppen, Institutionen, Kulturen und Religionen vorfinden, ohne sie moralisch zu bewerten. Eines ihrer Ergebnisse: »Andere Völker – andere Sitten«.

– *normative E:* ist eine Theorie, die → Normen aufstellt und begründet.

– *Meta-E:* liegt gegenüber der normativen E auf einer logisch höheren Ebene (Metaebene); ihr Gegenstand sind nicht Handlungen und → Normen, sondern Urteile über Sprache, Handlungen, Methoden und über die Begründung von Normen, z. B. → Relativismus ist ethisch problematisch.

– *theologische E:* Teildisziplin der Theologie, die sich weitgehend denselben Fragen wie die philosophische E zuwendet, diese aber zusätzlich im Licht des christlichen Glaubens bedenkt. Sie gründet auf den biblischen und kirchlichen Aussagen z. B. über Gott, Schöpfung, Menschwerdung, Sünde, Gnade, Gericht, Erlösung, Heil, ewiges Leben. Man nennt die th. E auch → Moraltheologie

Eudämonismus (gr.: Glückseligkeit): ethische Lehre, die das Glück als das höchste Gut und das letzte Ziel des Menschen ansieht. Weil es verschiedene Auffassungen vom Glück gibt, gibt es auch verschiedene Formen des E

Evangelische Räte: Ehelosigkeit, Armut und Gehorsam, im Verständnis der Kirche verpflichtend für ein Leben in besonderer freiwilliger Nachfolge Jesu

Freiheit: fundamentale Seinsbestimmung des Menschen, die seine → Menschenwürde begründet
– *Willensfreiheit:* Fähigkeit, zu handeln oder nicht zu handeln, so zu handeln oder anders zu handeln, nicht von äußerem oder innerem Zwang bestimmt zu werden. → Determinismus, Indeterminismus
– *Handlungsfreiheit:* tatsächliche Möglichkeit, innerhalb der realen Verhältnisse von der F Gebrauch zu machen (= gesellschaftliche, politische F); → Emanzipation)
– *existentielle F:* Fähigkeit, des Menschen, sich in seiner für ihn typischen Eigenart selbst zu bestimmen
– *religiöse F, Religionsfreiheit:* das Recht des Menschen auf persönliche religiöse Entscheidungen;
– *theologische F:* die F von der → Sünde, die den Menschen unfrei macht, weil sie ihn schädlichen Einflüssen, unbeherrschten Trieben, bösen Mächten unterwirft

Gebot (theol): → Gesetz/Weisung Gottes. Da G und → Gesetze heute oft als starre Reglementierung und Beeinträchtigung der → Freiheit missverstanden werden, sprechen manche Theologen auch von Gottes »Weisung«, die einen guten Weg zum Leben und zur Freiheit zeigt.

Gesetz: jede gesetzte Ordnung oder → Norm eines Geschehens oder Handelns.
– ein *Naturgesetz:* eine Regelmäßigkeit in der Natur
– ein *G im philosophischen Sinn:* eine moralische Regel, die der Mensch von Natur aus in sich weiß, z. B. einen Freund nicht verletzen: → Naturrecht
– ein *moralisches* G: eine Regel für das Handeln des Menschen
– ein *staatliches* G: bindende Verpflichtung, die in einer Demokratie parlamentarisch beschlossen wird; → Sittengesetz, Thora

Gesinnungsethik: Auffassung, nach der die sittliche Qualität einer Handlung allein von der guten Gesinnung abhängt. G lässt keinen ethischen Kompromiss zu, auch nicht im Blick auf die Folgen der Handlung. Beispiel: Man darf nie lügen, auch dann nicht, wenn dadurch ein anderer Mensch in Lebensgefahr gerät. → Verantwortungsethik; Epikie, deontologisch

Gewissen: innere Instanz des Menschen, in der ihm seine → Freiheit und Verantwortung bewusst wird. Das G macht den Menschen zu einem moralischen Wesen. Es ist Urteilsinstanz, die dem Menschen sagt, was gut und böse ist, was er tun und lassen soll, wie er seine Handlungen bewerten muss. Nach christlicher Lehre ist das G das Echo der Stimme Gottes; daher muss der Mensch immer seinem G folgen, auch wenn es in der Anwendung der sittlichen Prinzipien auf das eigene Handeln irrt und gegen das → Sittengesetz verstößt. Er hat aber die Pflicht, sein G am Sittengesetz und an den → Geboten Gottes zu bilden.

Güterabwägung: Überlegung, welchem → Wert man bei einem ethischen Konflikt den Vorzug geben soll. Beispiel: Soll eine Gemeinde den Bau einer großen Fabrikanlage genehmigen, die ein Naturschutzgebiet verkleinern würde, aber Arbeitsplätze schafft? → Dilemma, Epikie, Pflichtenkollision

Hedonismus (gr.: Freude, Lust): ethische Lehre bzw. Einstellung, die die sinnliche und geistige Lust als höchstes Ziel des Menschen ansieht. → Relativismus

Heteronomie (gr.: Fremdgesetzlichkeit, Fremdbestimmung): Nach Kant Abhängigkeit des Willens von einem äußeren oder inneren Beweggrund, z. B. Ehre, Nutzen, Glück, Strafe. → Autonomie, Theonomie

Imperativ (von lat.: befehlen): Formel, die bei Kant ein Gebot (Gesetz, Sollen) bezeichnet, das an einen freien Willen gerichtet ist.
– *hypothetischer I:* gilt unter bestimmten Bedingungen, z. B. Wenn du gesund bleiben willst, darfst du nicht rauchen.
– *kategorischer I:* gilt bedingungslos, z. B. Du sollst unter keinen Umständen falsch aussagen. Seine allgemeine Form: → S. 59

Indeterminismus: Lehre, dass der menschliche Wille nicht durch äußere oder innere Ursachen völlig bestimmt wird. → Freiheit, Determinismus

Kardinaltugenden: → Tugend

Kasuistik (lat.: Fall): Anwendung ethischer Prinzipien (→ Normen, Gebote, Gesetze) auf Einzelfälle

Maxime: oberste Handlungsregel eines Menschen

Metaethik: → Ethik

Moral: die Sittlichkeit eines Menschen oder der Gesellschaft (Zeit, Erzählung, Kunstwerk u.a.) und die Lehre von der Sittlichkeit. Oft synonym gebraucht mit → Ethik

Moraltheologie: theologische → Ethik

Menschenwürde: unbedingter Anspruch des Menschen auf das, was für ihn aufgrund seiner menschlichen Natur und seiner Individualität gut und richtig ist; in der M gründen die Menschenrechte, z.B. Recht auf Leben, Freiheit, Religion, Heimat u.v.a.; die M beruht auf der Personalität des Menschen, d.h. seiner Leib-Geist-Einheit in → Freiheit. Für den Christen gründet die M darüber hinaus in dem Glauben, dass der Mensch Geschöpf und Abbild Gottes ist und dass Gott selbst in Christus Mensch geworden ist.

Naturrecht: philosophische Bezeichnung für das Fundament aller → Rechte, die dem Menschen unabdingbar von Natur aus, d.h. von Gott oder aufgrund der → Schöpfungsordnung oder aus seinem Wesen heraus, zukommen; das N liegt allen menschlichen Rechtssatzungen z.B. des Staates oder der Kirche voraus und ist davon unabhängig; jeder hat ein Recht auf Leben oder Freiheit, auch wenn ihm dies von einer positiven Gesetzgebung bestritten wird; → Menschenwürde; die Begründung des N und seine sichere Erkenntnis stellten die Philosophie vor schwierige Probleme, daher wird seine Existenz in der Neuzeit von Vertretern des → Rechtspositivismus bestritten.

Norm: Regel für menschliches Verhalten (Sitte, Brauch, Vorschrift, Gesetz, Gebot), die in einer Gesellschaft (Stamm, Land, Berufsgruppe, Staat, Kirche, Religion) in Geltung ist und die Chance hat, befolgt zu werden. Es gibt *ästhetische, wirtschaftliche, industrielle* u.a. Normen; *ethische* Normen reichen von Kleidungs- und Speiseregeln über Standesvorschriften für bestimmte Berufsgruppen bis zu Verboten, die → Menschenrechte zu verletzen

Orthopraxis (gr.: rechtes Handeln): richtiges ethisches und religiöses Handeln; der Begriff O wird oft im Vergleich zu »Orthodoxie«, d.h. richtige Lehre, gebraucht.

Über das Verhältnis beider Begriffe wird diskutiert. Manche meinen, für Christen sei O wichtiger als Orthodoxie, andere sehen beide als gleich bedeutsam für die christliche Existenz an.

Pflichtenkollision: das Aufeinanderstoßen verschiedener Pflichten (→ Normen) in einer konkreten Situation, z.B. die berufliche Tätigkeit eines Mannes oder einer Frau und die Sorgepflicht für die Kinder. → Güterabwägung

Pragmatismus (gr.: Handlung): Einstellung, die in Abgrenzung von spekulativer Philosophie nur auf Praxis bezogene Urteile in der Ethik als Wissenschaft zulässt (Peirce). Wesentlicher Bestandteil der Praxis ist das je neue Herstellen von gemeinsamen Überzeugungen aufgrund von Lebenserfahrung. Der P vertraut auf ein Minimum an lebenspraktisch eingespieltem Ethos der Gesellschaft. Er ist eine Form des → Relativismus.

Recht: der Anspruch jedes Menschen auf Gerechtigkeit; die Summe aller an der Idee der Gerechtigkeit ausgerichteten Verhaltensregeln
– *objektives R* ist die Rechtsordnung einer zur Gesetzgebung legitimierten Institution, z.B. von Gemeinde, Staat, Völkergemeinschaft, Kirche. Es gibt unterschiedliche Rechtsgebiete, wie Staatsrecht, Strafrecht, Verkehrsrecht, Schulrecht, Kirchenrecht usw.
– *subjektives R* ist die Summe aller Rechte eines Individuums, z.B. das R auf Leben, Essen und Trinken, freie Meinungsäußerung, Eigentum, Religion
– *positives R* ist im Unterschied zum → Naturrecht das von einer Autorität, z.B. vom Staat oder der Kirche, gesetzte R; es muss am Naturrecht orientiert sein, um sittlich verpflichtend zu sein.

Rechtspositivismus: ethische und juristische Position, die → Naturrecht ablehnt, weil es eine metaphysische bzw. eine religiöse Größe ist oder weil es zu unbestimmt und zu ungewiss zu erkennen ist. Der R begründet → Recht allein durch positive → Gesetzgebung des Staates, weil nur so Rechtssicherheit gewonnen werden kann. Eine fundamentale Schwäche des R liegt darin, dass offenkundig ungerechte Gesetze positives Recht werden können, z.B. die rassistischen Gesetze eines totalitären Staates.

Relativismus (ethischer): Lehre, nach der sittlichen → Normen keine Allgemeingültigkeit bzw. Allgemeinverbindlichkeit zukommt. Was für den einen gut ist, ist für den anderen schlecht. Andere Länder, Kulturen, Gesellschaften oder Zeiten – andere Sitten. Der R kann letztlich keine ethische Verbindlichkeit begründen. Formen des R: → Egoismus, Hedonismus, Pragmatismus, Utilitarismus u. a., Gegensatz: → Naturrecht, Schöpfungsordnung

Schöpfungsordnung: die von Gott der Welt, der Natur und dem Menschen gegebenen Strukturen; die Sch ist durch die menschliche Vernunft erkennbar und verpflichtet die Menschen zu angemessenem Handeln; aus der Sch ergeben sich z. B. die → Gebote, nicht zu morden, die Umwelt zu erhalten und zu schützen, für Kinder und Eltern zu sorgen.

Schuld: → freie und darum zu verantwortende Entscheidung des Menschen gegen das → Sittengesetz oder die Gebote Gottes; Sch und → Sünde werden manchmal begrifflich unterschieden.

Selbstverwirklichung: Das Bemühen des Menschen, sich gemäß seinen Vorstellungen und Wünschen zu entwickeln und zu entfalten. → Emanzipation

Sittengesetz: Summe aller ethischen Pflichten (→ Gebote, Normen), die den Menschen aufgrund seiner Beziehungen zu Gott, Welt und Mitmenschen binden. Kenntnis des S gewinnt der Mensch im Blick auf die → Schöpfungsordnung, durch sein → Gewissen und/oder durch seine Religion.

Situationsethik: Lehre, nach der es keine allgemeingültigen → Normen gibt, weil alle Situationen, in denen Menschen handeln, anders sind. Der Mensch muss jeweils aus seiner unwiederholbaren und einzigartigen inneren und äußeren Lage heraus den Maßstab für sein ethisches Handeln finden. Die S ist eine extreme Form des → Relativismus.

Sozialethik: Teilbereich der → Ethik, der sich mit den → Rechten und Pflichten des Menschen in der Gesellschaft (Arbeitswelt, Familie, Staat u. a.) befasst.

Sünde (von absondern): freie und darum zu verantwortende Entscheidung des Menschen gegen die → Gebote bzw. sein → Gewissen. Die Schwere einer S hängt ab von der Wichtigkeit der Sache, Klarheit der Erkenntnis und → Freiheit der Entscheidung. Im Unterschied zu → Schuld enthält der Begriff der S immer den Bezug zu Gott. Im Glauben findet der Mensch durch Reue, Buße und Wiedergutmachung Vergebung der S

teleologisch (gr.: Ziel): Bezeichnung für eine ethische Denkweise, bei der die Richtigkeit bzw. Falschheit einer Handlung in einem → Wertkonflikt nach ihren Folgen beurteilt wird. Danach wäre z. B. eine Falschaussage dann nicht unmoralisch, wenn man einem Menschen damit das Leben rettet. Gegensatz: → deontologisch

Theonomie (gr.: Bestimmung durch Gottes Gebot): T ist für das biblische Ethos grundlegend; seit Kant wird T kri-

tisiert, weil sie → Heteronomie sei und → Autonomie ausschließe. → Schöpfungsordnung und → Gewissen

Tugend: Tüchtigkeit; Geneigtheit des Menschen zum Guten
– *göttliche* T: Glaube, Hoffnung und Liebe, die vom Menschen nicht zuerst durch sittliches Handeln erworben, sondern von Gott gnadenhaft geschenkt werden.
– *Kardinalt:* (von lat.: cardo, Angel): Grundtugenden, um die sich, wie die Tür um die Angel, das sittliche Leben bewegt. Seit der antiken griechischen Philosophie zählt man 4 K: Klugheit, Gerechtigkeit, Tapferkeit und Mäßigung
– *Sekundärt:* T, die auf gute und auf schlechte Ziele gerichtet sein können, z. B. Fleiß, Pünktlichkeit, Gehorsam; S sind für ein → menschenwürdiges Zusammenleben unverzichtbar, können aber politisch missbraucht werden

Utilitarismus: ethische Theorie, nach der der größtmögliche Nutzen möglichst vieler Menschen der Maßstab für sittliches Handeln sein soll. → Relativismus

Über-Ich: Begriff aus der Psychoanalyse Freuds, der damit neben »Ich« und »Es« eine psychische Instanz im Menschen bezeichnet, die ihn vor Forderungen stellt; das Ü verinnerlicht die Autoritäten z. B. des Vaters oder der Kultur und empfindet deren Anordnungen als moralische Gesetze. → Gewissen

Verantwortungsethik: Auffassung, nach der der Maßstab des Handelns nicht ausschließlich von der moralischen Qualität des Wollens abhängen soll, sondern auch von den Folgen, die zu verantworten sind. Beispiel: Um einen Tyrannen zu töten und so großes Unglück für ein Volk abzuwehren, wird das Tötungsverbot übertreten. Gegensatz: → Gesinnungsethik

Wert: Eigenschaft einer Person oder Sache, die zum Ziel menschlichen Begehrens, Strebens oder Wollens wird. Es gibt unterschiedliche W, z. B. *materielle* W (Geld, Auto), *biologische* W (Gesundheit), *ästhetische* W (Schönheit), *sittliche* W (Gerechtigkeit, Gastlichkeit), *religiöse* W (Heiligkeit).

Wertethik: befasst sich mit der Phänomenologie, Rangordnung und Analyse von → Werten; diskutiert z. B. Regeln der → Güterabwägung.

Das **Lexikon** enthält Grundbegriffe zum Thema »Ethik«, die im Laufe der Jahrhunderte von der philosophischen und theologischen Ethik entwickelt wurden. Für ein vollständigeres Lexikon der Ethik müssen auch die vielen Lexikonartikel dieses Arbeitsbuches berücksichtigt werden.

Wege des Lernens – Methoden

Wie in den anderen Schulfächern soll man im Religionsunterricht nicht nur bestimmte Dinge lernen und spezifische Fertigkeiten erwerben. Man soll auch das Lernen lernen. Das heißt, dass man wissen sollte, auf welchen Wegen man im Religionsunterricht zu Erkenntnissen, Kompetenzen und Fertigkeiten kommt. Man nennt die Wege des Lernens »Methoden« (gr. »einen Weg gehen«). Nur wer Methoden kennt, kann selbständig arbeiten. In einem abwechslungsreichen Religionsunterricht ist Raum für unterschiedliche Methoden.

M 1 Ein Referat vorbereiten und halten

A Vorbereitung Manchmal sollen Sie zu Hause oder im Kurs selbständig ein **Referat** anfertigen und dazu Material suchen (»**recherchieren**«), z. B. Texte, Bilder, Statistiken usw. Dazu können Sie – in Auswahl – in **Schulbüchern** stöbern, **sachkundige Leute** befragen, Berichte aus **Zeitungen** und **Zeitschriften** sammeln, in einer **Bibliothek** nach Sachbüchern, Bildbänden oder einzelnen Artikeln suchen, **Nachschlagewerke** und **Lexika** befragen, zum Thema passende **Filme, CD's, DVD's oder Folien** in der Diözesan- oder Stadtbildstelle besorgen, im **Internet** surfen usw.

B Vortrag Wenn Sie das Referat halten, sollten Sie sich in die Rolle Ihrer Mitschüler/innen versetzen, die sich mit dem Thema noch nicht so ausführlich befasst haben wie Sie, auf die zu erwartenden Verständnisschwierigkeiten eingehen und Neugierde und Interesse zu erwecken versuchen. Die Kursteilnehmer/innen werden dankbar sein, wenn Sie eine kleine **schriftliche Zusammenfassung** Ihres Referats mit Gliederung und Quellenangaben austeilen. Beim Vortrag des Referats sollten Sie auf Folgendes achten: Klare Gliederung – Einbettung des Themas in das Kursprogramm – Erklärung unbekannter Begriffe – sachliche Richtigkeit – Beachtung nicht aller, aber der für das Thema wichtigen Gesichtspunkte – keine überflüssigen Abstraktionen – Auflockerung durch Beispiele oder Sprachbilder – Unterscheidung von Informationen und Kommentar – ansprechender, nach Möglichkeit frei gesprochener Vortrag – richtige Betonung – gelegentliche kleine Pausen – Zeitökonomie – nicht zu hastiges Sprechen – Unterstützung des Vortrags durch Power-Point Präsentation, CD's, DVD's usw.

M 2 Einen (biblischen) Text verstehen

A Zu einem systematischen (sachlichen) Verständnis eines Textes sind – ähnlich wie im Literatur-, Philosophie- oder Geschichtsunterricht – die folgenden Fragen in Auswahl und auch in anderer Reihenfolge möglich.

1 Wer ist der **Verfasser**? Wer sind die **Adressaten**? Was weiß man von ihnen und ihrer **Zeit**?

2 Welche **Textsorte** liegt vor?

3 Welche **Begriffe und Sätze** fallen auf? Welche müssen geklärt werden?

4 **Wann** spielt der Inhalt des Textes?

5 **Wo** spielt der Text?

6 Wer ist die **Hauptperson**? Welche **anderen Personen** werden erwähnt? Was tun sie? Was sagen sie? **Was passiert** im Text?

7 Was ist der **zentrale Gedanke** des Textes? Welche **anderen Erwägungen** kommen vor? Wie werden sie **begründet**?

8 Lässt sich der Text **gliedern**? Welche **Überschriften** passen zu den einzelnen Abschnitten?

9 Wie lässt sich mit wenigen Worten **zusammenfassen**, worauf **es besonders ankommt**?

❖ **Texte** berichten von Erfahrungen, zeigen Stimmungen, vertreten Interessen, geben Wertungen, enthalten Informationen, manchmal auch Lügen und Irrtümer. Ihre Verfasser sind Schriftsteller, Dichter, Wissenschaftler, Jugendliche, Reporter, Augenzeugen von Vorfällen, Erzähler, Philosophen, Theologen usw. Jeder, der schreiben und lesen gelernt hat, kann Texte schreiben. Texte ebnen uns den Zugang zu anderen Menschen, Zeiten, Ländern, Welten. Sie vermitteln **Erkenntnisse**, machen mit **Erfahrungen** bekannt und lösen **Emotionen** aus. Sie haben positive und negative Auswirkungen auf unser Leben.

❖ Es gibt verschiedene **Textsorten**, z. B.: Augenzeugenbericht, Legende, Naturbeobachtung, Werbung, Märchen, Sachtext, Erzählung, historische Quelle, politische Polemik, philosophische Reflexion, Roman, Witz, Anekdote, Gedicht, Song …

❖ Auch die **Bibel** besteht aus unterschiedlichen Texten und Textsorten, die alle auch außerhalb der Bibel vorkommen, z. B.: Glaubenszeugnis, Erzählung, Brief, Gesetz/Gebot, Gleichnis, Gebet, Prophezeiung, Weisheit usw. Die Bibel stammt aus verschiedenen religiösen Schulen/Gruppen und hat verschiedene Verfasser, von denen wir manche kennen und viele nicht kennen.

❖ Um ein richtiges Verständnis eines (biblischen) Textes zu gewinnen, ist es notwendig, auf die **Textsorte** zu achten. Ein historischer Text ist anders zu verstehen als ein Glaubenszeugnis, ein Sachtext anders als ein Gleichnis, ein Gebet anders als eine Legende.

❖ Mit den Regeln, die zum Verständnis eines Textes nötig und nützlich sind, befasst sich die »**Hermeneutik**« (gr. »Deutung«, »Auslegung«, »Verstehen«). Sie lehrt uns, dass fast jeder Text mehrere Interpretationen zulässt und das gewonnene Verständnis offen und unabgeschlossen bleibt, weil der Text mehr Sinn-Ebenen hat, als auf den ersten Blick erkennbar wird.

10 **Wie wirkt der Text?** Wie kann man sich selbst darin wiederfinden? Wo erhebt sich Widerspruch gegen seine Aussage(n)?

B Zur schriftlichen oder mündlichen Textinterpretation sind folgende Schritte in Auswahl und je nach Text möglich:

1 **Inhaltsangabe**, bei der es nicht auf alle Details, sondern auf den Verlauf der Erzählung oder des Gedankengangs (»roter Faden«) ankommt.

2 **Formale Analyse**, bei der Wortwahl, Satzbau, Metaphorik, Sprache, Stilmittel, Gedankenverknüpfung beobachtet werden.

3 **Interpretation**, die das Selbstverständnis des Textes beschreibt. Zitate sollten die Interpretationsthese stützen.

4 **Kritische Auseinandersetzung**, in der die partielle oder völlige Zustimmung oder Ablehnung des Textes begründet wird.

5 **Schluss**, der die Interpretation kurz zusammenfasst.

Dabei sollte man auf → M1 B achten.

Es gibt auch die **paraphrasierende Form** des Interpretierens. Sie hält sich eng an den Text und erklärt ihn schrittweise, z.B. Abschnitt für Abschnitt oder bei einem Gedicht Strophe um Strophe.

M 3 Ein Bild (B) betrachten

A Wege zum Bild

Um einem anspruchsvollen Bild gerecht zu werden, ist es gut, es erst einmal in Ruhe zu betrachten und auf sich wirken zu lassen. So können sich einige **Fragen stellen**, wie man es auch im Kunstunterricht lernt. Dabei brauchen Sie die vorgeschlagene Reihenfolge nicht einzuhalten. Auch sind nicht alle vorgeschlagenen Fragen bei jedem Bild möglich oder sinnvoll.

1 Die Frage nach dem Künstler und seiner Zeit: »**Wer** hat das Bild gemalt?« und »**Wann** ist es entstanden?« Es sind die Fragen nach der Eigenart des Künstlers und der künstlerischen Epoche: die Absichten des Künstlers, seine Originalität, seine Einstellung zur Religion, die Bedeutung des Bildes im Gesamtwerk des Künstlers, Stilrichtung, die Zeitumstände usw.

2 Die Frage nach der Form: »**Wie** ist das Bild gemalt?« Es sind die Fragen nach Aufbau, Größenverhältnissen, Maßen, Vorder- und Hintergrund, Farbgebung, Licht und Schatten, Schwerpunkten und Randerscheinungen, Entsprechungen und Gegensätzen, Dynamik, Verfremdung usw.

3 Die Frage nach dem Inhalt: »**Was** ist dargestellt?«, »Welche Einzelheiten sehe ich?«, »Was ist fremd und sollte erklärt werden?« Es sind Fragen nach den Personen, Tieren, Gegenständen, der Landschaft, nach Erde und Himmel, Architektur, abstrakten Formen usw.

4 Die Frage nach der Bedeutung des Bildes: »**Warum** hat der Künstler das Bild geschaffen?«, »Warum stellt er die Szene dar?«, »Wo kommt das Thema vor?«, »Wie hat er es verstanden und abgewandelt?« Manchmal haben die dargestellten Themen einen **symbolischen Sinn**, z.B. ein Lächeln, ein Kuss, eine Handbewegung, eine Aura, die Sonne, die Lotosblume oder ein siebenarmiger Leuchter. Auch die Farben haben oft eine bestimmte Bedeutung.

5 Die Frage nach der Wirkung: »**Welche Reaktion löst** das Bild beim Betrachter aus?«, »Wie gefällt das Bild?«, »Erkennt man sich selbst in dem Bild?«, »Stimmt es mit Vorstellungen und Bildern des Betrachters überein?«, »Was zeigt es von seinem Leben und für sein Leben?« Es sind die Fragen nach der **persönlichen Beziehung** zum Bild: Zustimmung, Ablehnung, Verunsicherung, Befremden, Gleichgültigkeit, Neugierde, Wut, Freude usw.

Die Punkte 1–4 sind weitgehend vom subjektiven Standpunkt des Betrachters unabhängig, der Punkt 5 hat viel damit zu tun. Er entscheidet darüber, ob einem ein Bild **gefällt** oder etwas bedeutet.

Bilder nehmen im Religionsunterricht einen wichtigen Platz ein. Sie schaffen einen anderen Zugang zum Thema, als es Texte können.

Es gibt unterschiedliche **Bildsorten**.

❖ **Abbilder** sind Bilder von dem, was wir mit unseren Augen sehen können, z.B. Fotos, Porträts, Landkarten. Sie machen den jeweiligen Gegenstand, eine Person oder einen Prozess anschaulich.

❖ **Zeichen** sind meistens von Menschen gemacht oder festgelegt, um auf praktische Weise auf etwas hinzuweisen, z.B. die Olympischen Ringe, die Marken- oder die Verkehrszeichen.

❖ **Symbole** sind anschauliche Dinge aus unserer Welt, die vielschichtig und tiefsinnig auf etwas hinweisen, das man nicht sehen kann, z.B. die Sonne, ein Regenbogen, ein Kreuz oder ein Herz: → S. 96.

❖ **Kunstwerke** sind freie Schöpfungen innerer Bilder, die etwas zeigen, das sich meist nur schwer oder gar nicht in Worte fassen lässt.

Man kann mit Bildern und Kunstwerken **unterschiedlich umgehen**. Man kann sie unmittelbar auf sich wirken lassen, man kann sie kenntnisreich analysieren und kompetent bewerten, man kann sie verehren oder ablehnen.

Die **Bildhermeneutik** beschreibt die Regeln, die zum Verständnis eines Bildes führen (können). Bildinterpretationen sind meistens nicht endgültig und abgeschlossen, sondern für andere Deutungen offen. Das heißt nicht, dass jede Bilddeutung beliebig ist. Sie hat dann ihre Berechtigung, wenn sie sich an dem Bild selbst ausweisen kann.

Ob ein Bild ein **Kunstwerk** ist oder nicht, ist im Einzelfall schwer zu sagen. Darüber gibt es oft Meinungsverschiedenheiten. Ausschlaggebend für die Antwort sind nicht die Punkte 1, 3, 4 oder 5, sondern allein Punkt 2, weil dieser etwas über die Fähigkeiten dessen sagt, der das Bild angefertigt hat. Ein gut gemeintes Bild ist noch lange kein gut gemachtes Bild. Das Bild einer Landschaft oder eines Engels kann Kitsch, das Bild einer Kartoffel oder eines Stuhls kann ein Kunstwerk sein. Zu manchen Bildthemen lassen sich auch kleine **Ausstellungen** organisieren.

B Für einen mehr spontanen (persönlichen) Zugang zu einem Bild können manche Anregungen zum Verständnis eines Textes sinnvoll abgewandelt werden: → M 2 – Außerdem sind folgende Wege gangbar:

1 Das Bild im Ganzen oder in Details, evtl. mit einer Kopiervorlage, **selbst malen/zeichnen**.
2 Das Bild in einen **neuen Zusammenhang** stellen und es kreativ **verfremden und verändern**.
3 Ein **Interview** mit dem Bild führen oder **einzelne Personen des Bildes sprechen lassen**.
4 Das Bild für eine **Meditation** einsetzen: → M 5.

M 4 An einem Projekt (P) arbeiten

Es gibt manche Themen und Aufgaben des Religionsunterrichts, die man nicht in einer einzelnen Schulstunde oder Unterrichtsreihe und auch nicht allein zuhause lösen kann. In ihnen treffen sich zu viele Probleme, die in anderen Fächern oder an anderen Orten behandelt werden müssen. Um solch übergreifende Themen anzugehen, ist eine Projektarbeit nützlich.

Ein **Projekt** ist eine größere Arbeit, an der alle Schüler/innen beteiligt sind, aber nicht jeder die gleiche Aufgabe zu lösen hat. Oft kann man mit anderen Schulfächern zusammenarbeiten (»fächerverbindend«). Am Ende soll ein **Produkt** stehen, das aus den Arbeiten aller Schüler/innen erwachsen ist. Für den Erfolg eines Projekts ist ein **Plan** wichtig, für den aus den folgenden Anregungen ausgewählt werden kann:

1 Vorbereitung

❖ Was ist das **Ziel** des Projekts? Was soll am Schluss erreicht werden? Welche **Schritte** sind dazu nötig oder hilfreich? Wer hat gute **Ideen**?

❖ Welche **Leute** sollte man um Hilfe bitten? Infrage kommen Eltern, Lehrer/in, Pfarrer, Pastoralreferentin, Journalist, Arzt, Nonne, Politiker o. Ä. Wer stellt Kontakt zu ihnen her?

❖ Welche **Hilfsmittel** (»Medien«) muss man suchen? Infrage kommen z. B. Bilder, Bücher, Werkzeug, Internet, Folien, Filme, CD's, DVD's.

❖ Welche **Gruppen** sollen sich für die Arbeit bilden?

❖ Welche **Zeit** steht zur Verfügung?

2 Durchführung

❖ Die Kontakte mit wichtigen **Leuten** herstellen.
❖ Die **Medien** besorgen und auswerten.
❖ Das **Produkt** herstellen und vorstellen. Es kann ein Buch, eine Bildmappe, eine Ausstellung, ein Gottesdienst, ein Besuch in einem Kloster oder Museum, ein Spiel, eine Feier, eine Fahrt o. Ä. sein.

3 Auswertung

❖ **Ergebnisse** diskutieren, Fehler besprechen. Verbesserungsvorschläge machen.
❖ Den Personen, die geholfen haben, **danken**.

M 5 Sich in einer Meditation einüben

Im Religionsunterricht soll nicht nur gesprochen und gearbeitet werden, so wichtig das auch ist. Es darf auch **Räume und Zeiten der Stille** geben, in denen wir uns besinnen und schweigen. Gerade in der Ruhe kann etwas in uns wachsen, was sonst nicht so leicht entstehen kann. Dazu sollten Sie gelegentlich eine **Meditation** versuchen. Beim Meditieren können Sie neue Erfahrungen machen, die im Alltag nicht so leicht vorkommen. Das lateinische Wort **Meditation** bedeutet »zur Mitte finden«. Das geschieht durch »Besinnung« oder »Betrachtung«.

Mögliche Schritte der Meditation

1 **Voraussetzung** für jede Meditation ist es, dass alle Schülerinnen und Schüler ruhig werden und sich eine Zeit lang in einem Raum der inneren und äußeren **Stille** bewegen. Der Raum sollte so sein, dass man sich in ihm wohlfühlen kann. Alle störenden Geräusche von außen (Radio, Handy usw.) sollten so weit wie möglich ausgeschaltet und alle Vorstellungen, Gedanken, Überlegungen im Inneren zurückgestellt werden. Nur so kann man sich auf sich selbst und die Meditation konzentrieren.

2 Sich einen **Gegenstand zur Meditation** wählen. Meditieren kann man über eine Blume, das Wasser oder das Feuer, die Sonne, das Weltall, ein Spiel, ein Rad, ein Auto oder einen Computer, ein Bild, einen Klang, eine Melodie, ein Gedicht, einen Menschen, eine Situation aus dem eigenen Leben, über sich selbst, sein Atmen und Fühlen, seinen Kopf und sein Herz, ein Wort von einem bedeutenden Menschen oder einen Bibeltext.

3 Man kann sich nun langsam **fragen**: Was geht in mir vor, wenn ich still werde? Was fühle, sehe und höre ich? Warum ist der Gegenstand der Meditation so, wie er ist? Worin unterscheidet er sich von anderem? Was bleibt und ändert sich? Was ist daran wichtig? Was bedeutet er für sich, was für andere, was für mich? In welchen Zusammenhängen steht er? Was hat er mit Gott zu tun?

Textverzeichnis

Die namentlich nicht gekennzeichneten Texte stammen vom Herausgeber. Die anderen Texte wurden zur besseren Verständlichkeit und Lesbarkeit manchmal leicht gekürzt, schwierige Fachbegriffe wurden übersetzt, Dubletten gelöscht, ohne dass dies jeweils angemerkt wurde.

3   Barnett Newman, zit. in: Wieland Schmied (Hg.), Zeichen des Glaubens. Geist der Avantgarde, Electa/Klett-Cotta Verlag, Stuttgart 1980, S. 274.

9   Franz Kafka, Er, Fischer Verlag, Frankfurt am Main 1968, S. 200.

10   Immanuel Kant, Beantwortung der Frage: Was ist Aufklärung, Berlinische Monatsschrift, Dezember/Heft 1784, S. 481–494, hier: 481.

11   Immanuel Kant, Die Religion innerhalb der Grenzen der bloßen Vernunft (1793), Gesammelte Werke, Akademieausgaben, Berlin VI, S. 10, 19–20.

12   Jean-Jacques Rousseau, Emile, 4. Buch, Glaubensbekenntnis des savoyischen Vikars, übers. v. Ludwig Schmidts, Schoeningh Verlag, Paderborn 1976, S. 545.
Maximilien de Robespierre, zit. n. Alfred Läpple, Kirchengeschichte in Dokumenten, Patmos Verlag, Düsseldorf 1969, S. 349.

15   Blaise Pascal, Pensees, hg. von Ewald Wasmuth, Über die Religionen und einige andere Gegenstände, Lambert Schneider Verlag, Heidelberg 1978, S. 140f.
Martin Heidegger, aus: Der Spiegel vom 23. 09. 1966.

16   Benedikt XVI., Verlautbarungen des Apostolischen Stuhles 174, Apostolische Reise Seiner Heiligkeit Papst Benedikt XVI. nach München, Altötting und Regensburg 9.–14. 9. 2006, hg. v. Sekretariat der Deutschen Bischofskonferenz, Bonn.

17   Brief islamischer Führer: FAZ, vom 24. 10. 2006, S. 6.
Jürgen Habermas, aus: Neue Zürcher Zeitung 10/11. 07. 2007, S. 72.

20   Platon, Die Apologie des Sokrates, 41D–42A, zit. n. Romano Guardini, Der Tod des Sokrates, übers. v. Romano Guardini, Rowohlt Verlag, Hamburg 1956, S. 75.

21   Robert Spaemann/Walter Schweidler (Hg.), Ethik. Lehr- und Lesebuch, Klett-Cotta Verlag, Stuttgart 2006, S. 11 f.

23   Hans Küng, Projekt Weltethos, Piper Verlag, München–Zürich 1990, S. 57.

26   Fjodor Dostojewski, Tagebuch eines Schriftstellers, Piper Verlag, München–Zürich 1980, S. 616f.
Leo Tolstoi, Meine Beichte, in: Gesammelte Werke II, Band 1, übers. v. Carl Ritter, Diederichs Verlag, Jena 1921, S. 43.
Martin Broszat, Rudolf Höß, Kommandant in Auschwitz, Autobiographische Aufzeichnungen, Deutscher Taschenbuch Verlag, München 1976, S. 24 f.

27   Alfred Delp, Gesammelte Schriften, hg. v. Roman Bleistein, Josef Knecht Verlag, Frankfurt am Main 1984, S. 215f.
Albert Camus, Tagebuch 1935–1942, übers. v. Guido G. Meister, Rowohlt Verlag, Reinbek 1963, S. 57.
Dag Hammarskjöld, Zeichen am Weg, übertragen u. eingel. v. Anton Graf Knyphausen, Droemersche Verlagsanstalt.
Dalai Lama, Ethik in unseren menschlichen Beziehungen in: Die Macht der Würde. Globalisierung neu denken, hg. v. Christoph Quarch, übers. v. Diana Heß, Gütersloher Verlagshaus, Gütersloh 2007, S. 15.

28   Michael Albus, Ruth Pfau – Ein Lebensweg gegen den Aussatz, Patmos Verlag, Düsseldorf 1984, S. 16 f.

28–29   Michail Gorbatschow, Das Menschenrecht auf Wasser. Ein Baustein menschlicher Würde, in: Die Macht der Würde. Globalisierung neu denken, hg. v. Christoph Quarch u.a., Gütersloher Verlagshaus, Gütersloh 2007, S. 19, 25.

29   Alice Schwarzer, aus: Hanno Gerwin, Was Deutschlands Prominente glauben, Gütersloher Verlagshaus 2005, S. 212f.

30   Bertolt Brecht, aus: Die Gedichte von Bertolt Brecht in einem Band, Suhrkamp Verlag, Frankfurt am Main 1981, S. 734 f.
Christine Busta, Der Himmel im Kastanienbaum, Gedichte, hg. v. Franz Peter Künzel, Otto Müller Verlag, Salzburg 1989, S. 46.
Marie Luise Kaschnitz, Gedichte, 1928–1965, Bibliothek Suhrkamp, Suhrkamp Verlag, Frankfurt am Main 1989, S. 44.
Reiner Kunze, ein tag auf dieser erde. Gedichte, S. Fischer Verlag, Frankfurt am Main 1999, S. 25.
Erich Fried, Gründe. Gesammelte Gedichte, Klaus Wagenbach Verlag, Berlin 1989, S. 26.

31   Walter Helmut Fritz, Gesammelte Gedichte, Hoffmann und Campe, Frankfurt/Berlin/Wien 1981, S. 133.
Dorothee Sölle, Die revolutionäre Geduld, Wolfgang Fietkau Verlag, Berlin 1969.
Wilhelm Willms, quantitativer irrtum. Aus: ders., der geerdete himmel © 1974 Verlag Butzon & Bercker, Kevelaer, 7. Aufl. 1986, 1.14, www.bube.de (gekürzt).
Reiner Kunze, eines jeden einzigen leben, S. Fischer Verlag, Frankfurt am Main 1986, S. 53.
Kurt Marti, Mein barfüßig Lob, Luchterhand Verlag, Darmstadt 1987.
Ernst Jandl, Dingfest, Sammlung Luchterhand, Darmstadt 1980, S. 178.
Eva Zeller, Auf dem Wasser gehen. Ausgewählte Gedichte, Deutsche Verlagsanstalt, Stuttgart 1979, S. 207.

32   Jüdische Legende: mündl. überliefert.
Entnommen aus: Anthony de Mello, Die Fesseln lösen. Aus dem Portugiesischen v. Irene Lucia Johna, S. 42–43, Herder Verlag, Freiburg im Breisgau, 2. Auflage 2007.

33   Johann Peter Hebel, Schatzkästlein des rheinischen Hausfreunds, München 1979, S. 86.
Arthur Schopenhauer, Parerga und Paralipomena, II. Teil, XXXI.
Leo N. Tolstoi, aus: Der Löwe ist die Maus, ausg. v. Anne M. Rotenberg, München 1976, S. 112.
Franz Kafka, Sämtliche Erzählungen, S. Fischer Verlag, Frankfurt am Main 1981, S. 15f.
Bertolt Brecht, Geschichten von Herrn Keuner, Suhrkamp Taschenbuch 16, Frankfurt am Main 1971, S. 87.

34   Immanuel Kant, Grundlegung zur Metaphysik der Sitten, Leipzig 1947.

41   John Henry Newman, Ausgewählte Werke, Bd. IV, Mainz 1959, S. 160, 171.
Immanuel Kant, Grundlegung, a. a. O., S. 289.
Immanuel Kant, Kritik der praktischen Vernunft, Leipzig 1951, S. 186.
William Shakespeare, König Richard III., 1. Aufzug, 4. Szene.

42   Sigmund Freud, Vorlesungen zur Einführung in die Psychoanalyse, Neue Folge, 1933; Studienausgabe Band 1, Fischer Verlag, Frankfurt am Main 1969–1972, S. 506.

43   Max Horkheimer, Materialismus und Moral, in: Kritische Theorie, 2. Bd., Fischer Verlag, Frankfurt am Main, Bd. 1, 1968, S. 81.
2. Vatikanisches Konzil, aus der pastoralen Konstitution über die Kirche von heute »Gaudium et Spes« 16, aus: Karl Rahner, Herbert Vorgrimler, Kleines Konzilskompendium, Herder Verlag, Freiburg 1966, S. 462 f.
2. Vatikanisches Konzil, Erklärung über die Religionsfreiheit 2,3 (»Dignitatis humanae«), aus: Karl Rahner, Herbert Vorgrimler, Kleines Konzilskompendium, Herder Verlag, Freiburg 1966, S. 662, 664.

47   Epikur, Philosophie der Freude, Alfred Kröner Verlag, Stuttgart 1973, S. 39ff.

48   Karin Hempel-Soos. Quelle unbekannt.

49   Aurelius Augustinus, Vom Gottesstaat, übers. v. W. Thimme, Band II, Buch 19, 13. Kp., S. 553 ff, Artemis & Winkler Verlag, München und Zürich 1977.

50   Arthur Schopenhauer, aus: Raimund Schmidt, Schopenhauer Brevier, Wiesbaden o. J., S. 321.

51   Friedrich Nietzsche, Jenseits von Gut und Böse, in: ders., Sämtliche Werke, Bd. 5, dtv/de Gruyter, München/Berlin–New York 1988, S. 208 ff.

53   Otfried Höffe, Kleine Geschichte der Philosophie, C. H. Beck Verlag, München 2001, S. 366 (m. A.).

55   Werner Siefer, aus: Focus 41/2007, S. 207.

59   Immanuel Kant, Grundlegung, a. a. O., S. 44, 54.

63   N. 36, aus: Karl Rahner/Herbert Vorgrimler, a. a. O., S. 482 f.

65   Sigmund Freud, Abriss der Psychoanalyse. Das Unbehagen in der Kultur, S. Fischer Verlag, Frankfurt am Main 1953, S. 105–107.

66   Erich Fried, Es ist was es ist. Liebesgedichte, Angstgedichte, Zorngedichte, Wagenbach Verlag, Berlin 1983, S. 70.
Max Stirner, Der Einzige und sein Eigentum, Leipzig o. J., S. 12–14 (i. A.).

67   Jeremy Bentham, aus: Otfried Höffe, Lesebuch zur Ethik, C. H. Beck Verlag, München 2007, S. 235 f.

68   Thomas Hobbes, Leviathan, übers. v. Walter Euchner, Suhrkamp Verlag, Frankfurt am Main 1952, S. 75.
Herodot, Historien, übers. u. hg. v. Josef Feix, Artemis & Winkler Verlag, Düsseldorf 2004.

70   Max Weber, aus: Soziologie – Universalgeschichtliche Analysen, Politik, Stuttgart 1973, S. 174 ff.

73   Blaise Pascal, Pensees, Über die Religion und über einige andere Gegenstände, Lambert Schneider Verlag, Heidelberg 1994, S. 93.

74   Joseph Butler, Eine Widerlegung des Egoismus, aus: J. B., Sermons, Preface and Sermon XI. In: Butler's Fifteen Sermons preached at The Rolls Chapel and a Dissertation on Virtue. London S. P. C. K. 1970, übers. v. Dieter Birnbacher, Deutscher Taschenbuch Verlag, München 1976, S. 88 f.

78–79   George Steiner, Errata. Bilanz eines Lebens, Carl Hanser Verlag, München–Wien 1999, S. 139–141.

84   Eduard Beaucamp, Das Weltgericht im Selbstversuch, in: Bernhard Heisig, Bilder aus vier Jahrzehnten, Wieland Verlag, Köln 1989.

86   Emil Nolde, Meine biblischen und Legendenbilder, hg. v. Manfred Reuter, Dumont Verlag, Köln 2002, S. 19.

100–101   In Anlehnung an den Kommentar zu »Stuttgarter Altes Testament«, Katholische Bibelanstalt Stuttgart 2004, S. 126–128 (bearb. v. Christoph Dohmen).

102   Franz Böckle, Die Zehn Gebote heute, Herder Verlag, Freiburg–Basel–Wien 1982, S. 12–17.

103   Alfons Auer u. a., Moralerziehung im Religionsunterricht. Theologische und didaktische Perspektiven, Herder Verlag, Freiburg–Basel–Wien.

106   Alfons Auer, Autonome Moral und christlicher Glaube, Patmos Verlag, Düsseldorf 1971, S. 84.

122   Karl Hermann Schelke, Theologie des Neuen Testaments, Bd. 3, Ethos, Patmos Verlag, Düsseldorf 1970, S. 85–87.

123   Pinchas Lapide, Die Bergpredigt, Utopie oder Programm? Matthias Grünewald Verlag, Mainz 1982, S. 99–101.

124   Jürgen Habermas, zit. v. Benedikt XVI. am 07. 09. 2007 in seiner Ansprache in Mariazell (Österreich).
Rose Ausländer, Mutterland Einverständnis, S. Fischer Verlag, Frankfurt Main 1982, S. 52.
Leo Baeck, aus: Angst, Sicherung, Geborgenheit, Th. Bovet Verlag, Bielefeld 1975.

125   Friedrich Nietzsche, Also sprach Zarathustra in: Nietzsche Werke, 2 Bde., Bd. 1, Salzburg 1951, S. 349–351.
Ders., Genealogie der Moral (VI 170), zit. n. Arno Anzenbacher. Einführung in die Ethik, Patmos Verlag, Düsseldorf 1992, S. 189.

126 Sigmund Freud, Abriss der Psychoanalyse. Das Unbehagen in der Kultur, Fischer TB 47, Frankfurt am Main 1953, S. 105–107.

132 Johannes Paul II., Evangelium vitae, Nr. 62 f., Rom 1995.

133 Peter Singer, Praktische Ethik, aus dem Englischen übers. v. Jean-Claude Wolf, Reclam Verlag, Stuttgart 1984, S. 162 f.
Dr. Georg Pessel, zit. aus: Schenk mir das Leben, Liesborn.

135 Theodor Storm, Am grauen Meer, in: Gesammelte Werke, hg. v. Rolf Hochhut, Gütersloh o. J.

138 Bertolt Brecht, Geschichten von Herrn Keuner, Suhrkamp Verlag, Frankfurt am Main 1971, S. 67.

139 Nach: Jean Piaget, Das moralische Urteil beim Kinde, Frankfurt am Main 1973, S. 228 f.
Ernst-Wolfgang Böckenförde, Nicht Machterhalt ist das Ziel der Politik, sondern Gerechtigkeit, in: Ulrich Wickert, Das Buch der Tugenden, Hoffmann und Campe Verlag, Hamburg 1995, S. 359.

141 Der Babylonische Talmud, ausg., übers. u. erkl. v. Reinhold Mayer, Wilhelm Goldmann Verlag, München 1963, S. 203, 98.
Elie Wiesel, Noah oder Ein neuer Anfang, Herder Verlag, Freiburg–Basel–Wien 1994, S. 52 f.
Jeshajahu Leibowitz, Gespräche mit Gott und Welt, mit Michael Shashar, aus dem Hebräischen von Matthias Schmidt, Insel Verlag, Frankfurt am Main 1964, S. 163 f.

145 Mahatma Ghandi, aus: K. Klostermaier, Freiheit ohne Gewalt, Hegner Verlag, Köln 1968, S. 1
Ein Dichter des 13. Jahrhunderts, aus: Helmuth von Glasenapp, Indische Geisteswelt, Holle Verlag, Wiesbaden o. J., S. 234.

146 Aus dem 1. Korb des Pali-Kanon: Mahavagga I, 6,17 ff, aus: Ilse Lore Gunsser, Reden des Buddha, aus dem Palikanon übersetzt, Reclam Verlag, Stuttgart 1971, S. 36, 35

147 Helmuth von Glasenapp, Pfad der Erleuchtung, Diederichs Verlag, München 1994, S. 106.
Aus dem 2. Korb des Pali-Kanon: Anguttara Nikaya 3,33,2, aus: H. W. Schumann, Der historische Buddha, Diederichs Verlag, München 1994, S. 161.

151 Hans Küng, Projekt Weltethos, Piper Verlag, München–Zürich 1990, S. 116 f.

Abbildungsverzeichnis

Umschlag, 3 Barnett Newman, The Way I, 1951. © VG Bild-Kunst, Bonn 2009.

5 Klaus Staeck, Was tust Du eigentlich … © VG Bild-Kunst, Bonn 2009. Foto: Edition Staeck, Heidelberg.

9 Johannes Schreiter, Verkehrsfenster. Entwurf für ein Glasfenster in der Heiliggeistkirche in Heidelberg, 1987. © beim Künstler.

19 Max Beckmann, Christus und die Ehebrecherin, 1917. © VG Bild-Kunst 2009.

28 (o.) Foto: Rolf Bauerdick.
(u.) © Courtesy of the Artist and Metro Pictures.

29 (o.) Frida Kahlo, Die zerbrochene (Wirbel)Säule, 1944. Banco de México Diego Rivera & Frida Kahlo Museums Trust/VG Bild-Kunst, Bonn 2009. Foto: akg-images.

29 (u.) Max Beckmann, Selbstporträt im Smoking, 1927. © VG Bild-Kunst, Bonn 2009.

35 © DER SPIEGEL.

36/37 © imago/Christian Thiel.

38 Herbert Falken, Labyrinth im Kopf, 1982–1983. © beim Künstler.

40 Konrad Klapheck, Die Stimme des Gewissens, 1965. © VG Bild-Kunst, Bonn 2009.

41 Paul Klee, Last, 1939, 837, Bleistift auf Papier auf Karton, 29,5 x 21 cm, Zentrum Paul Klee, Bern, Leihgabe aus Privatbesitz. © VG Bild-Kunst, Bonn 2009.

44 © Stauber.

52 © Werner Otto/OKAPIA.

55 © DER SPIEGEL.

69 © Ernest Cole.

72 Duane Hanson, Supermarket Lady, 1970. © VG Bild-Kunst, Bonn 2009.

75 Fotograf: unbekannt.

76 Klaus Staeck, Macht euch die Erde untertan. © VG Bild-Kunst, Bonn 2009.

77 Johannes Grützke, Unser Fortschritt ist unaufhörlich, 1973. © beim Künstler.

79 Pablo Picasso, Massaker in Korea, 1952. © Succession Picasso/VG Bild-Kunst, Bonn 2009.

81 Max Beckmann, Adam und Eva, 1917. © VG Bild-Kunst, Bonn 2009.

83 Courtesy Fernando Botero.

84 Bernhard Heisig, Neues vom Turmbau, 1977. © VG Bild-Kunst, Bonn 2009.

87 Emil Nolde, »Tanz um das goldene Kalb« 1910, Ölfarben auf Leinwand, 88 x 105,5 cm, signiert unten rechts »Emil Nolde« München, Pinakothek der Moderne Wvz Urban 348. © Nolde Stiftung Seebüll. Genehmigung der Nolde Stiftung liegt vor.

91 Otto Dix, Die sieben Todsünden, 1933. © VG Bild-Kunst, Bonn 2009.

95 Samuel Bak, Blauer Morgen (vor der Stadt), 1973. © beim Künstler.

101 Keith Haring, The Ten Commandments (Auswahl), 1985. © The Keith Haring Foundation.

103 Samuel Bak, Sch'ma Israel d. h. Höre, Israel, 1991. © beim Künstler.

106 Emil Nolde, »Die Zinsmünze« 1915, Ölfarben auf Leinwand, 117 x 87 cm, signiert unten links »Emil Nolde« Kiel, Kunsthalle zu Kiel, Wvz Urban 711. © Nolde Stiftung Seebüll. Genehmigung der Nolde Stiftung liegt vor.

111 Marc Chagall, Die Hochzeit, 1918. © VG Bild-Kunst, Bonn 2009.

124 Pablo Picasso, Wissenschaft und Nächstenliebe, um 1890. © Succession Picasso/VG Bild-Kunst, Bonn 2009.

127 © V. Reiche 2002. www.strizz.de.

129 © Miodrag Stojkovic/SPL/Agentur Focus.

132 Foto: Internet.

133 Paula Rego, Untitled No. 1, 1998/99. © bei der Künstlerin.

137 James Ensor, Die guten Richter, 1891. © VG Bild-Kunst, Bonn 2009.

139 (l.) KNA.
(r.) © istockphoto.

141 Foto: H. Lewandowski.

143 © Laif.

145 © Hitoshi Tamura.

147 Foto: Loose.

149 Pablo Picasso, Das Gesicht des Friedens, 1951. © VG Bild-Kunst, Bonn 2009.

150 Guido Muer, Die Weltreligionen. © Muer.

Zugelassen als Lehrbuch
für den katholischen Religionsunterricht
von den Diözesanbischöfen von Aachen, Berlin, Dresden
Erfurt, Essen, Freiburg, Fulda, Görlitz, Hamburg,
Hildesheim, Köln, Limburg, Magdeburg, Mainz, Münster,
Osnabrück, Paderborn, Rottenburg-Stuttgart,
Speyer und Trier.

© 2010 Bayerischer Schulbuch Verlag, München
Alle Rechte vorbehalten.
1. Auflage 2009
Druck 15 14 13 12
Printed in Germany
ISBN 978-3-7627-0387-7
www.oldenbourg-bsv.de